心一堂易學術數古籍整理叢刊
京氏易六親占法古籍校注系列

《易隱》校注

【明】曹九錫　原著
虎易　校注

書名：《易隱》校注
系列：心一堂易學術數古籍整理叢刊　京氏易六親占法古籍校注系列
原著：【明】曹九錫
校注：虎易
編輯：陳劍聰　丁鑫華

出版：心一堂有限公司
通訊地址：香港九龍旺角彌敦道610號荷李活商業中心十八樓05-06室
深港讀者服務中心：中國深圳市羅湖區立新路六號羅湖商業大廈負一層008室
電話號碼：(852)90277110
網址：publish.sunyata.cc
電郵：sunyatabook@gmail.com
網店：http://book.sunyata.cc
淘宝店地址：https://sunyata.taobao.com
微店地址：https://weidian.com/s/1212826297
臉書：https://www.facebook.com/sunyatabook
讀者論壇：http://bbs.sunyata.cc

版次：二零二二年八月初版

平裝　上下二冊不分售

定價：港幣　三百九十八元正
　　　新台幣　一千五百九十元正

國際書號　978-988-8583-08-9

香港發行：香港聯合書刊物流有限公司
地址：香港新界荃灣德士古道220-248號荃灣工業中心16樓
電話：(852) 2150 2100　傳真：(852) 2407 3062
電郵：info@suplogistics.com.hk
網址：http://www.suplogistics.com.hk

台灣發行：秀威資訊科技股份有限公司
地址：台灣台北市內湖區瑞光路七十六巷六十五號一樓
電話號碼：+886-2-2796-3638　傳真號碼：+886-2-2796-1377
網絡書店：www.bodbooks.com.tw
台灣秀威書店讀者服務中心：
地址：台灣台北市中山區松江路二0九號1樓
電話號碼：+886-2-2518-0207
傳真號碼：+886-2-2518-0778
網址：www.govbooks.com.tw

中國大陸發行 零售：深圳心一堂文化傳播有限公司
地址：深圳市羅湖區立新路六號羅湖商業大廈負一層008室
電話號碼：(86)0755-82224934

心一堂微店二維碼

心一堂淘寶店二維碼

《京氏易六親占法古籍校注》總序（代自序）

中國古代的占卜預測，源遠流長，林林總總，類型繁多。例如：龜卜占、象占、星占、夢占、風角鳥占、拆字占、手面相占、奇門、六壬、太乙、四柱八字、六爻占、六親占、梅花易占、紫微占、雜占等各種術數占卜預測方法。《左傳》、《國語》、《史記》以及二十五史和各種古代筆記等著作，就記錄有很多預測的占例。清代《欽定四庫全書》，將各種預測類的書籍，統歸於《子部•術數類》，因此，各種預測的方法和門類，又可統稱為「術數」。「京氏易六親占法」，就是這些術數中的一個獨立的預測種類。

（一）

「京氏易六親占法」，是西漢•京房創立的以易經為基礎，採用納甲、五行、六親等各種體例，納入卦中的一種預測方法，也是各種術數中比較系統和成熟的方法。據《漢書•眭兩夏侯京翼李傳》記載：「京房字君明，東郡頓丘人也。治《易》，事梁人焦延壽」。又曰：「房本姓李，推律自定為京氏」。又曰：「其說長於災變，分六十四卦，更直日用事，以風雨寒溫為候，各有占驗。房用之尤精。好鐘律，知音聲」。《漢書•儒林傳》曰：「京房受《易》梁人焦延壽。延壽云：『嘗從孟喜問《易》』。會喜死，房以為延壽《易》即孟氏學，翟牧、白生不肯，皆曰非也。至成帝時，劉向校書，考《易》說，以為諸《易》家說皆祖田何、楊叔元、丁將軍，大誼略同，唯京氏為異，倘焦延壽獨得隱士之說，託之孟氏，不相與同。房以明災異得幸，為石顯所譖誅，自有傳。房授東海殷嘉、河東姚平、河南乘弘，皆為郎、博士。由是《易》有京氏之學」。「自武帝立《五經》博士，開弟子員，設科射策，勸以官祿」。「至元帝世，復立《京氏易》」。「京氏易」在漢代元帝時被立為博士，足以證明其學說，是當時具有很高學術地位和學術價值的。

《欽定四庫全書》提要記載：「《京氏易傳》三卷，漢•京房撰、吳•陸績注」。「績有易注，已著錄房所著有《易傳》三卷，《周易章句》十卷，《周易錯卦》十卷，《周易妖占》十二卷，《周易占事》十二卷，《周易守林》三卷，《周易飛候》九卷，又六卷《周易飛候》，《六日七分》八卷，《周易四時候》四卷，《周易混沌》四卷，《周易委化》四卷，《周易逆刺占災異》十二卷，《易傳積算法、集占條例》一卷。今惟《易傳》存」。從以上記錄可以知道，京房的著作，唯有《京氏易傳》得以保存下來，絕大多數都已經亡佚。

南宋•晁公武（約1104—約1183年）《郡齋讀書志》曰：「景迂嘗曰：余自元豐壬戌偶脫去舉子事業，便有志學易，而輒好王氏。本妄以謂弼之外，當自有名象者，果得京氏傳。而文字顛倒舛訛，不可訓知。迨其服習甚久，漸有所窺，今三十有四年矣，乃能以其象數，辨正文字之舛謬。於邊郡山房寂寞之中，而私識之曰：是書兆《乾》《坤》之二象以成八卦，凡八變而六十有四。於其往來升降之際，以觀消息盈虛於天地之元，而酬酢乎萬物之表者，炳然在目也」。從以上記錄可知，目前傳世的《京氏易傳》，是北宋•晁景迂經歷三十四年的研究後，重新編排整理成書的。

唐宋以前記錄有「京氏易六親占法」相關資料，惟有元代胡一桂收錄的晉代郭璞的《郭氏洞林》了。

《火珠林》是目前存世的「京氏易六親占法」的第一本系統性著作，作者題為「麻衣道者」，後人據此認為，大約是唐末宋初的作品。宋人項世安（1129—1208）謂：「以京房考之，世所傳《火珠林》即其遺法，《火珠林》即交單重拆也」。張行成亦謂：「《火珠林》之用，祖於京房」。《朱子語類》曰：「卜卦之錢，用甲子起卦，始於京房」。又云：「今人以三錢當揲蓍，乃漢•焦贛、京房之學」。

自《京氏易傳》、《火珠林》重新問世，其後宋、元、明、清時期，又有《卜筮元龜》、《海底眼》、《天玄賦》、《黃金策》、《易林補遺》、《易隱》、《易冒》、《增刪卜易》、《卜筮正宗》等著作，以及《卜筮全書》、《斷易天機》、《易隱》等輯錄本著作面世，經歷代作者不斷實踐，修改、注釋、補遺，使「京氏易六親占法」這種優秀的文化遺產，得以不斷傳承和完善。

（二）

為了讓讀者對「京氏易六親占法」系列古籍著作，有個初步的瞭解，下面對選擇、注釋和整理的「京氏易六親占法」系列古籍著作，選擇的校錄版本及內容，做一個簡單的介紹，供讀者參考。

京氏易六親占法古籍校注叢書之一《京氏易傳》：

作者：漢•京房：（公元前77年—前37年。）據【明•兵部侍郎范欽訂】「天一閣」本，作為校錄底本，參考《漢魏叢書•明•新安程榮校》本，及《欽定四庫全書》，校注整理。字數大約4.1萬。

《京氏易傳》，是漢代•京房的著作，據《郡齋讀書志》晁公武曰：「漢《藝文志》易京氏凡三種，八十九篇。隋《經籍志》有《京氏章句》十卷，又有《占候》十種，七十三卷。唐《藝文志》有《京氏章句》十卷，而《易占候》存者五種，二十三卷。今其章句亡矣。乃略見於僧一行及李鼎祚之書。今傳者曰《京氏積算易傳》三卷，《雜占條例法》一卷，或共題《易傳》四卷，而名皆與古不同。今所謂《京氏易傳》者，或題曰《京氏積算易傳》者，疑隋、唐《志》之《錯卦》是也。《雜占條例法》者，疑唐《志》之《逆刺占災異》是也。《錯卦》在隋七卷，唐八卷，所謂《積算》《雜》《逆剌占災異》十二卷是也。至唐，《逆剌》三卷，而亡其八卷。元佑八年，高麗進書，有《京氏周易占》十卷，疑隋《周易占》十二卷是也。是古易家有書，而無傳者多矣。京氏之書，幸而與存者才十之一，尚何離夫師說邪」？目前京房的著作，繼續傳世的僅《京氏易傳》，其他著作均已亡佚。《京氏易傳》構建了「京氏易六親占法」的的理論基礎，以及六親體系架構，為該占法提供了理論和體系上的重要框架。

京氏易六親占法古籍校注叢書之一（一）《郭氏洞林》

作者：晉•郭璞：（公元276年—324年）。元•胡一桂抄錄。據《欽定四庫全書•周易啟蒙翼傳•外篇》本，作為校錄底本，參考《欽定古今圖書集成》理學彙編經籍典•易經部•易學別傳十一•晉《郭璞洞林》，校注整理。字數大約0.8萬。

《郭氏洞林》是最早集錄郭璞卦例的著作，其收錄的十三個卦例，對於後來的學者，研究郭璞的占法及其思路，是很好的原始資料，對於研究郭璞的易學思想和占法，具有一定的參考價值。

京氏易六親占法古籍校注叢書之一（二）《周易洞林》：

作者：晉•郭璞：（公元276年—324年）。清•王謨輯。據清嘉慶3年王謨刻本，作為校錄底本，校注整理。字數大約1.4萬。

《周易洞林》在《郭氏洞林》的基礎上，又從其他古籍中，收錄了一些關於郭璞的卦例和事例，對於研究郭璞的思想和占法，具有一定的參考價值。

京氏易六親占法古籍校注叢書之三《易洞林》：

作者：晉•郭璞：（公元276年—324年）。清•馬國翰輯。據虛白廬藏嫏嬛館補校本，即《玉函山房輯佚書》本，作為校錄底本，校注整理。字數大約2.4萬。

《易洞林》也是在《郭氏洞林》和《周易洞林》的基礎上，又從其他古籍中，收錄了一些關於郭璞的卦例和事例，對於研究郭璞的思想和占法，具有一定的參考價值。

京氏易六親占法古籍校注叢書之四《火珠林》：

作者：麻衣道者。相傳為唐末宋初時期的著作。據虛白廬藏《漢鏡齋秘書四種•火珠林》本，作為校錄底本，校注整理。字數大約5.9萬。

《火珠林》這本著作的問世，為「京氏易六親占法」的應用，提供了第一本系統的著作。該著作對京氏易的體例進行了論述，也用一些占例，解說了「京氏易六親占法」的應用方法，本書對於研究「京氏易六親占法」，具有很高的學術價值，也具有很重要的研究和參考價值。

京氏易六親占法古籍校注叢書之五《增注周易神應六親百章海底眼》，簡稱《增注海底眼》：

作者：王鼒；重編：何侁、信亨。南宋・淳佑（甲辰年・公元1244年）。據《續修四庫全書》一〇五五冊・子部・術數類《增注周易神應六親百章海底眼》本，作為校錄底本，參考「國家圖書館・古籍館」清代抄本，校注整理。字數大約2萬。

《增注海底眼》這本著作，著重論述了一些基本概念和知識，以及五行的對應方法和應用，並編製大量歌訣，幫助讀者理解和記憶。特別是對六親的概念，進行了重點論述，本書是「京氏易六親占法」體系中的一本重要著作，對於研究「京氏易六親占法」传承，具有比較重要的研究和參考價值。

京氏易六親占法古籍校注叢書之六《大易斷例卜筮元龜》，簡稱《卜筮元龜》：

作者：元・蕭吉文。元・大德十一年（丁未年・公元1307年）。據日本京都大學附屬圖書館《大易斷例卜筮元龜》手抄本上卷本，作為校錄底本，參考《斷易天機》輯錄資料，校注整理。字數大約9.5萬。

《卜筮元龜》這本著作，在國內基本已經失傳了，這次是根據日本京都大學附屬圖書館

《大易斷例卜筮元龜》手抄本，校對注釋整理的。該著作首次附入大量配圖，補充了「京氏易六親占法」應用的很多基礎知識和概念，並首次提出了「以錢代蓍法」的成卦方法，將「京氏易六親占法」占卜預測分門別類，作了進一步的細化，本書也是「京氏易六親占法」體系中的一本重要著作，對於研究「京氏易六親占法」传承，具有很重要的研究和參考價值。

京氏易六親占法古籍校注叢書之七《周易尚占》：

作者：元・李清庵。元・大德十一年（丁未年・公元1307年）。據明刻本《亦政堂鐫陳眉公家藏彙祕笈》（輯入《心一堂術數珍本古籍叢刊・占筮類》），作為校錄底本，校注整理。字數大約4.2萬。

《周易尚占》這本著作，是與《卜筮元龜》為同一時期的作品，首次附入十幅配圖，補充了「京氏易六親占法」應用的一些基礎知識和概念，下卷有六十四卦納甲、世應等內容，並有六十四卦的詩歌斷例，具有一定的參考價值。

京氏易六親占法古籍校注叢書之八《新鍥纂集諸家全書大成斷易天機》，又稱為《增補鬼谷源流斷易天機》（寶善堂梓行），簡稱《斷易天機》：

作者：明・劉世傑。明・嘉靖十七年（戊戌年・公元1538年）。豫錦誠・徐紹錦校正；閩書林•鄭雲齋梓行本，作為校錄底本，參考《卜筮元龜》、《卜筮全書》等著作，校注整理。字數大約39.6萬。

《斷易天機》這本著作的初版，在國內基本已經失傳了，這次是根據心一堂據日本傳本影印版校對注釋整理的。本書是「京氏易六親占法」的第二個匯輯本，收錄了此前「京氏易六親占法」各種著作，各種基礎知識理論和實踐方法內容，特別是首次出現了「鬼谷辨爻法」這種六親爻位的對應方法，為「京氏易六親占法」的應用，提供了預測分析的思路，擴展了預測分析的信息。這本著作，是「京氏易六親占法」系列古籍中的一本重要著作，對於研究「京氏易六親占法」傳承，具有很重要的研究和參考價值。

京氏易六親占法古籍校注叢書之九《易林補遺》：

作者：明•張世寶。萬曆三十四年（丙午年•公元1306年）。據《易林補遺》初版本，作為校錄底本，校注整理。字數大約14.5萬。

《易林補遺》這本著作，對「京氏易六親占法」以前各種著作的缺失，進行了一些分析和補充。作者雖然是一個盲人，但不迷信於鬼神，根據當時社會上普遍存在的有病則求神問卜的現象，他主張有病應該找醫生治療，避免殘害生命以及造成錢財的浪費。他提出了「爻爻有伏有飛，伏無不用」的論述，把「飛伏」的應用方法，更加彰顯出來。並成功的將「反吟」、「伏吟」的概念，納入「京氏易六親占法」體系，使這個體系的應用更加完備。

京氏易六親占法古籍校注叢書之十《卜筮全書》：

作者：明•姚際隆。崇禎三年（庚午年•公元1630年）。據《卜筮全書》初版本，作為校錄底本，校注整理。字數大約34.8萬。

《卜筮全書》這本著作，是「京氏易六親占法」的第一個匯輯本，首次正式納入了《天玄賦》這本著作。現存的書籍，是後來修訂的版本，首次正式納入了《黃金策》，對京氏易占法的理論和實踐體系，比較全面的進行了彙編，具有很重要的研究和參考價值。

京氏易六親占法古籍校注叢書之十一《易隱》：

作者：明•曹九錫（明•天啟五年前後•公元1625年前後）。據「國家圖書館•古籍館」最早版本，作為校錄底本，參考清代多個版本，校注整理。字數大約21.3萬。

《易隱》這本著作，應該是「京氏易六親占法」的第三個匯輯本，書中引錄了大量古籍資料。特別是其中「身命占」和「家宅占」的內容，將預測分類更細，也為後來的學者，提供了一個細化分析的基本框架，具有重要的研究價值。

京氏易六親占法古籍校注叢書之十二《易冒》：

作者：清•程良玉。清•康熙三年（甲辰年•公元1664年）。據江蘇巡撫採進本，作為校錄底本，校注整理。字數大約12.7萬。

《易冒》這本著作，作者雖然也是一位盲人，但他對於很多基礎知識，進行追本求源，並對其來源及推演方法，進行了論述。對於各種成卦方式，他提出了自己的看法，對幫助讀者打破迷信，樹立客觀的思想，起到重要作用。本書在學術研究上，具有一定的價值。

京氏易六親占法古籍校注叢書之十三《增刪卜易》：

作者：清•李文輝。清•康熙二十九年（庚午年•公元1690年）。據清•康熙年間古吳陳長卿刻本《增刪卜易》爲底本，作為校錄底本，校注整理。字數大約25.2萬。

《增刪卜易》這本著作，對「京氏易六親占法」的應用，化繁為簡，提出採用指占之法，讓信息直接切入預測的核心。又提出分占之法，便於釐清不易辨別的問題，避免信息產生混淆。同時，還提出了多占之法，用以追蹤求測人所疑，查找產生問題的原因，尋找出解決問題的方法。當設計出解決問題的方法後，還可以檢驗其是否具有解決問題的功能。本書在學術研究上，具有一定的價值。

京氏易六親占法古籍校注叢書之十四《卜筮正宗》：

作者：清•王洪緒。清•康熙四十八年（己丑年•公元1709年）。據清初刻本，作為校錄底本，校注整理。字數大約21.8萬。

《卜筮正宗》這本著作，對《黃金策》的注釋部分，有自己獨特的見解。對當時社會上存在的一些問題，也做出了自己的回答。對十八個類型的問題，也進行了論述。不足之處，在於作者為了強求對應，篡改了《增刪卜易》一些卦例的原始內容，這些需要讀者注意的。

京氏易六親占法古籍校注叢書之十五《御定卜筮精蘊》：

作者不詳，大約是清代的版本。據《故宮珍本叢刊》本，作為校錄底本，校注整理。字數大約7.5萬。

《御定卜筮精蘊》這本著作，是「京氏易六親占法」體例的一個精編本，大量內容都是從之前的古籍中來。作者去粗取精，去偽存真，也是具有一定研究價值的著作。

【編按：以上大部分版本，輯入《心一堂易學經典叢刊》或《心一堂術數古籍珍本叢刊》】

（三）

我為什麼要把這些古籍著作，定名為「京氏易六親占法」呢？我這樣做，既是為了統一學術稱謂，也是為了給「京氏易」正名，使「京氏易」占法不至於与其他占卜方式混淆。

《京氏易傳》是將六十四卦，分屬乾、震、坎、艮、坤、巽、離、兌八宮，一宮統八卦。八宮所屬五行，乾、兌宮屬金，震、巽宮屬木，坎宮屬水，離宮屬火，坤、艮宮屬土。每個卦所附「父母、官鬼、兄弟、子孫、妻財」等六親，是根據這個卦原來所屬之宮的五行，按「生我者為父母、我生者為子孫、尅我者為官鬼、我尅者為妻財、比和者為兄弟」的體例，推演得來的。預測時以六親類比事物的爻，也稱為「用神」，「用爻」，「用事爻」等等，用來分析事物的吉凶發展趨勢。

《火珠林•序》曰：「繼自四聖人後，易卜以錢代蓍，法後天八宮卦，變以致用，實補前人未備之一端，見《京房易傳》，未詳始自何人。先賢云：『後天八宮卦，變六十四卦，即《火珠林》法』，則是書當為錢卜所宗仰也，特派衍支分，人爭著述，炫奇標異，原旨反晦。今得麻衣道者鈔本，反覆詳究。其論六親，財官輔助，合世應、日月、飛伏、動靜，並尅害、刑合、墓旺、空沖以定斷。與時傳易卜，同中有異，古法可參。如所云『卦定根源，六親為主，爻究傍通，五行而取』，即《京君明海底眼》『不離元宮五向推』之旨也」。

《增注海底眼•六親》曰：「六親占法少人知，不離元宮五向推」。本書提出「六親占法」的概念，我認為「六親占法」是最能代表京氏易預測體系特徵的名稱，比之「納甲占法」和「六爻占法」的說法，更為名實相符，客觀合理一些。

基於京氏易預測體系的特徵，我認為，凡採用京氏易體系預測理論及方法，就應該稱為「京氏易六親占法」，或者稱為「京氏易六親預測法」，或簡稱為「六親占法」、「六親預測法」為宜。

《論語•子路》曰：「子曰：『必也正名乎』」，「名不正，則言不順；言不順，則事不成」。經歷了二十多年的混亂，現在是到了應該為「京氏易六親占法」正名的時候了。為什麼要為「京氏易六親占法」正名呢？只有名正，實符，稱謂統一，大家交流才會順暢，有共同語言，理解才不會產生歧義，進行學術的研究才能進入正軌。同時，也可以讓後來的學習者，不被社會上各種廣告性名詞所欺騙和誤導。

從古至今，都有學者提出以「納甲」命名的名稱，他們是根據「京氏易」體系，將每個卦納入天干的特徵而命名的。我們知道，京氏易體系，除了納入天干，還有納入地支，五星，二十八宿，六親等各種內容，而「納甲」并非是具有「京氏易」占法主要特徵的名稱。當然，也有占卜書籍，根據採用金錢搖卦的起卦方式，命名為「金錢占卦法」的。

上世紀九十年代後，社會上「大師輩出」，他們提出很多新奇的名詞，比如什麼「太極預測法」、「無極預測法」。我們看看《漢典》對「太極」和「無極」的解釋：古代哲學家稱最原始的混沌之氣為「太極」。天地混沌未分以前，稱為「太極」。「中國古代哲學中認為形成宇宙萬物的本原。以其無形無象，無聲無色，無始無終，無可指名，故曰無極」。從《漢典》的解釋看，很顯然，這兩種命名與「京氏易」預測方式是不吻合的，這樣的名詞，只是為了吸引讀者眼球，採用新奇的名詞而已。

至於社會上還流傳的「六爻預測法」、「新派六爻法」、「盲派六爻」、「道家六爻」，「道家換宮六爻」等等名稱，不一而足，無非是為了標新立異。以上各種名稱，以簡稱「六爻」者為多，因此，「六爻」這個名詞，就成為民間大眾對「京氏易六親占法」的俗稱了。

「六爻」這個名稱，是以卦有六個爻的特徵命名，是古代經學的代表名稱，在「京氏易」占法中，並不具有代表性。我們應該知道，古人經學所稱的「六爻占」法，是採用卦爻辭和象辭進行預測的方法，如《新鍥纂集諸家全書大成斷易天機》第三、四卷，其中就有「六爻詩斷」的內容，讀者可以參閱。

還有人將「京氏易六親占法」體系的預測方法，分成什麼「傳統派」，「新派」，「象法派」，「理法派」、「盲派」等等，這些名稱，只能是某一個類型的表示，與京氏易採用「象數理占」為一體的預測方式，是不能類比的。

由於社會上紛紛擾擾的各種說法，導致大家對京氏易預測方法產生混亂的看法，致使大家在交流時，產生了學術上的一些混亂。

我認為，早期邵偉華先生用《周易預測學》的名稱，是為了避免當時意識形態影響的原因而採用的名稱，但之後出現的各種名稱，無非是為了標新立異，吸引讀者眼球，或是有欺騙讀者的廣告嫌疑。因此，現在已經到了必須為「京氏易六親占法」正名的时候了。

（四）

根據我在社會上和網絡上的多年學習和實踐觀察，發現目前在「京氏易六親占法」學習上，普遍存在著一些誤區，應該引起大家的注意。

一是由於國家對於術數，持比較低調的態度，出版的古籍由於選擇底版的不足，即使是正規出版的書籍，因編輯自身能力的原因，也存在太多錯誤，或者出現一些缺漏，影響了讀者的正常學習。加上這二十多年來，「大師」輩出，他們印刷了很多並非合法的資料，還有一些人，將一些資料東拼西湊成書，更是誤導了很多讀者。

二是有些人認為，「京氏易六親占法」不如「三式」準確，「三式」才是術數中最好，最準確的。《四庫全書總目•術數二•六壬大全》：「六壬與遯甲、太乙，世謂之三式」。根據我和很多朋友的交流和實踐，我認為，術數無高低之分，只有學得好與不好之別，沒有任何一門術數可以稱為是最準確和最好的。讀者應該根據各自的興趣愛好，選擇適合自己學習種類。

三是有些人認為，只有找「大師」學習，得到所謂秘訣，才能學好用活。我們知道，早期由於歷史的原因，古籍資料獲得不易，大家尋求不到可以學習的資料，因此造成很多不明真相的後學，被一些「大師」矇騙錢財。我認為，學習任何術數，都沒有所謂的秘訣，只有基礎知識紮實，才是最好的秘訣。另外，在網絡上，很多群和聊天室，大多數人都還停留在猜謎語式的猜測中，不能客觀的運用「象數理占」的基本分析方法，去進行分析判斷，既可能誤導求測人，又對自己的學習無益，這樣的現象是不太正常的。我認為在現代社會，每個人都可以利用網絡，獲取各種資料信息，應該多讀一些書，多和不同的人去交流，利用網絡資源去學習，在實踐中去加深對理論和基礎知識的理解，要把每一個求測人都當作老師，從他們反饋的客觀信息，不斷有意識、有條理的訓練自己。只要不斷努力積累各種基礎知識以及社會常識，勤於記錄，多作積累，自然就能學得好、用得活。當然，如果有機會和條件的話，有老師指導學習，是可以少走一些彎路的。對於有自學能力的人來說，只要有精良的書籍版本，自學也是可以成功的。

四是有些人認為，「京氏易六親占法」預測，只有採用乾隆銅錢搖卦，才是最準確的。據可考的古籍記載，我國最早的成卦方式，應該是「蓍草揲蓍」法，即分數蓍草，得數以成卦的方法。除此之外，後世的先賢們，還創造了多種成卦的方法，例如「以錢代蓍」，「風角」，「字畫」，「數字」等各種成卦方法，讀者可參考《梅花易數》及其他相關書籍，去瞭解這些應用方法。對於各種成卦方式，古今均有各種非議，即使是目前被大家認同的「以錢代蓍」法，據《易隱》記載，也曾經被京房之師焦延壽批評過。《易隱•以錢代蓍法》曰：「焦延壽曰：今人以蓍草難得，用金錢代之。法固簡易，非其類矣。求蓍之代者，太極丸其庶幾乎。考諸陰陽老少之數，則合。質諸成爻成卦之變，則符。合二三得五，是五行之數也。計一丸得十五，是河圖中宮十五之數，洛書縱橫十五之數也。刑同六合，道備三才，甚矣。木丸之似蓍草也，則猶從其類也。金錢簡易云乎哉」。

現代的「大師」們，跟隨古代一些崇古的人，發展了這種崇古的思維。他們認為，乾隆銅錢具有良好的導電性，可以傳遞什麼古代信息，殘存信息，未來信息等等，因此只有採用乾隆銅錢成卦才是最好的，還有人認為，應該採用五帝錢成卦，信息量就大，還有人認為，應該採用「五帝」錢成卦，信息量就大，信息才準確。如果採用其他的銅錢成卦，就可能會造成信息不準確。如果採用數字起卦，或者其他方式成卦，則會造成信息量不足，更不準確了。

我認為，以上這些說法，是十分滑稽可笑和荒謬的，沒有任何理論和實踐的依據。試問，如果說銅的導電性好，那麼銀比銅的導電性更好，為什麼不採用銀幣呢？這都是出於他們崇古的思維，或限於他們自己僅會某種方法，或出於其他目的，或出於他們並沒有真正理解《易經》「感而遂通」之理，均屬無稽之談，讀者不可盲目迷信。

《易冒•自序》曰：「古之人，有以風占、鳥占、諺占，言語卜、威儀卜、政事卜，是無卜筮，而知吉凶也。況蓍草、金錢、木丸之占，而必執同異相非乎」？又曰：「愚以為：易者，象也；象也者，像也。其辭則異，其象則符。但告於蓍則以蓍占，告於五行則以五行占，告於焦氏則以焦氏占可也。其成卦成爻一也」。三百五十年前的一个盲人作者，尚且具有如此見識，實可令以上非議之人汗顏。

我認為，時代在不斷變化，我們現在已經進入電腦手機時代，很多網上的排盤系統，都是十分快捷的方法。為人預測和給自己預測，不管採用何種方式成卦，都可以獲取與求測的人和事物相關的客觀信息。各種成卦方式的原理，不在於採用乾隆銅錢所謂「導電性」是否良好，而是在於《易傳》所說的「感而遂通」。其要點在於，求測人求測時的「一念之誠」，即客觀的說明需要預測的事物，不可雜亂。

五是有些人認為，預測的結果，吉凶應該就是唯一的。我們知道，人們預測的目的，就是為了「趨吉避凶」，不是僅僅需要知道一個所謂吉凶的結果，而是希望讓事物能夠向有利於自己的方向，避開不利於自己的方向，得到有效改善和發展。這樣不是很矛盾嗎？既然吉凶的結果是唯一的，如何又能「趨吉避凶」呢？預測又有什麼意義呢？換言之，既然可以「趨吉避凶」，那吉凶結果就不可能是唯一的，是可以因人因事而發生改變的。以上兩種看法，看似悖論。

「京氏易六親占法」，給看似無序的天地和人事，架構了一個對應的坐標。利用這個坐標，我們就可以分析、判斷、選擇出有利於我們的為人處世方式。客觀的說，任何預測方法，任何人預測，都不可能和客觀的事物完全準確對應，總是存在有不對應的情況發生。大多數時候，求測人所需要面對的，是對於未來事物的發展，如何去選擇的取捨問題。因此，預測師要根據卦中顯示的信息，客觀的解讀，幫助求測人找到存在的問題，以及產生問題的原因，指導求測人改善不客觀的認識，尋找正確的方法，以達到「趨吉避凶」的目的。

《增刪卜易‧趨避章》曰：「聖人作易，原令人趨吉避凶。若使吉不可趨，凶不可避，聖人作之何益？世人卜之何用」？

我們也必須知道，並不是所有的人和事物，都是可依主觀的變化而發生改變的。這是需要求測人能按照預測師的指導，自己首先認識，按照可以向好的方向轉化的方式，堅持努力調整，才可以達成事物向有利於自己的方向去發展的。如果求測人不能認識，即使知道問題所在，也不願意去努力調整，那麼事物就會沿著之前的方向運行下去。

我的看法，預測是對事物發展過程，發展趨勢的分析判斷，其預測結果也並非是唯一的，可因人、因事而發生改變。對於有些已經發生，或者處於事物運行過程末端，已經無法改變的事物，其結果可能就是唯一的。例如面臨高考，已經沒有時間改善，那麼，考試成績的結果就是唯一的。再如已經懷孕，測懷孕的是男是女，結果也必然是唯一的。對於有些還未發生，或者正處於運行過程開始的事物，其結果可以因求測人的主觀變化和調整，而發生改變，其最後的結果，就並非是唯一的了。例如測以後的高考成績，則可以根據學生的客觀情況，指導其在生理、心理的調整，學習環境、學習方法的調整方面，做出有利的改善，幫助提高學習的成績。再如測找工作，可以根據客觀的信息，指導求測人在有利的時機、有利的方位去尋找，可以做到事半功倍。

六是有些人認為，應期要絕對的對應。當然，我們應該知道，應期的問題，是一個比較複雜的問題，每個卦中，能顯示應期的方式是多樣性的。我們在實踐中會經常發現，應期會出現早一些和晚一些的情況。究其原因，除了預測師的自身能力以外，還有一個不能忽視的原因，即時間和空間的不確定性。愛因斯坦的廣義相對論認為：「由於有物質的存在，空間和時間會發生彎曲，而引力場實際上是一個彎曲的時空」。因此，在時空發生彎曲的情況下，出現不能完全對應的情況，是客觀存在的，也是我們必須客觀面對的。

七是社會上出現的所謂「象法派」，「理法派」，看似新的流派。「象法派」重於象而輕於理，「理法派」重於理而輕於象，這兩者各有偏頗，偏廢一端，這都是不可取的。我們知道，「象數理占」在京氏易預測分析中，是一個整體，不可偏廢。我們應該綜合應用「象數理占」的方法，整體思維，整體分析為宜。

（五）

我們學習古代的術數方法，一方面要傳承古人的優秀文化，另一方面更要挖掘古人的智慧和方法，要結合當時的時代特徵，擴展更加廣闊的應用領域。

一是要在繼承古代優秀文化的基礎上，善於吸取古人的智慧，充分挖掘古籍的信息。

有些已經發現的應用方法，例如元代著作《大易斷例卜筮元龜•占家內行人知在何處章》曰：「凡占行人在何處，子變印綬父母擬」，注釋曰：「以卦所生為爻。假令《困》卦，五月卦屬火，則丁未為子爻，戊寅為父母也」，這裡隱含的提出了轉換六親的概念。由於作者沒有清晰的注釋說明，六親轉換的內容比較含糊，以致很難被讀者發現和理解。《新鍥斷易天機》轉錄此內容為：「凡占行人在何處，子變應爻父母擬」，將原文的「印綬」兩字，錯錄為「應爻」兩字，導致讀者根本無法理解，以至於後來的著作，就沒有這樣的內容了，致使「轉換六親」的方法幾乎失傳。

我在校對整理這些古籍時，看到了這樣零星的材料，按照其原理進行還原，知道了這種轉換的方法。經過多年的應用實踐，我認為認識和掌握了這種轉換的方法，我們就可以從卦中，獲取與求測人相關的更多信息，甚至發現很多用常規方式，不可能發現的信息、隱蔽的信息。可以幫助我們，尋找影響求測人和事物關係的背後原因，便於更好的為求測人提供分析和化解的有效服務。

幾種轉換六親的方式如下：

1、以世爻為「我」轉換六親。

2、以用神為「我」轉換六親。

3、以月卦身為「我」，進行轉換六親。

4、以卦中的任一爻為「我」轉換六親。

有些還沒有發現，或者古籍中還存在的隱藏線索，或者古人沒有說透的概念，例如納音的應用，也需要讀者，或者後來的學者，去不斷挖掘，不斷研究，不斷完善。

二是要在繼承的基礎上，將古人成熟的應用方法，歸納整理，擴展更寬的應用領域。例如「象數理占」，這是京氏易預測的基本方法，所謂「象」，即事物基本的屬性具象。簡單歸納如下：

一、卦宮象：如乾宮，坤宮象等。

二、內外象：如外卦主外、高、遠象；內卦主內、低矮、近象。

三、爻性象：如陽爻有剛象，陰爻有柔象。陽主過去象，陰主未來象等。

四、爻位象：如初爻元士，二爻大夫等象。初爻主腳，三爻主腹，六爻主頭等象。

五、五行象：如甲乙寅木屬木，丙丁巳午屬火等象。五行表示對應的時間、空間之象。

六、六親象：如父母爻主父母、長輩、文章、老師、論文、文憑、證件、證據、防護裝備，信息物品等象。

七、六神象：如青龍主喜，主仁、酒色等象。

八、進退象：如寅化卯為進，卯化寅為退等象。

九、世應象：世為己，應為人；婚姻關係，合作關係等象。

十、卦名象：如「夬」有抉擇之象，「蠱」有內亂之象。

十一、卦辭象：如乾卦象曰：「天行健，君子以自強不息」等預示之象。
十二、爻辭象：如乾卦初九象曰：「潛龍勿用，陽在下也」等預示之象。
十三、納音象：如甲子乙丑海中金之類象。
十四、時間象：如：寅卯辰表示春季，巳午未表示夏季；子水表示夜半，午火表示中午等等。
十五、方位象（空間之象）：如子水北方之象，午火南方之象等等。
十六、理象：（道理、義理、原理、事理）：如：生尅制化，刑沖合害等五行運行基本原理之象。

再如飛伏方法的應用，《易林補遺》曰：「爻爻有伏有飛，伏無不用」，但作者又認為飛伏的應用，僅僅是「若卦內有用神，不居空陷，不必更取伏神。如六爻不見主象者，卻取伏神推之」。

我們知道，伏神表示隱藏的信息。因此世爻下的伏神，是可以表示求測人的潛意識，或者內心思維的。從伏神與飛神的關係，可以得知求測人自身的心理狀態。另外，如世下伏神與應爻沖尅，也可以表示求測人與對方內心抵觸，或者言語衝突。

三是在學習的過程中，不能迷信古人，認為古人所論都是對的。要根據京氏易的基本原理和方法，不斷的創新思路，尋找更多更好的應用方法。

例如預測疾病，《天玄賦》論疾病曰：「決輕重存亡之兆，專察鬼爻。定金木水火之鄉，可分症候」，古人基本上是以官鬼爻去論病。

例如：癸巳年　壬戌月　辛亥日　丙申時，測疾病？

此卦午火被日令亥水，內卦三合子水相尅。卦中寅木雖然得日令生合，但逢旬空不受生。以上信息表示，求測人身體存在氣血兩虛的現象。六爻寅木雖然有日令亥水生合，內卦三合子水生，但爻遇旬空不受生，因此，會出現有頭暈的現象，並且還會有記憶力減退的現象，這是由於肝膽氣虛，運行不暢，導致腦供血不足造成的。應該找醫生去檢查，及時治療和調整。這樣去分析，才能客觀對應求測人的客觀現象。

我們既要繼承古人一些好的理論方法和應用方式，但也不必象古人那樣，執定鬼爻為病，可以根據京氏易的基本原理，和基本方法去分析判斷。

（六）

我出生於二十世紀五十年代，由於父親過早的去世，我勉強讀了個小學，雖然小學畢業時，被保送到縣裡最好的中學，但由於文革和武鬥，學校都停課鬧革命，所以就沒有學上了。一九七零年，學校開始復課鬧革命，因為我們家庭生活困難，我想參加工作，為家裡減輕負擔，我也沒能繼續讀書。一九七零年六月，我還不滿十六歲，就因為得到組織上照顧，開始參加工作了，因此，我的文化基礎知識，是十分貧乏的。

進入八十年代，是中國社會開始發生大變革的時代，是人們知道文化知識貧乏，渴望讀書的時代，也是人們普遍感覺迷茫的時代，我生活於這個時代，也不可避免會產生對不可知的未來的困惑。

八十年代末期，隨著改革開放，《周易》慢慢也被解禁，國內開始了一個學習易學和術數預測的高潮。我也是這個時期，開始接觸到《易經》，從中體會到古人的一些智慧。邵偉華先生的《周易預測學》出版問世，我看到他在辦函授班，也參加了第二屆函授。後來，國家開始了搶救古籍的工作，出版了一批術數類古籍，我先後購買了這些書籍，開始進行自學。一九九三年，我得到《增刪卜易》這本著作，雖然此書編輯十分混亂，但還是引起我對「京氏易六親占法」的極大興趣。一九九五年，劉大鈞先生的《納甲筮法》出版，我從中深入瞭解到「京氏易六親占法」的基礎知識，然後長期實踐，深入研究和理解。一九九七年，我參加過山東大

時間：癸巳年　壬戌月　辛亥日　丙申時（日空：寅卯）						
占事：測疾病？						
	艮宮：艮為山（六沖）				巽宮：山雷頤（遊魂）	
六神	本　卦				變　卦	
騰蛇	官鬼丙寅木	▅▅▅	世		官鬼丙寅木 ▅▅▅	
勾陳	妻財丙子水	▅ ▅			妻財丙子水 ▅ ▅	
朱雀	兄弟丙戌土	▅ ▅			兄弟丙戌土 ▅ ▅	世
青龍	子孫丙申金	▅▅▅	應	○→	兄弟庚辰土 ▅ ▅	
玄武	父母丙午火	▅ ▅			官鬼庚寅木 ▅ ▅	
白虎	兄弟丙辰土	▅ ▅		╳→	妻財庚子水 ▅▅▅	應

學周易研究中心舉辦的「首屆大易文化研討班」，這次也發了一本他們自己編寫的《增刪卜易》，對比我以前買的版本，好了很多。從此，我放棄了之前所學的其他術數方法，只對與「京氏易六親占法」相關的著作感興趣了。這個時期的自學，由於環境因素的影響，基本上是偷偷進行的。

九十年代後期，由於有了互聯網，我開始在網上和一些朋友討論和交流，在這個過程中，發現很多想學習的朋友，因為沒有資料，學習起來十分困難。基於這種情況，我開始用手頭的資料，錄入整理成電子文本，供易友們學習。再後來，隨著互聯網的發展，網上資料的增多，我經過對照發現，現代出版的古籍，錯漏太多，同時，因為古籍生僻字太多，加上沒有注釋，很多後學的朋友感覺學起來不易，也為了我自己對這一門學術研究的需要，因此，觸發了我想把「京氏易六親占法」相關的古籍，重新校注整理的想法。

我和易友鼎升，本著「為往聖繼絕學，為後世傳經典」的基本精神，十幾年來，到處搜求，各處尋找，也得到很多易友的幫助，終於收集到一批古籍資料，我從中選取有傳承價值，以及有研究價值的十幾個古籍版本，進行校對注釋整理，經歷十多年的不懈努力，終於完成了這一工作。希望能為有志於傳承這一門學術的朋友，提供最原始的資料，也希望能讓後來的學者少走彎路。

在這套古籍著作的校注整理過程中，得到「鼎升」先生的很多具體指導，以及「冰天烈焰」、「犀角尖尖」，「天地一掌中」等網友提供的原版影印古籍資料，也得到「漢典論壇」等網絡上很多朋友的幫助，在此一併向他們致謝。書中有些注釋資料，來源於網絡，未能一一加以說明，也請原作者諒解。

雖然經歷了十幾年的多次校對，注釋，整理，但書稿中不可避免還會存在一些問題，希望能得到方家的指正，也希望得到讀者的批評，在有機會的情況下，再作進一步的修訂，不至於誤導讀者。

京氏易學愛好者　湖北省潛江市　周光虎

撰於己丑年夏至日　公曆 2009年6月21日　星期日

2017年9月28日9時40分星期四　重新修訂

2020年再修訂

網名：虎易

QQ：77090074

微信：wxid_e9cvbx1mugcf22

電子郵箱：tiger1955@163.com

新浪博客：http：//blog.sina.com.cn/hbhy

http：//blog.sina.com.cn/u/1248458677

《易隱》校注整理說明

我最早看到《易隱》這本著作，是「中州古籍出版社」1995年1月第1版，【（清）曹九錫·輯，杜群喜·評，董海潮·校】的書籍版本。這個版本的內容，有些地方存在明顯的錯漏。2006年我又得到一本「中國廣播電視出版社」2006年6月第1版，【（清）曹九錫·原著，陳明·白話注評】的書籍版本。這個版本和中州版一樣，也存在同樣明顯的錯漏。這兩個書籍版本，都標明原作者為（清），因此，以前大家都認為《易隱》這本著作是清代的作品。

2008年，我根據這兩個書籍版本，互相參考，錄入整理了一個初稿，對書中存在的一些錯漏之處，用「虎易注」的方式標注存疑。

後來網路上有了「中國國家圖書館·中國古籍善本書目」導航搜索系統，經搜索得知，「《易隱》八卷首一卷，【明曹九錫輯·曹璿演·明崇禎天德堂刻本，十行、二十二字、小字雙行、白口、四周單邊】」，其藏書單位有「北京大學圖書館」和「上海圖書館」。看到這個資訊，讓我感覺有些驚奇，沒想到此書在明末晚期就已經出版了。因此就一直想著，有機會一定要找到這個版本看看，希望能彌補已經看過的這些版本的不足。

2010年，庚寅歲末，有易友給我分享了一個《易隱》木刻版本的影印圖片。此版本為木刻版印刷，正文為【十行、二十二字、小字雙行、白口、四周單邊】，與「中國國家圖書館・中國古籍善本書目」提示的信息是一致的。首頁是謝三賓所撰「易隱序」，後面有「三賓之印」和「象口氏」兩枚印章。其後是蔣公胤所題「易隱題詞」，後面有「蔣公胤印」和「口口氏」兩枚印章。「易隱參引書目」頁下方，有一枚紅色收藏印，為「蟄菴」。「易隱卷首」頁下方，有三枚紅色收藏印，分別是「辛亥以後寶康瓠齋蠡傭所有」、「老符」、「溫州市圖書館藏」。從上述資訊，可以看出，該書是經歷了多處收藏，保存下來的。

這個版本，有幾個頁碼裝訂顛倒。因其封面已經不存，因此不能得知該版本的確切資訊，不能確認是什麼時候出版的。將影印本與書籍版本進行比較，其內容似乎也沒有多大差異，唯一的差異，是該版本中蔣公胤所作「易隱題詞」，書籍版本都沒有。

「易隱序」，是作者的好友謝三賓所撰。謝三賓，字象三，號寒翁，浙江鄞縣（今浙江寧波）人。天啟五年（西元1625年）乙丑科，中三甲進士，授陝西道御史。同年任嘉定縣知縣。崇禎五年（西元1632年），授山東巡按御史、兼軍前監。崇禎年間，官至太僕寺卿。南明隆武時期，授大學士。南明魯王監國朱以海曾經任命他為大學士。順治三年（西元1645年），八月，丁亥，博洛克金華、衢州，殺故明蜀王朱盛濃、樂安王朱誼石及其將吳凱、項鳴斯等，其大學士謝三賓、閣部宋之普、兵部尚書阮大鋮、刑部尚書蘇壯等降。（參閱《明史》、《清史稿》）

「易隱題詞」為蔣公胤所作，從其尾題「洩山羽客三淵子」，知其為道教人士，其他資料無從得知。

一般而言，作者請人作序，都是請有社會地位的人，或者是社會名流，或者是學術權威，或者是很有影響的人來作。據序作者謝三賓資料推斷，「易隱序」的撰寫時間，應該是在序作者謝三賓天啟五年（西元1625年）中進士以後，至順治三年（西元1645年）降清之前的這一段時間之內完成的。如果其降清之後，作者是不可能再找他作序的。

另外，《易隱》共附有六十二個斷例，除《卷二・身命占》所附「壽數經驗斷例」三例，《卷五・墳塋占》所附「耶律氏斷例」一例，《卷五・朝廷占》所附「古占驗」二例，是引用古人的斷例外，其餘五十六個斷例，應該是作者的父親遊南子和作者自己記錄的斷例。上述斷例，其中己丑年（明萬曆十七年，西元1589年）九例，庚寅年（明萬曆十八年，西元1590年）四十五例，大約是作者的父親遊南子的斷例。丙辰年（明萬曆四十四年，西元1616年）二例，庚申年（明萬曆四十八年，西元1620年）一例，大約是作者自己的斷例。

據以上分析，「中國國家圖書館・中國古籍善本書目」導航搜索系統，所提供的【明・曹九錫輯・曹璿演・明崇禎天德堂刻本】資訊，應該是準確的。也可以確認，《易隱》這本著作，應該就是明末的作品。

我曾經檢索過「上海圖書館館藏術數類書目」，沒能查找到《易隱》的【明・曹九錫輯・曹璿演・明崇禎天德堂刻本】。

2011年，辛卯十月，我有機會去北京，借這個機會，我到「北大」、「人大」和「國家圖書館・古籍館」，去查找《易隱》的相關古籍版本，希望能一睹本書的原始真實面貌。

2011年，辛卯子月，我按「中國國家圖書館・中國古籍善本書目」導航搜索系統得知的資訊，到「北京大學圖書館・特藏室」去借閱，但沒能找到【明・曹九錫輯・曹璿演・明崇禎天德堂刻本】，那裡只有一套民國時期的線裝本。

我開始懷疑，「中國國家圖書館・中國古籍善本書目」導航搜索系統提供的兩個藏書單位資訊，看來應該是不準確的，還應該到其他地方去尋找。

我又到「中國人民大學圖書館・特藏室」，在那裡借閱了《易隱》最早的一套線裝本。此書一套五冊，其封面右上方題「曹九錫輯」，中間為大字書名「易隱」，左下方題「本堂梓行」。第一冊為「序、參考書目、目錄、卷首」。第二冊為「卷一、卷二」。第三冊為「卷三、卷四」。第四冊為「卷五、卷六」。第五冊為「卷七、卷八」。仔細核對其頁碼與內容，發現這個版本的第八卷，缺了第三十一頁。經過比對，可以確認，我得到的木刻影印版本，與這個版本應該是同一版本。

我又到「中國國家圖書館・古籍館」，查閱了這裡收藏的《易隱》古籍的十一個版本，並將這些版本一一進行比對，確認在「北大」、「人大」借閱的版本，和我得到的影印版本，並不是明代的版本，而是民國時期的版本。

從借閱的這些版本看，其中最早的一個版本（見序號二），原版應該是五冊，但目前已經缺了首卷，只存四冊了。該套書籍現在是用兩塊木板做的夾板，用繩子繫著保存的，書籍的封面已經不是原版，應該也是重新做的。每本封面都用毛筆書寫著卷數，以及目錄。

「上海千傾堂」刻本（見序號10），是西元1851，清咸豐年間出版的，一套四冊。

「祥麟書屋」刻本（見序號9），是西元1885年出版的，首頁方框中題「光緒十一年孟春祥麟書屋開雕」，也是一套四冊。

其他八個版本，都是「光緒」版以後及民國時期的版本，就不一一說明了。

我將最早的一個版本內容，與「上海千傾堂」刻本內容進行比對，發現「上海千傾堂」刻本已經開始出現錯字、缺字，以及卦例編排混亂的情況了。其他九個版本及現代出版的書籍，其錯漏基本上與「上海千傾堂」刻本相同。最典型的是《易隱．年時占》所附斷例，最早的這個版本是兩個卦例，但「上海千傾堂」刻本，卻混成了一個卦例。我之前校對整理時，曾經存疑的一些錯漏之處，在這個版本得到完整的內容。據此我估計，這個版本或許就是最初的明末版本。

從上述已知資訊，可以確認，我們現在看到出版的《易隱》書籍，估計都是採用「上海千傾堂」刻本，或者之後的版本校點的，因此書中存在的錯漏和卦例編排混亂的問題，也都是相同的。

我在「中國國家圖書館．古籍館」，看到最早的這個版本，由於原書殘缺，並不能確認，這個版本就是【明．曹九錫輯．曹璿演．明崇禎天德堂刻本】。

需要說明的是，「中國國家圖書館．中國古籍善本書目」導航搜索系統，好像只是運行了一年左右，不知道什麼原因，現在網站打不開，已經無法應用了。

本稿重新校對整理，採用「中國國家圖書館．古籍館」（序號二）的版本為底本，與「上海千傾堂」刻本及「祥麟書屋」刻本互相校對，對書稿重新進行校正，應該可以作為定稿本了。

希望能為後學的讀者朋友們，提供一個比較客觀真實的學習資料。

京氏易學愛好者　湖北省潛江市　虎易

網名：虎易

QQ：77090074

微信：wxid_e9cvbx1mugcf22

電子郵箱：tiger1955@163.com

新浪博客：湖北虎易http://blog.sina.com.cn/hbhy

http://blog.sina.com.cn/u/1248458677

附《中國國家圖書館•古籍館》幾個較早的版本索引

序號	索書號	書名	出版項	出版時間	版本	載體	備註
11	139324	易隱	清	清 1644-	刻本	四冊	不詳
10	140923	易隱	上海千傾堂	1851	刻本	四冊	1851 年版
9	20584	易隱	祥麟書屋	光緒 11 年	刻本	四冊	1885 年版

易隱

明　東粵遊南子　曹九錫　輯

男　橫琴居士　璿[1]　演

校注整理　虎易

易隱敘

橫琴居士曹睿[2]玉，余友欽[3]之之弟也。昔睿玉與欽之競趨制舉[4]，家言每舐[5]墨，詫其肘腕[6]欲脫，日竟數千言，顧儕輩[7]皆斷[8]噤[9]歎不及。擬壯往，所至當釋屩[10]，為海內英俊先。未幾而欽之謝世，睿玉亦焚硯[11]，託卜筮以浮沉於世。睿玉故習《易》，卜筮者《易》之餘也。

古聖人以《易》治世，則其求傾度變，不為大人蔚起以肇創[12]民生，即為賢宰[13]執以股肱[14]自任，不得已而臯比[15]一室，還報名山，使奇文不易見與世也，終不易沒於世。前紹古人[16]，後詔來者，于一人任之不愧，是亦不得志于時者之所為也，于卜筮何居。知卜筮為《易》之餘，殆睿玉所託，而非為《易》之盡於是也。

深秋與文伯子遠索予序，曰：「予有概于《易》，家傳秘本者有年。為余敘，不吝⑰出以示子」。更索以顏秘本，余顏曰《易隱》。

夫人皆見多而可也，見少而怪。人患常於所見，遂異於所不見，而孰知⑱事不可以一人定也。一人之智如郛廓⑲，而四海乃蒼蒼無涯也。世有蒸菌，豈必無本？世有蝤蠐⑳，豈必有母！第本而母之者微也。人又忽其所微，乃謂天下有不本不母之者矣。

故書莫常于《易》，而讀者以為變。以為變則聲變不以清，味變不黍菽㉑，言變且無定象，而伏羲㉒焉能㉓定之為一畫？元公又焉能定之為一圈也？自一而八，自八而六十四，猶原蠶之蛾蝩㉔也，不出於蠢動之際；而爪髮之於屙癢㉕也，不可盡忘於有無之間。而《易》之生稊㉖，蓍㉗待槁㉘而後有其驗，何貴乎明也？龜既朽而後不失其數，何藉乎智也？京、郭㉙不為無會于《易》而不能保其身，何賴乎窺隱測微之術也。蓋逐於變，斯為變所惑，咎于乖其常也，乖其常則事疑於隱。苟時不失乎身，我見以為顯也，人乃見以為隱也，則隱又因所不見而致怪也。汾陰生善《易》㉚，先人事而後說卦，能不逐於變。雪庵誦乾卦，而杜景賢㉛以為未宜，亦祈不失于常。睿玉隱于《易》，其亦繼雪而起庵乎。顧且置《易》而讀《騷》，孰謂雪均之可問也。

庚寅歲秋杪㉜山陰盟社弟玉楫文水氏題於屋舫

注釋

①璿（xuán）：同「璿」字。美玉。

②睿（ruì）：明智、聰明的。

③欽（qīn）：敬佩、恭敬。

④制舉：唐代科舉取士制度之一。除地方貢舉外，由皇帝親自詔試於殿廷稱為「制舉科」。簡稱「制舉」或「制科」。宋代因之，如南宋紹興年間開博學鴻詞科。清代如康熙十七年、乾隆元年的兩次博學鴻詞科及清末的經濟特科等，亦皆屬制舉性質。

⑤舐（shì）：以舌舔物。舐筆和墨，在外者半。——《莊子・田子方》。

⑥肘腕（zhǒu wàn）：肘關節向裡凹下去的地方。

⑦儕（chái）輩：同輩、朋輩。

⑧齗（yín）：笑。

⑨噤（jìn）：閉嘴不作聲。

⑩釋屩（shì juē）：脫去草鞋。喻出仕。

⑪焚硯（fén yàn）：自愧文不如人，自毀筆硯，以示不再著述。

⑫肇創（zhào chuàng）：初創。

⑬賢宰：賢明的宰相或地方長官。

⑭股肱（gǔ gōng）：大腿和胳膊。均為軀體的重要部分。引申為輔佐君主的大臣。
⑮皋（gāo）比：傳誦；講習。
⑯前紹古人：繼承古人。
⑰不吝（lìn）：不吝惜，慷慨大方。
⑱孰（shú）知：豈知；深刻瞭解；清楚地知道。
⑲郛廓（fú kuò）：屏障。
⑳蝤蠐（qiú qí）：蝤蟲；天牛的幼蟲，天牛科。黃白色，身長足短，呈圓筒形。
㉑黍菽（shǔ shū）：古代指小米和大豆。
㉒伏羲（fú xī）：我國古代傳說中的人物。古帝，即太昊。《白虎通考》曰：「三皇者，何謂也？伏羲、神農、燧人也」。按：伏羲，也作「庖羲」、「庖犧」、「伏羲氏」、「伏犧」、「伏戲」、「伏犧氏」、「皇羲」、「宓羲」、「宓戲」、「宓犧」、「羲皇」。風姓。有勝德。始畫八封；造書契；教民佃、漁、畜牧。都陳。相傳在位115年，傳十五世，凡千二百六十載。
㉓焉（yān）能：如何能。
㉔蛾蝩（é chóng）：蛾子。晚蠶。
㉕肩癢（kē yǎng）：喻事之緊要者，猶痛癢。

㉖生稊（tí）：草木再發新芽。

㉗著（shī）：蓍草。古代常以其莖用作占卜。

㉘槁（gǎo）：草木枯乾。

㉙京、郭：指京房、郭璞。

㉚汾陰生善《易》：《周易折中》卷首云：「汾陰侯生善筮，先人事而後說卦」。

㉛杜景賢：（1347—1440），四川鄰水縣御臨鎮人。他勤奮好學，於明太祖四年（1371）中進士。之後，又進入朝考任職，欽點文淵閣大學士，升授兩京監察御史，掌管監察百官、巡視郡縣、糾正刑獄、肅整朝儀等事務，剛正不阿，秉公辦事。他為人清廉，任職監察御史長達20多年，被譽為先帝忠臣。明正統四年（1440年）在老家病逝，享年94歲。

㉜杪（miǎo）：樹枝的細梢。

易隱序

卜筮①者，隱君子②之所託也。

昔③嚴君平④賣卜⑤成都市，與人子言依于孝，與人弟言依于順，與人臣言依于忠。君子以為，得作者之意，不啻⑥登太皞氏⑦之堂，而耳提面命焉。

古之聖人，所可與人言者，未嘗不竭其辭。而有不可以正告天下者，則必有所託以行之。後之君子，不察其意，而以是為吉凶悔吝之末數，非正道明誼者之所究，心則惑矣。

吾友曹橫琴氏，得其家君遊南子之傳。概群迷之不旦，悼筮法之中衰，於是，上究連藏⑧，下逮京、焦⑨，傍通壬、甲⑩，廣採占歌，作為《易隱》。凡十萬餘言，噫，可為博矣。

夫象數變而理不變，九六殊而旨不殊。一也，四十九也，三百六十也，四千九十六也，由是而之萬億也，一而已矣。即由是而之，天地之賾也，萬物之眾也，典墳丘索⑪之浩渺⑫也，亦一而已矣。

傳曰：「變化云為，吉事有祥，象事知器，占事知來」。又曰：「天地設位，聖人成能，人謀鬼謀，百姓與能」。夫聖人之所以能若此者，豈有他哉，統之理而已矣。

由是觀之，安知季子之樂卜，趙孟之詩卜，襄仲之言卜，子游、子夏之威儀卜，沈尹氏之政卜，孔成子之禮卜⑬，不統於橫琴氏之蓍卜⑭哉？

吾于是而知，曹氏之為隱君子也。

句章老氏　謝三賓　撰

注釋

①卜筮（bǔ shì）：古時預測吉凶，用龜甲稱卜，用蓍草稱筮，合稱卜筮。《易・繫辭上》曰：「以制器者尚其象，以卜筮者尚其占」。《禮記・曲禮上》曰：「龜為卜，筴為筮。卜筮者，先聖王之所以使民信時日、敬鬼神、畏法令也；所以使民決嫌疑，定猶與也」。

②隱君子：指隱居逃避塵世的人。

③昔：以前、過去。

④嚴君平：（西元前86年——西元10年）蜀郡成都市人。西漢道家學者，思想家。原名莊遵，字君平。東漢班固著《漢書》，因避漢明帝劉莊諱，改寫為嚴君平。漢成帝（前32～前7年在位）時隱居成都市井中，以卜筮為業，「因勢導之以善」，宣揚忠孝信義和老子道德經，以惠眾人。參閱《漢書・卷七十二・王貢兩龔鮑傳第四十二》。

⑤賣卜：以占卜謀生。

⑥不啻（chì）：不僅，何止，如同。

⑦太皞（hào）氏：又稱太昊、伏義氏。是中國遠古傳說時代的歷史人物，大約在8000年至6000年以前，屬於新石器的早、中期時代。相傳，伏羲氏創立了先天八卦。

⑧連藏：指《連山》和《歸藏》兩種易學著作。

⑨京、焦：指西漢的京房和焦延壽。

⑩壬、甲：指《六壬》和《奇門遁甲》兩類著作。

⑪典墳丘索：指「三墳、五典、八索、九丘」。《尚書序》曰：「伏羲、神農、黃帝之書，謂之「三墳」，言大道也。少昊、顓頊、高辛、唐、虞之書，謂之「五典」，言常道也。至於夏商周之書，雖設教不倫，雅誥奥義，其歸一揆，是故歷代寶之，以為大訓。八卦之說，謂之「八索」，求其義也。九州之志，謂之「九丘」——丘、聚也，言九州所有，土地所生，風氣所宜，皆聚此書也」。

⑫浩渺（miǎo）：廣闊無邊，宏大。

⑬安知季子之樂卜，趙孟之詩卜，襄仲之言卜，子游、子夏之威儀卜，沈尹氏之政卜，孔成子之禮卜：宋・沈作喆撰《寓簡》曰：「故季劄以樂卜，趙孟以詩卜，襄仲歸父以言語卜，子遊子夏以威儀卜，沈尹戍以禮卜。蓋精神之所寓，不可誣也」。

⑭蓍（shī bǔ）卜：以蓍草占卜的方法。

易隱題詞

易，逆數[1]也，還丹[2]亦逆數也。知還返者，洞見隔垣物，千里無匿形[3]。善易者，猶是一窅冥[4]太極之所為也。忠孝者，太極之靜，陰動陽也。

漢京生[5]精物隱，鳥鳴風角[6]，冥搜奇中。身處坎險間，明知己之必死也，而愷惻[7]哀思，牘[8]反覆上，以冀其君之一悟。卒不可得，而以兵解，豈非又一三閭大夫[9]哉。世儒不察，每以易道亡身，為譙[10]吉凶者，言乎其失得，不云言乎其利害。君臣父子間，皆擇有利無害者為之，乾坤幾乎息矣。故不讀京生告君之牘，不識京生卜筮之原委也。

横琴氏，篤行[11]君子也，放廢[12]來隱于市，卜物無匿形。受其所著書讀之，鈎玄析義，所謂圖南[13]之數，大有益於存心養性之書也。一篇之首，必以遊南子冠，猶之司馬子長[14]之論斷，必乙太史公[15]冠之之義也。先正[16]謂：子長五十餘萬言，字字聲淚。可以見作者之原委，知言哉。

余嘗謂：「子父財官，合宮命義，昔人有衰世之意耶！官貴也，以鬼稱。財富厚也，以妻擬，意亦富貴人。動循太極，是為真正財官。否則，持祿者，一山魅[17]。守錢者，真僕妾[18]耳」。

易不卜險，今人心險極矣。我龜既厭，于誰告耶？顏曰：「易隱，將善易者，不言易乎？全其形生之人，藏身也，不厭深渺⑲而已」。

洩山羽客三淵子　蔣公胤⑳　敬題

注釋

①逆數：猶預測。《易‧說卦傳》曰：「數往者順，知來者逆，是故《易》逆數也」。韓康伯注：「作《易》以逆睹來事」。

②還（huán）丹：道家合九轉丹與朱砂再次提煉而成的仙丹。自稱服後可以即刻成仙。

③匿（nì）形：隱匿形跡。

④窅冥（yǎo míng）：幽暗貌。

⑤漢京生：指西漢時期的京房。

⑥鳥鳴風角：用鳥的飛鳴，以及用風聲來占卜吉凶。

⑦愷惻（kǎi cè）：和樂惻隱。

⑧牘（dú）：古代寫字用的木片，也稱木簡。引申為公文。

⑨三閭（lǘ）大夫：戰國時楚國官名。屈原被貶後任此職，此處代指屈原。

⑩譙（qiáo）：通「瞧」。瞭望。

⑪篤（dǔ）行：切實地實行。
⑫放廢：放逐罷黜。
⑬圖南：陳摶（871年—989年）字圖南，號扶搖子，賜號希夷先生。參見「陳希夷」注釋。
⑭司馬子長：指西漢時期的司馬遷，字子長，著《史記》。
⑮太史公：指司馬遷。
⑯先正：泛指前代的賢人。
⑰山魅（mèi）：傳說中的山中精怪。如山魈之類。
⑱妾（qiè），舊時男人娶的小老婆。
⑲深渺：深遠，深微。
⑳胤（yìn）：表示後代。子孫相承。

易隱參引書目

黃帝常陽經　夏連山易

商歸藏易　周易

周易乾坤鑿度　王誅麻衣賦

鬼谷①百問篇　孫臏②探玄歌

張子房③筮法　東方曼倩④射覆訣

君平⑤秘授羅沖心法　焦氏易林⑥

京君明⑦海底眼　京氏易傳

京君明火珠林　楊雄⑧太玄

晁以道⑨京氏易式　荀爽⑩易傳

關子明⑪易傳　董賀筮秘

武侯全州山藏書　管氏照心神鑒經

管公明⑫十三篇　管公金書六事口訣

管公問答口訣　管氏五星秘要

郭景純⑬㊀青囊⑭集　郭公八純筮法

郭氏洞林[15]秘訣　隗炤[16]燃犀集
袁天罡[17]太乙命訣　袁客師占驗目錄
李淳風[18]周易玄悟　李淳風占燈法
郭雍蓍卦辨疑　孔穎達正義[19]
李鼎祚[20]集解　一行師卜訣
衛元嵩[21]元包　陸德明[22]指掌訣
杜氏遺編　程聖俞集筮法
丘寺丞易鑒　麻衣道者正論
陳希夷[23]紫微數　曹子虛源髓論
周傑松經玄談　司馬溫公[24]潛虛
邵康節[25]觀梅數　程邵朱[26]三儒理數
羅止菴卜易統宗　黃士培[27]占易高抬貴手
高滄鶴前知集　皮台峰筮訣
柳隆玉靈經　王夢菴義通
僧明睿抄本　林開蜀市日記
耶律楚材[28]錦囊集　范疇驚人鳴

湯通玄卜學淵海　劉伯溫[29]黃金策
程濟[30]從亡錄　王希明筮法指南
尹鐵口驚破膽集　沈景暘[31]課要
袁子占法提綱　顆師問答錄
周仲高易鐸　季彭山[32]易學四同
張星元[33]易林補遺　吳甘泉[34]要抄
魏道南日錄　卜筮元龜
卜易玄機　金鎖玄關
問卜易覽　心易大成
卜筮全書　六壬神定經
六壬心機絕法　六壬磨鏡藥
六壬畢法賦　靈棋經
通玄賦　天玄賦
萬金賦　碎金賦
六爻穿斷法　白玉賦
行限歌　限門賦

井底賦　堅命賦
滄海賦　逼運賦
千金賦　賽國賦
壺中賦　天象賦
分野圖　參玄㈢賦[35]
舟居賦　新創賦
詳基賦　柳神經[36]
何知章[37]　五行賦
六神賦　性情賦
容貌賦　宅秘
鬼料竅　鬼驚膽

虎易按：凡能查找到的作者基本資料，採用註腳的方式簡注說明，供讀者參考。其他暫時無法查找到的，留待以後有機會再補充。

注釋

①鬼谷子：姓王名詡，又名王禪，號玄微子，春秋戰國時期衛國朝歌（今河南省鶴壁市淇縣）人。常入雲夢山採藥修道，因隱居周陽城清溪之鬼谷，故自稱鬼谷先生。「王禪老祖」是後人對鬼谷子的稱呼，是先秦諸子之一。鬼谷子為縱橫家之鼻祖，蘇秦與張儀為其最傑出的兩個弟子。參閱《戰國策》。

②孫臏：生卒年不詳，孫武之後世子孫也。戰國時期軍事家，兵家代表人物，有《孫臏兵法》傳於後世。參閱《史記・卷六十五・孫子吳起列傳第五》。

③張良：（約西元前250—前186年），字子房，漢初潁川父城人（今河南寶豐）。秦末漢初謀士、大臣，與韓信、蕭何並列為「漢初三傑」。去世後，謚為文成侯。參閱《史記・卷五十五・留侯世家第二十五》。

④東方曼倩(qiàn)：東方朔(西元前154～前93)，字曼倩。平原厭次(今山東惠民)人。武帝即位，徵四方士人，東方朔上書自薦，詔拜為郎。後任常侍郎、太中大夫等職。參閱《漢書・卷六十五・東方朔傳第三十五》。

⑤君平：指嚴君平。參見「嚴君平」注釋。

⑥《焦氏易林》：作者焦延壽，字贛（gòng），梁（今河南省商丘市）人。京房「治《易》，事梁人焦延壽」。其著作《易林》，後世稱為《焦氏易林》。參閱《漢書・卷

七十五・眭兩夏侯京翼李傳第四十五》。《漢書・卷八十八・儒林傳第五十八》。

⑦京君明：京房：（西元前77—前37年），字君明，本姓李，好音律，推律自定為京氏。東郡頓丘（今河南清豐西南）人。元帝時立為博士，官至魏郡太守。治《易》，事梁人焦延壽，延壽字贛。房以明災異得幸，為石顯所譖誅，年僅四十一歲。房授東海殷嘉、河東姚平、河南乘弘，皆為郎、博士。由是《易》有京氏之學。京氏撰寫了大量易學著作，《孟氏京房》《災異孟氏京房》，《京氏段嘉》，《易傳》、《易占》等，以上京氏著作大多佚失，今只存《京氏易傳》三卷。故項安世謂：「以京房考之，世所傳《火珠林》即其遺法」。今之六爻占法，京房為創始人。參閱《漢書・卷七十五・眭兩夏侯京翼李傳第四十五》。《漢書・卷八十八・儒林傳第五十八》。

⑧揚雄：（前53年—18年），字子雲，西漢蜀郡成都（今四川成都郫縣有愛鎮）人。成帝時任給事黃門郎，歷成、哀、平「三世不徙官」。王莽稱帝后，召為大夫，校書於天祿閣。模仿《論語》作《法言》，模仿《易經》作《太玄》。提出以「玄」作為宇宙萬物根源之學說，強調如實地認識自然現象的必要，並認為「有生者必有死，有死者必有終」，駁斥了神仙方術的迷信。參閱《漢書・卷八十七上・揚雄傳第五十七上》、《漢書・卷八十七下・揚雄傳第五十七下》。

⑨晁（cháo）以道：晁說之（1059—1129），字以道，自號景迂，宋朝濟州鉅野（今

山東省巨野）人。北宋神宗元豐五年（西元1082年）進士。他的一生經歷了仁宗、神宗、哲宗、徽宗、欽宗、高宗六朝，是難得的一位身入南宋的「元佑名士」。目前存世的《京氏易傳》，就是他花三十四年時間重新整理編排的。參閱《宋元學案・卷二十二・景迂學案》。

⑩荀爽：（128—190），字慈明，東漢潁陰（今河南許昌市）人。漢桓帝延熹九年（166年），太常趙典舉荀爽至孝，拜郎中，獻帝即位，就任平原相，後晉升司空。一生對經學皆有著述，「著《禮》、《易傳》、《詩傳》、《尚書正經》、《春秋條例》「，」凡百餘篇，今多所亡缺」。《隋志》有荀氏《周易注》十一卷，新舊《唐志》有荀氏《周易注》十卷，皆佚。其易學思想主要見於李鼎祚《周易集解》所輯荀氏《易注》。參閱《後漢書・卷六十二・荀韓鍾陳列傳第五十二・荀爽傳》

⑪關子明：關朗，字子明，據說為東漢末年名將關羽玄孫，北魏時期河東解州人（今山西運城）。魏太和末（魏孝文帝年號），並州刺氏王虬，奏署子明為記室。《續修四庫全書》收錄有其著作《關氏易傳》。（出自《聖帝世系考證》、《廣義祀典》）。

⑫管公明：管輅（lù），（209—256），字公明，平原（今山東德州平原縣）人。三國時魏術士，精通《周易》，善於卜筮、相術，習鳥語，相傳每言輒中，出神入化。正元初，應清河太守華表召為文學掾，官至少府丞。相傳其自知壽不過四十七八，

年四十八果卒。管輅是歷史上著名的術士，被後世奉為卜卦觀相的祖師。一生著述甚豐，有《周易通靈訣》2卷、《周易通靈要訣》1卷、《破躁經》1卷、《占箕》1卷。參閱《三國志·魏書第二十九·方技傳》。

⑬郭景純：郭璞，字景純，河東聞喜人。有郭公者，客居河東，精於卜筮，璞從之受業。由是遂洞五行、天文、卜筮之術，攘災轉禍，通致無方，雖京房、管輅不能過也。參閱《晉書·列傳第四十二》。

⑭青囊（náng）：古代術數家盛書和卜具之囊。後因以「青囊書」指道家典籍。

⑮郭氏洞林：相傳為郭璞所著。

⑯隗炤（wěi zhào）：晉，汝陰人隗炤，善《易》，臨終以書版授妻，謂五年後有龔姓詔使來，可示此版求金。五年後，使者果至，妻示版求金。使者出蓍占筮，告炤妻曰：你夫自藏金，知吾善《易》，故書版以寄意，金埋在堂屋東頭，地下九尺。妻還掘之，皆如卜焉。參閱《晉書·列傳第六十五·藝術》。

⑰袁天罡（gāng）：袁天綱，益州成都（今四川成都）人。尤工相術。隋大業中，為資官令。武德初，蜀道使詹俊赤牒授火井令。著有《六壬課》、《五行相書》、《推背圖》、《袁天罡稱骨歌》等。《通志》著錄，其有《易鏡玄要》一卷。久佚。參閱《舊唐書·卷一百九十一·列傳第一百四十一·方伎·袁天綱》、《新唐書·卷

二百一十七·列傳第一百二十九·方技·袁天綱》。

⑱李淳風：（602—670），岐州雍人（今陝西省寶雞市鳳翔縣）。唐代傑出天文學家、數學家，道家學者，撰《麟德曆》代《戊寅曆》，所撰《典章文物志》、《乙巳占》、《秘閣錄》，並《演齊人要術》等凡十餘部，多傳於代。李淳風和袁天罡所著《推背圖》，以其預言準確而著稱於世。李淳風是世界上第一個給風定級的人。參閱《舊唐書·卷七十九·列傳第二十九·李淳風》。

⑲孔穎達：（574年—648年）字沖遠，冀州衡水（今屬河北）人，唐朝經學家。隋大業初，選為「明經」，授河內郡博士，補太學助教。入唐，任國子監祭酒。奉唐太宗命編纂《五經正義》，融合南北經學家的見解，是集魏晉南北朝以來經學大成的著作。參閱《舊唐書·列傳第二十三·孔穎達》。

⑳李鼎祚：唐朝中後期資州磐石（今屬四川資中縣）人。其生平不詳。代宗登基後，獻《周易集解》，其時為秘書省著作郎，仕至殿中侍御史。新舊唐書無李鼎祚傳，其生平不詳，先儒多失考。

㉑衛元嵩：生卒年不詳。蜀郡人也。北周平定蜀地之後入長安。天和年中（566～571），造作讖緯，預言世事。又仿效太玄經作《元包》一書十卷，另著有《齊三教論》七卷。《周書·卷四十七·列傳第三十九》曰：「又有蜀郡衛元嵩者，亦好言將來之事，蓋江

左寶志之流。天和中，著詩預論周、隋廢興及皇家受命，並有徵驗。性尤不信釋教，嘗上疏極論之。史失其事，故不為傳」。

㉒陸德明：（約550年—630年）名元朗，以字行。蘇州吳人。經學家。訓詁學家。隋煬帝嗣位召為秘書學士，授國子助教。貞觀初，拜國子博士。撰有《經典釋文》30卷。著有《周易注》、《周易兼義》、《易釋文》等。參閱《舊唐書．列傳第一百三十九．儒學上．陸德明》。

㉓陳希夷：陳摶（871年—989年），字「圖南」，安徽亳州真源人，號「扶搖子」，賜號「希夷先生」。隱於武當山九室岩，移居華山雲台觀，多著述。五代宋初時，是一位道門高隱的學術大師。陳摶繼承漢代以來的象數學傳統，並把黃老清靜無為思想、道教修煉方術和儒家修養、佛教禪觀會歸一流，對宋代理學有較大影響，後人稱其為「陳摶老祖」、「睡仙」、希夷祖師等。陳摶是傳統神秘文化中富有傳奇色彩的一代宗師，相傳紫微斗數及無極圖說皆為陳摶創作。參閱《宋史．列傳第二百一十六．隱逸上．陳摶》。

㉔司馬溫公：司馬光（1019年11月17日—1086年），字君實，號迂叟，陝州夏縣（今山西夏縣）涑水鄉人，世稱涑水先生，卒贈太師、溫國公，謚文正，故稱司馬溫公。仿漢代揚雄的《太玄》而作《潛虛》。參閱《宋史．卷三百三十六．列傳第

九十五・司馬光》。

㉕邵康節：邵雍（1011—1077）字堯夫，謚號康節，自號安樂先生、伊川翁，後人稱百源先生，尊稱邵子。其先范陽（今河北涿縣）人，幼隨父遷共城（今河南輝縣）。少有志，讀書蘇門山百源上。仁宗嘉祐及神宗熙寧中，先後被召授官，皆不赴。創「先天學」，以為萬物皆由「太極」演化而成。著有《觀物篇》、《先天圖》、《伊川擊壤集》、《皇極經世》等著作。參閱《宋史・列傳第一百八十六・道學一・邵雍》。

㉖程邵朱：指北宋時期的程頤、邵雍，南宋時期的朱熹。

㉗原文作「𡋯」字，查無此字，疑為「掊」字之誤。漢典：掊（pēi）：古人名用字。據此改作「掊」字。

㉘耶律楚材：（西元1190年—西元1244年），字晉卿，遼東丹王突欲八世孫。契丹族，蒙古帝國時期的政治家。號玉泉老人，法號湛然居士。初辟為掾。後仕為開州同知。左右司員外郎。至順元年，贈經國議制寅亮佐運功臣、太師、上柱國，追封廣寧王，謚文正。參閱《元史・卷一百四十六・列傳第三十三・耶律楚材》。

㉙劉伯溫：劉基（1311年7月1日—1375年4月16日）字伯溫，謚號文成，浙江青田人。輔佐朱元璋完成帝業，建立明朝。洪武三年，封為誠意伯。正德八年，加贈太師，謚文成。參閱《明史・列傳第十六・劉基》。

㉚程濟：朝邑人。有道術。洪武末官岳池教諭。改官編修。參閱《明史・列傳第三十一・程濟》。

㉛賜（shì）：賜，賞給。

㉜季彭山：季本，字明德，號彭山，越之會稽人。正德十二年進士，授建寧府推官。所著《易學四同》，謂四聖皆同也。參閱《明儒學案》。

㉝張星元：張世寶，號星元居士，蘇州吳縣人，自幼喪明。著《易林補遺》傳世。

㉞吳甘泉：明・伍餘福《蘋野纂聞》曰：「吳甘泉，長洲呂山人也。博物洽聞，於書無所不讀，而尤精於數」。

㉟《參玄賦》：《卜筮全書・附闡幽精要》收錄有此著作。

㊱《柳神經》：《卜筮全書・附闡幽精要》收錄有此著作。

㊲《何知章》：《卜筮全書・附闡幽精要》收錄有此著作。

校勘記：

㈠「郭景純」，原本作「郭純景」，疑誤，據郭璞的字改作。

㈡「玄」，原本作「舟」，疑誤，據《卜筮全書・參玄賦》原文改作。

易隱参引書目

序號	《易隱》参引書目，共計 114 部。按字數重新列表，供讀者參考。					
1	周易	靈棋經	夏連山易	衛元嵩元包	周易乾坤鑿度	程邵朱三儒理數
2	宅秘	通玄賦	商歸藏易	關子明易傳	陳希夷紫微數	羅止菴卜易統宗
3		天玄賦	揚雄太玄	孔穎達正義	邵康節觀梅數	黃士琣占易高抬貴手
4		千金賦	荀爽易傳	李鼎祚集解	京君明海底眼	晁以道京氏易式
5		萬金賦	焦氏易林	一行師卜訣	京君明火珠林	武侯全州山藏書
6		碎金賦	京氏易傳	丘寺丞易鑒	麻衣道者正論	管氏照心神鑒經
7		白玉賦	卜筮元龜	皮台峰筮訣	司馬溫公潛虛	袁天罡太乙命訣
8		五行賦	卜易玄機	隗炤燃犀集	管公明十三篇	袁客師占驗目錄
9		六神賦	金鎖玄關	黃帝常陽經	管公問答口訣	李淳風周易玄悟
10		性情賦	問卜易覽	王詡麻衣賦	管氏五星秘要	耶律楚材錦囊集
11		容貌賦	董賀筮秘	鬼谷百部篇	郭景純青囊集	張星元易林補遺
12		行限歌	杜氏遺編	孫臏探玄歌	郭公八純筮法	季彭山易學四同
13		限門賦	心易大成	張子房筮法	郭氏洞林秘訣	湯通玄卜學淵海
14		井底賦	卜筮全書	程濟從亡錄	李淳風占燈法	東方曼倩射覆訣
15		堅命賦		沈景暘課要	陸德明指掌訣	王希明筮法指南
16		逼運賦		魏道南日錄	曹子虛源髓論	尹鐵口驚破膽集
17		天象賦		顆師問答錄	周傑松經玄談	君平秘授羅沖心法
18		分野圖		周仲高易譯	六壬心機絕法	管公金書六事口訣
19		滄海賦		吳甘泉要抄	郭雍蓍卦辨疑	
20		賽國賦		范疇驚人鳴	程聖俞集筮法	
21		壺中賦		柳隆玉靈經	高滄鶴前知集	
22		参舟賦		王夢菴義通	袁子占法提綱	
23		舟居賦		僧明睿抄本	劉伯溫黃金策	
24		新創賦		六爻穿斷法	林開蜀市日記	
25		詳基賦		六壬神定經		
26		柳神經		六壬磨鏡藥		
27		何知章		六壬畢法賦		
28		鬼料窮				
29		鬼驚膽				

易隱目錄

卷首

卷一

卷三

卷四

三六九

卷五

墳塋占

卷六

卷八

訟獄占

六四十

卜筮之道，惟身命①、家宅、墳塋②、婚姻、行人、疾病，數者尤難。故弁③之於首，以示所重，非敢顛紊④舊目也。

虎易按：

一、原目錄標題，與書中標題，很多地方存在差異。如原目錄作「五虎遁法」，書中標題作「年上起月法」。原目錄作「五鼠遁法」，書中標題作「日上起時法」。原目錄作「逐月氣候輔卦圖」，書中標題作「逐月氣候輔卦用事旺相定局之圖」。原目錄作「刃星辨」，書中標題作「附刃星辯」。原目錄作「貴馬德合辨」，書中標題作「附貴馬德合辨」。原目錄作「以錢代著法」，書中標題作「以錢代著說」等，現在按書中內容，統一目錄標題，不一一另行說明。

二、原目錄不太完整，如卷首的「制太極丸法」、「八卦方辰圖」、「占戒」等三個標題脫漏。分類占子目標題，原目錄也未列入。為便於讀者檢索，現在按書中內容，列出子目標題，並按內容順序，重新進行編號，列入目錄。

注釋

①身命：指命運。
②墳塋（yíng）：墳墓，墓地。
③弁（biàn）：放在前面。如「弁首」（卷首，前言）。
④顛紊（wěn）：顛倒紊亂。

校勘記：

㈠原本作「⿸尸彡」字，上「屍」，下「彡」，此字查無讀音及字義。

㈡「窗戶」，原本作「牕牖（chuāngyǒu）」，按現代用字方式改作。

易隱卷首

明　東粵遊南子　曹九錫　輯
男　橫琴居士　璿　演

八卦象例

乾三連☰，坤六斷☷，震仰盂☳，艮覆碗☶，離中虛☲，坎中滿☵，兌上缺☱，巽下斷☴。

八卦取象歌

八卦		歌訣
乾卦	☰	乾三連
坤卦	☷	坤六斷
震卦	☳	震仰盂
艮卦	☶	艮覆碗
離卦	☲	離中虛
坎卦	☵	坎中滿
兌卦	☱	兌上缺
巽卦	☴	巽下斷

本表據朱熹《周易本義·八卦取象歌》內容製作

五行生剋

金生水，水生木，木生火，火生土，土生金。

金剋木，木剋土，土剋水，水剋火，火剋金。

天干所屬

甲乙東方木　丙丁南方火　戊己中央土　庚辛西方金　壬癸北方水

天干所屬方位、五行表

天干	甲乙	丙丁	戊己	庚辛	壬癸
方位	東方	南方	中央	西方	北方
五行	木	火	土	金	水

五行相生相剋表					
五行	金	水	木	火	土
相生	水	木	火	土	金
相剋	木	火	土	金	水

地支所屬

子水鼠　丑土牛　寅木虎

卯木兔　辰土龍　巳火蛇

午火馬　未土羊　申金猴

酉金雞　戌土狗　亥水豬

地支所屬五行、屬相表

地支	子	丑	寅	卯	辰	巳	午	未	申	酉	戌	亥
五行	水	土	木	木	土	火	火	土	金	金	土	水
屬相	鼠	牛	虎	兔	龍	蛇	馬	羊	猴	雞	狗	豬

六神所屬

青龍屬木，白虎屬金，玄武屬水，勾陳屬土，朱雀屬火，騰蛇雖附土，本原屬火，遇水難傷，逢木不剋。

六神所屬五行表

六神	青龍	白虎	玄武	勾陳	朱雀	騰蛇
五行	屬木	屬金	屬水	屬土	屬火	屬土

六親生剋

子孫生妻財，妻財生官鬼，官鬼生父母，父母生兄弟，兄弟生子孫。生我者為元辰。如子孫為妻財之元辰也。子孫剋官鬼，官鬼剋兄弟，兄弟剋妻財，妻財剋父母，父母剋子孫。剋我者為忌神，如子孫為官鬼之忌神也。元神動能生，忌辰動能剋。我生者動，謂之貪生，又謂之洩氣，喜忌俱滅矣。

六親生剋表					
六親	子孫	妻財	官鬼	父母	兄弟
生	妻財	官鬼	父母	兄弟	子孫
剋	官鬼	父母	兄弟	子孫	妻財

劉伯溫先生總斷①

動靜陰陽，反覆遷變②。雖萬象之紛紜③，須一理而融貫④㈠。夫人有賢不肖之殊⑤，卦有過不及之異⑥。太過者，損之斯成。不及者，益之則利。

生扶拱合，時雨滋苗。剋害刑沖，秋霜殺草。長生帝旺，爭如金穀之園⑦。死墓絕空，乃是泥犂⑧㈡之地。

日辰⑨為六爻之主宰⑩，喜其滅項以安劉⑪。月建乃萬卜㊂之提綱，豈可助桀而為虐⑫。最惡者歲君⑬，宜靜而㊃不宜動。最要者身位⑭，喜扶而㊄不喜傷。

世為己，應為人，大宜契合⑮。動為始，變為終，最怕交爭。應位遭傷，不利他人之事。世爻受制，豈宜自己之謀。世應俱空，人無準實。內外競發，事必翻騰。世或交重，兩目顧瞻⑯于馬首。應如發動，一心似託於猿攀⑰。

用爻有氣無他故，所作皆成。主象⑱徒存更被傷，凡謀不遂。有傷須救，無故勿空。空逢沖而有用，合遭破以無功。自空化空，必成凶咎⑲。刑合剋合，終見乖淫。動值合而絆住，靜得沖而暗興⑳。入墓難剋，帶旺非㊅空。有助有扶，衰弱休囚亦吉。貪生貪合，刑沖剋害皆忘。別衰旺以明剋合，辨動靜以定刑沖。並不並，沖不沖，因多字眼。刑非刑，合非合，為少支神㉑。爻遇令星，物難我害㊆。伏居空地，事與心違。伏無提挈㉒終徒爾㉓，飛不摧㊇開亦枉然。空下伏神，易於引拔。制中弱主，難以維持。日傷爻，真罹㉔其禍。爻傷日，徒受其名。墓中人，不沖不發。身上鬼，不去不安。德入卦而無謀不遂，忌臨身而多阻無成。卦遇凶星，避之則吉。爻逢忌殺，敵之無傷。主象休囚，怕見刑沖剋害。用爻變動，忌遭㊈死墓絕空。用化用，有用無用。空化空，雖空弗空。

養主㉕狐疑㉖，墓多暗昧㉗。化病兮傷損，化胎兮勾連。凶化長生，熾㉘而未散。

吉連沐浴，敗而不成。戒回頭之剋我，勿反德以扶人。惡曜㉙孤寒，怕日辰之並起。用爻重疊，喜墓庫之收藏。事阻隔兮間發，心退悔兮世空。卦爻發動，須看交重。動變比和，當明進退。殺生身，莫將吉斷。用剋世，勿作凶看。蓋生中有刑害之兩防[十]，而合處有剋傷之一慮。刑害不宜臨用，死絕豈可持身。動逢沖而事散，絕逢生而事成。如逢合住，須衝破以成功。若遇休囚，必生旺而成事。速則動而剋世，緩則靜而生身。

父亡而事無頭緒，福㉚隱而事不稱情。鬼雖禍災，伏猶無氣。子雖福德，多反無功。究父母推為體統，論官鬼斷作禍殃。財乃祿神，子為福德。兄弟交重，必主謀為多阻滯。卦身重疊，須知事體兩交關㉛。虎興而遇吉神，不害其為吉。龍動而逢凶曜，難掩其為凶。玄武主盜賊之事，亦必官爻。朱雀本口舌之神，然須兄弟[十一]。疾病大宜天喜，若臨兇殺必生悲。出行最怕往亡，如係吉神終獲利。是故吉凶神殺之多端，何如生剋制化之一理。

嗚呼！卜易者，知前則易。求占者，鑒後則靈。筮必誠心，何妨子日[十二]。

虎易按：本節內容，是從《卜筮全書·黃金策·總斷千金賦》轉錄的，但省略了原文所作的注釋解說。讀者可參閱《卜筮全書·黃金策·總斷千金賦》的相關注釋解說，增加對此內容的理解。

注釋

①劉伯溫先生總斷：參閱《卜筮全書・黃金策・總斷千金賦》。

②動靜陰陽，反覆遷變：卦爻有動有靜，有陰有陽。動爻有陰陽，有動就有變，陽動變陰，陰動變陽。靜爻有陰陽，但不會變化。

③雖萬象之紛紜：雖然宇宙間一切事物或景象眾多而雜亂。

④須一理而融貫：需要把生剋制化，刑沖合害的知識或道理參合在一起，從而得到全面透徹的理解。

⑤賢不肖之殊：指人生之不齊，存在差異。賢，指有德行，多才能的人。不肖，指不成材，不正派，品行不好，沒有出息的人。殊，指區別、差異。

⑥過不及之異：指過分和達不到，存在差異。事情做得過分，就像做得不夠一樣，都是不好的。宋朱熹《〈中庸章句〉序》：「動靜云為，自無過不及之差矣」。

⑦金穀之園：金穀園是西晉大官僚石崇的別墅，地處洛陽市，繁榮華麗，極一時之盛。《晉書・石苞傳（石崇）》曰：「崇有別館在河陽之金穀，一名梓澤，送者傾都，帳飲於此焉」。此處也指錢財糧食富庶。

⑧泥犁（ㄌㄧˊ）：佛教語。梵語的譯音。意為地獄。在此界中，一切皆無，為十界中最惡劣的境界。

⑨日辰：指天干和地支。漢王充《論衡・詰術》：「日十而辰十二，日辰相配，故甲與子連」。宋沈括《夢溪筆談・象數一》：「一日謂之『一辰』者，以十二支言也。以十干言之，謂之『今日』；以十二支言之，謂之『今辰』。故支干謂之『日辰』」。

⑩主宰：主管、統治。

⑪喜其滅項以安劉：比喻消滅壞人，幫助好人。項，指項羽。劉，指劉邦。

⑫助桀（jié）而為虐：比喻幫助壞人做壞事。桀，夏末暴君。

⑬歲君：即太歲之神。古人以為沖犯它是不吉利的。

⑭身位：指表示求測人自己的世爻，或者表示求測之事的主事爻，即用神。

⑮契合：投合，意氣相投。

⑯顧瞻（zhān）：回視，環視。

⑰猿攀（yuán náo）：如猿猴攀木，身心不定。

⑱主象：即主事之爻，或者稱為用神，用爻。如自占以世爻為主象，測財以財爻為主象等。

⑲凶咎（jiù）：災殃。

⑳暗興：即暗動。

㉑支神：地支的別稱。

㉒提挈：提攜，扶持，幫助。

㉓徒爾：徒然，枉然。

㉔罹（lí）：受，遭逢，遭遇。

㉕主：預示。如「主吉」，即預示吉。「主凶」，即預示凶。「主狐疑」，即預示狐疑。其他均倣此。

㉖狐疑：懷疑，猶豫。

㉗暗昧（mèi）：隱晦不明。

㉘熾（chì）：引申為兇猛，激烈，氣焰高漲。

㉙惡曜（yào）：指刑沖剋害世爻和用爻的五行。

㉚福：此處代指子孫爻。

㉛交關：交錯混雜，互相關聯。

校勘記：

㈠「動靜陰陽，反覆遷變。雖萬象之紛紜，須一理而融貫」，原本脱漏，據《卜筮全書・黃金策・總斷千金賦》原文補入。

㈡「泥犂」，原本作「犂泥」，疑誤，據《卜筮全書・黃金策・總斷千金賦》原文改作。

㈢「卜」，原本作「卦」，疑誤，據《卜筮全書·黃金策·總斷千金賦》原文改作。

㈣㈤「而」，原文脱漏，據《卜筮全書·黃金策·總斷千金賦》原文補入。

㈥「非」，《卜筮全書·黃金策·總斷千金賦》作「匪」字，義同，保留。

㈦「我害」，原本作「害我」，疑誤，據《卜筮全書·黃金策·總斷千金賦》原文改作。

㈧「摧」，原本作「推」，疑誤，據《卜筮全書·黃金策·總斷千金賦》原文改作。

㈨「遭」，原本作「逢」，疑誤，據《卜筮全書·黃金策·總斷千金賦》原文改作。

㈩「防」，原本作「端」，疑誤，據《卜筮全書·黃金策·總斷千金賦》原文改作。

⑪「父亡而事無頭緒，福隱而事不稱情。鬼雖禍災，伏猶無氣。子雖福德，多反無功。究父母推為體統，論官鬼斷作禍殃。財乃祿神，子為福德。兄弟交重，必主謀為多阻滯。卦身重疊，須知事體兩交關。虎興而遇吉神，不害其為吉。龍動而逢凶曜，難掩其為凶。玄武主盜賊之事，亦必官爻。朱雀本口舌之神，然須兄弟」，原本脱漏，據《卜筮全書·黃金策·總斷千金賦》原文補入。

⑫「嗚呼！卜易者，知前則易。求占者，鑒後則靈。筮必誠心，何妨子日」，原本脱漏，據《卜筮全書·黃金策·總斷千金賦》原文補入。

張星元先生總斷①

吉凶由八卦變通，須察吉變凶，而凶變吉。飛伏在二儀交換，定然陽伏陰，而陰伏陽。爻爻有伏有飛，伏無不用。卦卦有動有靜，動無不之。變出他宮，但取木金㈠水火土。還歸本卦，配成兄父子財官。

水化金則《坎》增其勢，火化土則《離》減其威。亥變子曰進神，木㈡得生而火被制。戌變未云退度，金不助而水無傷。卦之墓絕非宜，還究偽真之辯。爻變生扶最利，更詳喜忌之分。

爻有伏吟不吉，術者②未聞㈢。卦有反吟最凶，星家③誰覺㈣。《歸妹》變《隨》為例，《小畜》之《姤》皆同。但識六爻剋戰㈤，那知二卦交沖。伏吟者有二端：有卦象所犯，有爻支所犯。反吟者亦有二端：卦犯與爻犯者不同㈥。變能生剋於動爻，動不制扶於變象。靜受動傷，靜難制動。柔遭剛剋，柔豈伐剛。日月善能㈦剋爻神，爻神誰敢傷日月。日乃㈧君主，旺衰之象盡能傷。月乃提綱，動靜之爻皆可剋。本卦為貞為始，之卦為悔為終。

親宮云出現之爻，遠年可取。他卦曰伏藏之象，近日堪推。內為己，外為他㈨，喜生喜合。應為賓，世為主，嫌剋嫌沖。我生他㈩而半吉，他㈪剋我以全凶。

世應齊空，兩下目前退悔。主賓皆動，二邊日後更張。兩間之爻動，則起居都(十二)阻。一身之位空，則禍福咸虛④。凡欲久長，用宜安靜。如求脫卸，主利交重。用木金來，縱吉而不吉。用土火到，雖凶而不凶。元神卻要生扶，忌客最宜制伏⑤(十三)。用神旺相，事必亨通。主象休囚，理當愁悶。卦無凶而用爻失位，後查值日方成。爻有吉而主象逢空，慢(十四)看沖時可就。其中更有主象空亡者，事事嫌凶。誰知空中有真假不同，還宜細辨(十五)。忌象交重用象無，主象他時逢受害。用神衰弱元神絕，忌神異日遇遭傷。一神獨發，此象非輕。五位皆興(十六)，靜爻最重。世與卦身專主，非可輕言。旺與動(十七)象司權，當為重論。吉內藏凶非是吉，凶中有吉不為凶。太歲⑥乃一年之主，時辰掌頃刻之權(十八)。日主宣威於一日，遠近皆從(十九)。月將⑦出令於三旬，往來咸服(二十)。月(二十二)卦者，作事之身。官鬼者，求謀之主。卦內無身，百様(二十三)事情無定向。爻中少(二十四)鬼，萬(二十五)般謀作總空虛。卦動二身，事知(二十六)疊疊。爻興兩鬼，禍至重重。官爻不動不空，勝心之美(二十七)。身象不沖不陷，如意之歡。出行動土及遷移，官空反吉。孕育田蠶兼六畜，鬼動成凶(二十八)。日帶凶神發動，長者之殃。時臨惡殺交重，少丁之厄。陽動憂于男子，陰興禍及女人(二十九)。父動，子孫僧道⑧剋，蠶畜無收。父空，尊長屋船虧，文書不就。兄動，妻災奴僕(三十)患，資財耗散事無成。兄空，友絕弟兄亡，家業清安兒少育。子動，夫傷官職退，民間有慶無殃。子空，兒[二一]損畜蠶虛，朝內少賢多佞。財動，椿萱[9]受害，文事難圖[二二]。財空，妻僕遭迍[10]，利資絕望。官動，則有妨手足[二三]，病訟將萌。官空，則有犯夫君[二四]，功名未遂。先[二五]道六親空與發，次陳六獸動和沖。龍為良善清高，喜氣利名之兆。蛇主虛浮驚恐，憂疑怪夢相干。朱雀宜音信文章[二六]，又作祝融[11]詞訟[12]。白虎利武官胎產，況[二七]招喪服血光。勾陳是田土、公差、墳塋、遲滯。玄武乃陰人、盜賊、水利、奸邪[13]。龍往西山，半為吉斷。虎行南地，稍作凶推。土中玄武，賊輕稍防[二八]。木內勾陳，田禾欠熟[二九]。雀墮[14]江湖[三十]，官司易解。蛇遊草木，怪夢反[三一]成。陷勾陳[三二]而田非久[三三]遠。空玄武[三四]而盜不侵欺。蛇空閒夢假[三五]妖邪[15]，龍陷虛胎非喜慶。雀避則訟非不起，虎虛[三六]則喪孝無干[三七]。旺相則吉凶來速，休囚則禍福行[三八]遲。動則有變有更，空則無憂無喜。長生與帝旺，遠日興隆。冠帶與臨官，近時茂[三九]盛。衰病半凶之禍[四十]，受剋全凶。胎養半吉之祥，得生全吉。墓庫但逢衝破，若動若興。死絕不遇生扶，如無如陷。土至[四一]酉中金到午，遇敗而無成。火臨兔[四二]上水臨雞，反生而有力。土逢巳絕，不可言生。金遇巳生，終難言剋。此憑日月變爻而斷，非因世應動象而推。巳爻持世必傷金，巳象動興能助土。墓庫曰藏，有刑破衝開之法。空亡曰陷，有補虛填實之方。陷叨[16]月將生來[四三]，非為全陷。空被提綱剋去，乃是真空。旺相之爻過旬方用，休囚之象到底無功。伏藏值此猶輕，出現臨之更惡。陷元神而最多坎坷，亡忌客而永沒迍邅⑰。男空則遠行不利，女空則近日多(54)殃。財空富而(55)不厚，官空貴而(56)不榮。子空兒女必(57)伶仃，父空屋室還衰敗。兄空則弟兄少力，間空則媒保無能。內卦(58)若空，家宅休居舊地。外宮(59)如陷，遷移勿往他圖。不測之災遇者(60)，身還可救。綿延之疾逢之(61)，命不回生。空世則已心疏懶⑱，空應則他意徘徊。空中動出不為空，墓內摧(62)開非入墓。凡值旬空，或臨月破，吉不能合生(63)於物，凶不能沖剋於神(64)。凶者旬空(65)之殺，當辯興衰。惡者月破之神，無分生剋。事事宜(67)空中之有氣，般般忌合處之逢沖。逢合雖凶而易就，遇沖縱吉以難成。合被衝開，無纖毫⑲之力。絕逢生起，有數倍之功。三合三刑亦有假真(68)之論，六穿六合豈無生剋之分。水(69)會申辰，無(70)鼠牙而不取。木成(71)亥卯，少(72)羊角以無(73)妨。寅巳申三全為殺，丑戌未一缺非刑。用辰卯害本為殃，用亥申穿非作禍。用戌卯合，被剋而反凶。用酉辰諧，叨生而果吉。合處帶生，百事見之皆喜悅。害中加(74)剋，千般犯此盡(75)憂迍。刑則骨肉傷殘，穿則親鄰不睦。六合咸稱吉象，若(76)問遣人出獄以非宜。六沖各駭凶爻(77)，如(78)占散訟脫災而反利。青龍財福為祥，破之不吉。白虎凶官(79)為咎，用之不凶。日建豈為月破，月建非作旬空。卦靜逢沖為動，爻安遇合為和。動處見沖，為戰征[80]而散。動中加合，因羈絆 而遲。用旺有維持，雖遇凶星難作禍。主衰無救助，縱逢吉曜那為佳。身後世後及重爻，皆為已往。身前世前兼交位，各主未來。遊魂宜出外，歸魂利返鄉。內為體，外為用，逢生云吉，剋云凶。動為速，靜為遲，見合曰成，沖曰散。生主發，墓主藏，伏斷將來飛斷往。陰主邪，陽主正，衰象[81]稀少旺象[82]多。事有大小，始終緩急，各審其因。卦開前後，飛伏正之，概詳其理。初求內外三爻，為飛為正為前卦。次化[83]陰陽二象，為變[84]為之為後爻[85]。卦靜無之方取互，世空無主卻憑身。之卦內之盈虧，變爻已定。互卦中之悔吝，體用為先。細觀伏象之興衰，當察飛神之動靜。遠推年月，近看日時。此篇概論總綱，後具分門別類[86]。

虎易按：本節內容，是從《易林補遺·易林總斷章》轉錄的，但省略了原文所作的注釋解說。讀者可參閱《易林補遺·易林總斷章》的相關注釋解說，增加對此內容的理解。

注釋

①張星元先生總斷：參閱《易林補遺·易林總斷章》。

②術者：也稱為「術士」。指以占卜、星相等為職業的人。

③星家：星象家。

④咸（xián）虛：全虛。

⑤制伏：用強制手段降伏。迫使屈服。

⑥太歲：古代天文學中假設的歲星。又稱歲陰或太陰。古代認為歲星（即木星）十二年一周天（實為11.86年），因將黃道分為十二等分，以歲星所在部分作為歲名。但歲星運行方向自西向東，與將黃道分為十二支的方向正相反，故假設有一太歲星作與歲星運行相反的方向運動，以每年太歲所在的部分來紀年。如太歲在寅叫攝提格，在卯叫單閼等。又配以十歲陽，組成六十干支，用以紀年。

⑦月將：與月建合者，稱為月將。如正月建寅，寅與亥合，亥為正月將。二月建卯，卯與戌合，戌為二月將。《易林補遺》曰「月將出令於三旬，往來咸服」，從本書開始，六親占法的著作將這個名詞應用為「月建」的概念了。《增刪卜易》曰：「月將即是月建，又為月令」。此處應該是指月建，或者稱為月令。

⑧僧道：僧人與道士。

⑨椿萱（chūn xuān）：比喻父母。

⑩迍（zhūn）：災難；禍殃。

⑪祝融：神名。帝嚳（kù）時的火官，後尊為火神，命曰祝融。亦以為火或火災的代稱。

⑫詞訟：訴訟；也指訴狀。
⑬奸邪：指奸詐邪惡的事或人。
⑭墮（duò）：掉下來；墜落。
⑮妖邪：妖異怪誕。
⑯叨（tāo）：承受。古漢語中，用於對受人恩惠及禮物，表示感謝的謙詞。
⑰迍邅（zhān）：處境不利；困頓。
⑱疏懶：鬆懈；懈怠。懶散。
⑲纖毫：極其細微。
⑳羈（jī）絆：束縛牽制。

校勘記：

㈠「木金」，原本作「金木」，疑誤，據《易林補遺・易林總斷章》原文改作。
㈡「木」，原本作「水」，疑誤，據《易林補遺・易林總斷章》原文改作。
㈢「術者未聞」，原文脱漏，據《易林補遺・易林總斷章》原文補入。
㈣「星家誰覺」，原文脱漏，據《易林補遺・易林總斷章》原文補入。
㈤「剋戰」，原本作「戰剋」，疑誤，據《易林補遺・易林總斷章》原文改作。

(六)「伏吟者有二端：有卦象所犯，有爻支所犯。反吟者亦有二端：卦犯與爻犯者不同」，原本脱漏，據《易林補遺·易林總斷章》原文補入。

(七)「能」，原本作「會」，疑誤，據《易林補遺·易林總斷章》原文改作。

(八)「乃」，原本作「為」，疑誤，據《易林補遺·易林總斷章》原文改作。

(九)(十)(十一)「他」，原本作「人」，疑誤，據《易林補遺·易林總斷章》原文改作。

(十二)「都」，原本作「多」，疑誤，據《易林補遺·易林總斷章》原文改作。

(十三)「制伏」，原本作「伏制」，疑誤，據《易林補遺·易林總斷章》原文改作。

(十四)「慢」，原本作「但」，疑誤，據《易林補遺·易林總斷章》原文改作。

(十五)「其中更有主象空亡者，事事嫌凶。誰知空中有真假不同，還宜細辨」，原本脱漏，據《易林補遺·易林總斷章》原文補入。

(十六)「皆興」，原本作「交重」，疑誤，據《易林補遺·易林總斷章》原文改作。

(十七)「旺與動」，原本作「動與旺」，疑誤，據《易林補遺·易林總斷章》原文改作。

(十八)「太歲乃一年之主，時辰掌頃刻之權」，原本作「太歲主歷年之事，時辰掌即日之權」，疑誤，據《易林補遺·易林總斷章》原文改作。

(十九)「遠近皆從」，原本作「累月能拘」，疑誤，據《易林補遺·易林總斷章》原文改作。

(二十)「往來咸服」，原本作「經年可攝」，疑誤，據《易林補遺·易林總斷章》原文改作。

⑫「月」，原本作「身」，疑誤，據《易林補遺·易林總斷章》原文改作。

⑬「樣」，原本作「種」，疑誤，據《易林補遺·易林總斷章》原文改作。

⑭「少」，原本作「無」，疑誤，據《易林補遺·易林總斷章》原文改作。

⑮「萬」，原本作「千」，疑誤，據《易林補遺·易林總斷章》原文改作。

⑯「知」，原本作「來」，疑誤，據《易林補遺·易林總斷章》原文改作。

⑰「勝心之美」，原本作「稱心之喜」，疑誤，據《易林補遺·易林總斷章》原文改作。

⑱「出行動土及遷移，官空反吉。孕育田蠶兼六畜，鬼動成凶」，原本脱漏，據《易林補遺·易林總斷章》原文補入。

⑲「陽動憂于男子，陰興禍及女人」，原本作「陽動男憂，陰興女禍」，疑誤，據《易林補遺·易林總斷章》原文改作。

⑳「僕」，原本作「婢」，疑誤，據《易林補遺·易林總斷章》原文改作。

㉑「兒」，原本作「男」，疑誤，據《易林補遺·易林總斷章》原文改作。

㉒「文事難圖」，原本作「文字難圓」，疑誤，據《易林補遺·易林總斷章》原文改作。

㉓「則有妨手足」，原本作「有傷雁序」，疑誤，據《易林補遺·易林總斷章》原文改作。

㉔「則有犯夫君」，原本作「有犯槁砧」，疑誤，據《易林補遺·易林總斷章》原文改作。

㉕「先」，原本作「既」，疑誤，據《易林補遺·易林總斷章》原文改作。

㊱「章」，原本作「書」，疑誤，據《易林補遺·易林總斷章》原文改作。

㊲「況」，原本作「能」，疑誤，據《易林補遺·易林總斷章》原文改作。

㊳㉞「賊輕稍防」，原本作「賊無虞」，疑誤，據《易林補遺·易林總斷章》原文改作。

㊴㉞「田禾欠熟」，原本作「田欠熟」，疑誤，據《易林補遺·易林總斷章》原文改作。

㊵「湖」，原本作「河」，疑誤，據《易林補遺·易林總斷章》原文改作。

㊶「反」，原本作「翻」，疑誤，據《易林補遺·易林總斷章》原文改作。

㊷「陷勾陳」，原本作「勾陳陷」，疑誤，據《易林補遺·易林總斷章》原文改作。

㊸「久」，原本作「永」，疑誤，據《易林補遺·易林總斷章》原文改作。

㊹「空玄武」，原本作「玄武空」，疑誤，據《易林補遺·易林總斷章》原文改作。

㊺「假」，原本作「解」，疑誤，據《易林補遺·易林總斷章》原文改作。

㊻「虛」，原本作「潛」，疑誤，據《易林補遺·易林總斷章》原文改作。

㊼「陷勾陳而田非久遠。空玄武而盜不侵欺。蛇空間夢假妖邪，龍陷虛胎非喜慶。雀避則訟非不起，虎虛則喪孝無干」，《易林補遺·易林總斷章》排版在「兄空則弟兄少力，間空則媒保無能」後，本書作者與前面論述六神內容改排在一起，也比較合理，予以保留。

㊽「行」，原本作「應」，疑誤，據《易林補遺·易林總斷章》原文改作。

㊾「茂」，原本作「昌」，疑誤，據《易林補遺·易林總斷章》原文改作。

㊿「禍」，原本作「兆」，疑誤，據《易林補遺·易林總斷章》原文改作。

〔五一〕「至」，原本作「到」，疑誤，據《易林補遺·易林總斷章》原文改作。

〔五二〕「兔」，原本作「卯」，疑誤，據《易林補遺·易林總斷章》原文改作。

〔五三〕「生來」，原本作「來生」，疑誤，據《易林補遺·易林總斷章》原文改作。

〔五四〕「多」，原本作「生」，疑誤，據《易林補遺·易林總斷章》原文改作。

〔五五〕〔五六〕「而」，原文脱漏，據《易林補遺·易林總斷章》原文補入。

〔五七〕「必」，原本作「主」，疑誤，據《易林補遺·易林總斷章》原文改作。

〔五八〕「卦」，原本作「象」，疑誤，據《易林補遺·易林總斷章》原文改作。

〔五九〕「宮」，原本作「官」，疑誤，據《易林補遺·易林總斷章》原文改作。

〔六〇〕「者」，原本作「陷」，疑誤，據《易林補遺·易林總斷章》原文改作。

〔六一〕「之」，原本作「空」，疑誤，據《易林補遺·易林總斷章》原文改作。

〔六二〕「推」，原本作「推」，疑誤，據《易林補遺·易林總斷章》原文改作。

〔六三〕「合生」，原本作「生合」，疑誤，據《易林補遺·易林總斷章》原文改作。

〔六四〕「沖剋於神」，原本作「剋制於人」，疑誤，據《易林補遺·易林總斷章》原文改作。

〔六五〕「空」，原本作「中」，疑誤，據《易林補遺·易林總斷章》原文改作。

〔六六〕「宜」，原本作「喜」，疑誤，據《易林補遺·易林總斷章》原文改作。

〔六七〕「纖」，原本作「綵」，疑誤，據《易林補遺·易林總斷章》原文改作。

〔六八〕「假真」，原本作「真假」，疑誤，據《易林補遺·易林總斷章》原文改作。

(六九)「水」，原本作「子」，疑誤，據《易林補遺・易林總斷章》原文改作。

(七十)「無」，原本作「少」，疑誤，據《易林補遺・易林總斷章》原文改作。

(七一)「成」，原本作「連」，疑誤，據《易林補遺・易林總斷章》原文改作。

(七二)「少」，原本作「無」，疑誤，據《易林補遺・易林總斷章》原文改作。

(七三)「無」，原本作「何」，疑誤，據《易林補遺・易林總斷章》原文改作。

(七四)「加」，原本作「帶」，疑誤，據《易林補遺・易林總斷章》原文改作。

(七五)「盡」，原本作「見」，疑誤，據《易林補遺・易林總斷章》原文改作。

(七六)「若」，原文脫漏，據《易林補遺・易林總斷章》原文補入。

(七七)「爻」，原本作「神」，疑誤，據《易林補遺・易林總斷章》原文改作。

(七八)「如」，原文脫漏，據《易林補遺・易林總斷章》原文補入。

(七九)「官」，原本作「鬼」，疑誤，據《易林補遺・易林總斷章》原文改作。

(八十)「戰征」，原本作「征戰」，疑誤，據《易林補遺・易林總斷章》原文改作。

(八一)(八二)「象」，原本作「詳」，疑誤，據其文意原文改作。

(八三)「化」，原本作「看」，疑誤，據《易林補遺・易林總斷章》原文改作。

(八四)「變」，原本作「伏」，疑誤，據《易林補遺・易林總斷章》原文改作。

(八五)「爻」，原本作「卦」，疑誤，據《易林補遺・易林總斷章》原文改作。

(八六)「此篇概論總綱，後具分門別類」，原本脫漏，據《易林補遺・易林總斷章》原文補入。

海底眼一爻動變斷

父母當頭剋子孫，病人無藥主沉昏，親姻子息①應難得，買賣勞心利不存。

觀㊀望行人書信動，論官下狀理先分，士人科舉彰金㊁榜②，失物逃亡要訴論。

父化父兮文不實，舉事㊂艱難事非一，父化子兮宜退散，縱然憂病還為吉。

父化同人多口舌，用求宛轉須重疊，父化財兮交易利，家長不寧求事拙。

父化官兮家損失，求官必得遷高職，卦無父母事無頭，更在休囚空費力。

子孫發用③㊃傷官鬼，占病求醫身便痊，行人買賣身康泰，婚姻喜美是姻㊄緣。

產婦當生子易養，詞訴空論事不全，謁貴④無官㊅休進用㊆，守舊常占可自然。

子化子兮陰小凶，舉訟興官理不同，子化官兮防禍患，占病憂疑總㊇不中。

子化父兮憂㊈產婦，無中生有多頭緒，子化兄兮事不全㊉，脫詐人情疑莫去。

妻財(十一)立用剋文書⑤，應舉求官總是虛，買賣交關⑥(十二)財利合(十三)，親成(十四)如意樂無虞⑦。

行人在外身將動，產婦求神易免(十五)除，失物靜安家未出，病者傷脾腹胃虛(十六)。

子化財兮好望財，財化財兮婦主災，財化官兮防走失，財化文書用可諧。

財化兄兮財少成，相知脫(十七)賺⑧勿交親，財化子兮宜守舊，託用人情不一心。

兄弟同人先剋財(十八)，患(十九)人占者氣衰災(二十)，應舉雷同文不一，若是常占尚(二十一)破財。

有害虛詞應帶⑫眾，出路行人身未來⑬，貨物經商消⑭折本⑨，買婢求妻事不諧⑮。
兄化兄兮家不足，兄化財兮財反覆，兄化官兮休下狀，占病難醫須見哭。
兄化文書和改求⑯，人情後⑰喜主先⑱憂，兄化子兮憂可散，望者行人信有接⑲。
官鬼從來剋兄弟，婚姻未就生疑滯，病困門庭禍祟纏⑳，更改動身皆不吉。
出外逃亡定見災，詞訟傷身有囚繫，買賣財輕賭博輸，失物難尋多暗昧。
官化官兮病未安，見貴求官事盡難，官化文書官未順，交加爭競鬼相干。
官化子兮憂自除，常占小口必災危，官化兄兮朋友詐，委託人心不似初。
官化財兮財自得，賭博抽拈卻必輸，卦中無鬼休謀事，官員不見總空虛。
此京房斷法，試罔⑩不驗。若卦有兩爻動，便不準矣。

虎易按：本節內容，是從《海底眼・六親爻用》及《海底眼・六親爻變》兩節內容轉錄的，讀者可參閱《增注周易神應六親百章海底眼》原文。

注釋

①子息：子嗣，兒子。也泛指兒女。

②金榜：科舉時代殿試揭曉的榜。

③發用：猶使用；運用。

④謁（yè）貴：進見顯貴的，有地位的人。

⑤文書：此處代指父母爻。

⑥交關：猶交易。

⑦無虞（yú）：沒有憂患，太平無事。

⑧脫賺：猶欺騙。

⑨折本：賠本，虧本。

⑩罔（wǎng）：無，沒有。

校勘記：

㊀「觀」，原本作「遠」，疑誤，據《增注周易神應六親百章海底眼・六親爻用・父母用》原文改作。

㊁「彰金」，原本作「登黃」，疑誤，據《增注周易神應六親百章海底眼・六親爻用・父母用》原文改作。

㊂「事」，原本作「動」，疑誤，據《增注周易神應六親百章海底眼・六親爻變・父母變》原文改作。

㊃「用」，原本作「動」，疑誤，據《增注周易神應六親百章海底眼・六親爻用・子孫

用》原文改作。

㊄「姻」，原本作「前」，疑誤，據《增注周易神應六親百章海底眼・六親爻用・子孫用》原文改作。

㊅「無官」，原本作「求名」，疑誤，據《增注周易神應六親百章海底眼・六親爻用・子孫用》原文改作。

㊆「用」，原本作「步」，疑誤，據《增注周易神應六親百章海底眼・六親爻用・子孫用》原文改作。

㊇「總」，原本作「盡」，疑誤，據《增注周易神應六親百章海底眼・六親爻變・子孫變》原文改作。

㊈「憂」，原本作「防」，疑誤，據《增注周易神應六親百章海底眼・六親爻變・子孫變》原文改作。

㊉「全」，原本作「員」，疑誤，據《增注周易神應六親百章海底眼・六親爻變・子孫變》原文改作。

⑪「妻財」，原本作「財爻」，疑誤，據《增注周易神應六親百章海底眼・六親爻用・妻財用》原文改作。

⑫「關」，原本作「官」，疑誤，據《增注周易神應六親百章海底眼・六親爻用・妻財

用》原文改作。

㈢「合」，原本作「好」，疑誤，據《增注周易神應六親百章海底眼・六親爻用・妻財用》原文改作。

㈣「成」，原本作「姻」，疑誤，據《增注周易神應六親百章海底眼・六親爻用・妻財用》原文改作。

㈤「易免」，原本作「患脫」，疑誤，據《增注周易神應六親百章海底眼・六親爻用・妻財用》原文改作。

㈥「病者傷脾腹胃虛」，原本作「病人傷胃更傷脾」，疑誤，據《增注周易神應六親百章海底眼・六親爻用・妻財用》原文改作。

㈦「脫」，原本作「掇」，疑誤，據《增注周易神應六親百章海底眼・六親爻變・妻財變》原文改作。

㈧「兄弟同人先剋財」，原本作「兄弟同人剋了財」，疑誤，據《增注周易神應六親百章海底眼・六親爻用・兄弟用》原文改作。

㈨「患」，原本作「病」，疑誤，據《增注周易神應六親百章海底眼・六親爻用・兄弟用》原文改作。

㈩「氣衰災」，原本作「哭哀哉」，疑誤，據《增注周易神應六親百章海底眼・六親爻用・兄弟用》原文改作。

㉑「尚」，原本作「定」，疑誤，據《增注周易神應六親百章海底眼・六親爻用・兄弟用》原文改作。

㉒「帶」，原本作「累」，疑誤，據《增注周易神應六親百章海底眼・六親爻用・兄弟用》原文改作。

㉓「出路行人身未來」，原本作「行人出路未回來」，疑誤，據《增注周易神應六親百章海底眼・六親爻用・兄弟用》原文改作。

㉔「消」，原本作「皆」，疑誤，據《增注周易神應六親百章海底眼・六親爻用・兄弟用》原文改作。

㉕「買婢求妻事不諧」，原本作「求妻買婢事難諧」，疑誤，據《增注周易神應六親百章海底眼・六親爻用・兄弟用》原文改作。

㉖「求」，原本作「救」，疑誤，據《增注周易神應六親百章海底眼・六親爻變・兄弟變》原文改作。

㉗「後」，原本作「復」，疑誤，據《增注周易神應六親百章海底眼・六親爻變・兄弟變》原文改作。

㉘「先」，原本作「無」，疑誤，據《增注周易神應六親百章海底眼・六親爻變・兄弟

變》原文改作。

㉙「若問行人信有頭」，原本作「望者行人信有接」，疑誤，據《增注周易神應六親百章海底眼・六親爻變・兄弟變》原文改作。

㉚「纏」，原本作「來」，疑誤，據《增注周易神應六親百章海底眼・六親爻用・官鬼用》原文改作。

周仲高期日捷訣

金喜巳酉忌在寅，木喜亥子忌在巳，水喜申酉忌在午，火喜寅卯忌在申，土喜午申忌在亥。金取巳申酉，寅午須有害。木到亥寅卯，申酉即難安。水喜申酉子，巳午定有愆①。火取寅巳午，亥子便為災。土用在午申，亥卯巳為害。

虎易按：本節內容，是論述地支五行的喜忌。一般來說，五行所喜，是其臨長生，帝旺，以及被其他五行所生。五行所忌，是其臨病死墓絕，以及被其他五行所剋。但此節內容並非十分合理，或許還存在文字錯誤。分析如下：

「金喜巳酉忌在寅」，巳為金長生，酉為金帝旺，寅為金絕。

「木喜亥子忌在巳」，亥為木長生，亥子水生木，巳為木病。

「水喜申酉忌在午」，申為水長生，申酉金生水，午為木胎。

「火喜寅卯忌在申」，寅為火長生，寅卯木生火，申為火病。

「土喜午申忌在亥」，申為土長生，午火生土，亥為土臨官。

「金取巳申酉，寅午須有害」。金長生在巳、臨官帝旺在申酉。金絕在寅，午火剋金。

「木到亥寅卯，申酉即難安」。木長生在亥，臨官帝旺在寅卯。木絕在申，申酉金剋木。

「水喜申酉子，巳午定有愆」。水長生在申，帝旺在子，申酉金生水。水絕在巳，胎在午。

「火取寅巳午，亥子便為災」。火長生在寅，臨官帝旺在巳午。火絕於亥，亥子水剋火。

「土用在午申，亥卯巳為害」。土長生在申，午火生土。臨官在亥，卯木剋土，土絕在巳。

從上述分析可以看出，「期日捷訣」所列五行之忌就很雜亂，有病，有絕，有胎，甚至臨官也列入忌了。

我的看法，這些內容可以參考，但不可執迷，知道了基本原理，變通應用於實踐，在實踐中去檢驗真偽。

請讀者可參看後面的「十二宮生旺墓絕表」，理解此節內容。

注釋

①愆（qiān）：過錯，罪過。

習卜先讀易說

遊南子曰：「余閱胡雙湖①所載漢晉至宋雜記占驗，及吳甘泉《元明占驗錄》，皆就彖辭②、爻辭③直斷，應若桴鼓④。後之占者，但得易辭⑤，既合所占之事，即不可拘泥京管⑥，而弁視四大聖人⑦之至訓也。故習卜之功，先須讀易」。

耶律楚材曰：「易之初，其以六十四卦，示人占例，亦浩繁矣。求君父之道于《乾》，求臣子之道于《坤》。婚姻於《咸》、《恒》、《漸》、《歸妹》。待於《需》，進于《晉》。升於《升》，改於《革》。行師于《師》，爭訟於《訟》。聚於《萃》，散於《渙》。以至退於《遯》，守於《困》。安於《泰》、《鼎》，厄於《夷》、《蹇》⑧。盈于《大有》、《豐》。壞於《損》、《蠱》。《家人》之在室，《旅》之在途。《既·未濟》，《大·小過》，《大·小畜》⑨，得失進退之義」。雖卦名僅七十九字，而文意坦白，頗足決斷矣。此文王未有卦辭之前已然，況又有三百八十四爻，示之以變乎？故人苟積誠而筮，則神之告之。卦辭爻辭，應合所問。

如占婚而與之《咸》、《恒》。曰納婦吉。曰勿用取女。曰女歸吉。曰歸妹征凶⑩。

占家宅：曰富家大吉。曰閑有家，悔亡。曰夫妻反目。曰家人嗃嗃，婦子嘻嘻。曰入于其宮，不見其妻。

占出行：曰利涉大川，利有攸往⑪。曰不利涉大川，勿用有攸往。

占仕⑫進：曰不家食吉。曰不事王侯，高尚其事。

占求嗣⑬：曰有子，考无咎。曰得妾以其子。曰婦孕不育。曰婦三歲不孕。

占征伐：曰利用侵伐。曰不利行師。

占畋㊀獵⑭：曰田獲三品。曰田無禽。

諸如此類，皆神鑒其誠，而顯告之也。更不必揣摹臆度⑮，別生論斷。

若夫彖辭爻辭，不應所占之事，然後取動變一爻，各配生剋，及長生十二之宮，斷其休咎⑯也。

劉伯溫曰：「爻神吉而易辭凶，先吉後凶。爻神凶而易辭吉，先凶後吉」。

虎易按：此節介紹的易占方法，是採用卦名，卦辭和爻辭分析的方法判斷吉凶。與京氏六親占法的占斷方法，屬於不同體系，其應用方法是不一樣的。

易占卜筮，採用卦名，卦辭，爻辭，象辭等，作為占斷依據，也是可以分析和預測吉凶的，大多數情況下，也是可以和求測的人和事物相對應的。

讀者如果有學習能力，建議還是要讀讀《易經》，知道《易經》的一些基本知識，以及占斷分析的應用方法。這樣在預測的過程中，與京氏六親的占斷方法綜合加以應用，對於預測而言，是具有參考和指導價值的。

注釋

①胡雙湖：元代胡一桂，字庭芳，徽州婺源（今江西婺源）人。生而穎悟，好讀書，尤精於易學。南宋景定五年（1264年）十八歲時鄉薦禮部不第，退而講學於鄉里，遠近師之，號「雙湖先生」。其學源於其父胡方平，治朱熹易學。所著書有《周易本義附錄纂疏》、《本義啟蒙翼傳》、《朱子詩傳附錄纂疏》、《十七史纂》，並行於世。參閱《元史・列傳第七十六・儒學一》。

②彖（tuàn）辭：指《周易》中的卦辭。

③爻辭：指說明《易》六十四卦各爻象的文辭。如「初九：潛龍勿用」。「初九」是爻題；「潛龍勿用」就是《乾》卦初爻的爻辭。

④應若桴（fú）鼓：鼓槌與鼓。比喻相應迅速。

⑤易辭：指《易經》的卦辭、彖辭、象辭、爻辭。

⑥京管：指西漢時期的京房和漢魏時期的管輅。

⑦四大聖人：指伏羲、文王、周公、孔子。

⑧蹇（jiǎn）：難；窮困；艱阻；不順利。

⑨《既・未濟》，《大・小過》，《大・小畜》：指《既濟》、《未濟》、《大過》、《小過》、《大畜》、《小畜》。

⑩如占婚而與之《咸》、《恒》。曰納婦吉。曰勿用取女。曰女歸吉。曰歸妹征凶：以上占婚之例，前面所列《咸》《恒》兩卦，是以卦名預示吉凶。其後四句，「曰納婦吉」，是《蒙》九二爻辭：「包蒙吉。納婦吉。子克家」。「曰勿用取女」，是《姤》卦辭：「女壯，勿用取女」。「曰女歸吉」，是《漸》卦辭：「女歸吉，利貞」。「曰歸妹征凶」，是《歸妹》卦辭：「征凶，無攸利」。以上分別是以卦辭和爻辭預示吉凶。其後占家宅等各類占測倣此，不一一列出，讀者可從《易經》卦、爻辭中去尋找。

⑪攸（yōu）往：所往。

⑫仕（shì）：做官。

⑬嗣（sì）：後代，子孫。

⑭畋（tián）獵：打獵。

⑮揣摹臆度（chuǎi móyìduó）：揣度、估量，主觀猜測。

⑯休咎：吉凶；善惡。

校勘記：

㈠「畋」，原本作「田」，疑誤，據其文意改作。

取易辭斷法

六爻安靜者，以本卦彖辭斷之。

一爻動，以動爻之辭斷。

兩爻動，取陰爻為斷。陰主未來故也。若同陰同陽，取上動之爻辭斷。

三爻動，以中爻之辭斷。

四爻動，取下靜之爻辭斷。

五爻動，取靜爻之辭斷。

六爻動，《乾》、《坤》二卦，以用九用六之辭斷。餘卦，則以變卦彖辭斷也。

按：《從亡錄》所載程濟諸占，皆一爻動者，俱取變卦爻辭斷之，無不奇中者。附參。

虎易按：「取易辭斷法」，有多種不同的應用方法。本節上面介紹的是一種方法，「程濟諸占，皆一爻動者，俱取變卦爻辭斷之」，又是一種方法。《御撰周易折中·啟蒙附論·考變占第四》曰，「凡卦六爻皆不變，則占本卦彖辭，而以內卦為貞，外卦為悔。一爻變，則以本卦變爻辭占。二爻變，則以本卦二變爻辭占，仍以上爻為主。三爻變，則占本卦及之卦之彖辭，而以本卦為貞，之卦為悔。四爻變，則以之卦二不變爻占，仍以下爻為主。五爻變，則以之卦不變爻占。六爻變，則乾坤占二用，餘卦占之卦彖辭」。也是應用卦爻辭占斷，應用的一種方法。當然，也還有其他的應用方法，就不一一介紹了。我的看法是，「兼收並蓄，善用則用」，經常應用，就能「感而遂通」。讀者可參考這些方法，在實踐中應用，客觀的去體會。

身命凶卦

周景暘①曰：「《遯》卦刑傷多，《姤》、《咸》貧賤老。《屯》、《井》皆是否②，無端生災禍。秋《蠱》冬《蒙》凶，有病難脫過。春逢《晉》、《小過》，即便哀號苦。官符怕《豐》、《井》，《大過》難脫獄。《賁》象多官司，占此遭凶破。遇《萃》財折本，逢《臨》口舌多。八純③與《壯》、《妄》④，圖謀百不安」。

虎易按：此節內容，作者認為看身命遇到這些卦，就是凶卦，是不吉利的。我認為，此論並非十分合理。預測身命，即使是碰到以上的卦，由於預測的時間不一樣，預測的事情不一樣，其結果也是不一樣的，不一定都是凶的。此節內容讀者可以參考，在實踐中應用，去客觀檢驗，看是否符合客觀的實際情況，去粗取精，去偽存真。

注釋

① 暘（yì）：太陽在雲層裡忽隱忽現；太陽無光。

② 否（pǐ）：困厄；不順。

③ 八純：指《乾為天》、《兌為澤》、《離為火》、《震為雷》、《巽為風》、《坎為水》、《艮為山》、《坤為地》等八個卦。因組成重卦的上下兩個單卦均相同，因此稱為八純卦，簡稱為八純。

④ 《壯》、《妄》：指《大壯》和《無妄》卦。

化墓絕卦

墓絕《離》化《乾》，《坎》《艮》《坤》之《巽》，《乾》《兌》變入《艮》，《震》《巽》化為《坤》。

虎易按：「化墓絕卦」，指本卦因有動爻，變出的卦，於後天方位地支為本卦墓絕處之卦。對原文的分析和解釋如下：

「墓絕《離》化《乾》」。《離》卦屬火，變為《乾》卦屬金，《乾》卦的後天方位地支為戌亥，火墓於戌，絕於亥。

「《坎》《艮》《坤》之《巽》」。《坎》卦屬水，《艮》《坤》屬卦土，變為《巽》卦屬木，《巽》卦的後天方位地支為辰巳，水土墓於辰，絕於巳。

「《乾》《兌》變入《艮》」。《乾》《兌》卦屬金，變為《艮》卦屬土，《艮》卦的後天方位地支為丑寅，金墓於丑，絕於寅。

「《震》《巽》化為《坤》」。《震》《巽》卦屬木，變為《坤》卦屬土，《坤》卦的後天方位地支為未申，木墓於未，絕于申。

讀者可參看「天干地支五行與後天八卦方點陣圖」，以及「十二宮生旺墓絕表」，來理解這些內容。

附：天干地支五行與後天八卦方點陣圖

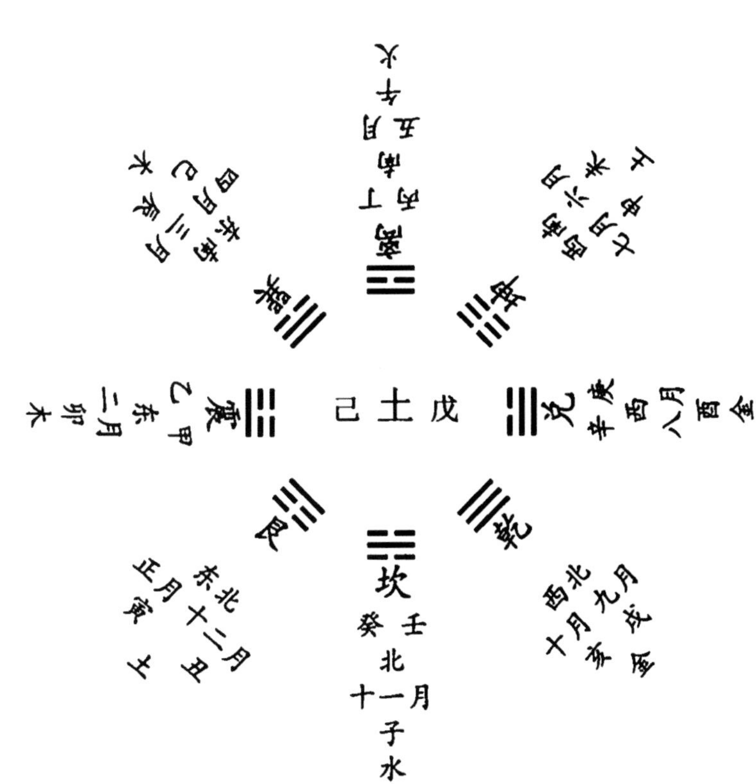

反吟卦　變卦與本卦倒置

地山、山地。雷澤、澤雷。風天、天風。水火、火水。反吟《謙》共《剝》，《歸妹》與《隨》同，《小畜》之為《姤》，《既》①之《未濟》宮。

虎易按：此節內容，所列反吟卦例是不完整的。《卜筮正宗·反吟卦定例》曰：「反吟卦有二：有卦之反吟，有爻之反吟。卦之反吟，卦變相沖也。爻之反吟，爻變相沖也」。下面列出「卦變反吟例表」，供讀者參考，「爻之反吟」因內容太多，就不列入了。讀者可參看《卜筮正宗·反吟卦定例》，以及其他著作對反吟卦的論述。

注釋

①《既》：指《既濟》卦。

卦變反吟例表								
主卦	乾	巽	姤	小畜	坎	離	既濟	未濟
變卦	巽	乾	小畜	姤	離	坎	未濟	既濟
主卦	艮	坤	剝	謙	震	兌	歸妹	隨
變卦	坤	艮	謙	剝	兌	震	隨	歸妹

十六變卦

京房曰：「自初至五上㊀不動，復下飛四往復㊁飛，上飛下飛還本體，便是十六變卦例」。

如《乾》宮一變《姤》，至五變《剝》；上爻為宗廟，永不變。

復下飛四《晉》為遊魂，下飛三《旅》為外戒，下飛二《鼎》為內戒，下飛初《大有》為歸魂。

復上飛二《離》為絕命，復上飛三《噬嗑》①為血脈，上飛四《頤》為肌肉，上飛五《益》為骸骨②。

復下飛四《無妄》為棺槨③，下飛三《同人》為塚墓④，下飛二《乾》復還本體。凡十六變，八宮皆倣此。

虎易按：本節內容，大約是從《新鍥斷易天機·十六變章》引錄來的。原文作「自初至五不動復，下飛四往復用飛，上飛下飛還本體，便是十六變卦例」。南懷瑾先生《易經雜說·京房十六卦變》，大約也是引錄此內容，原文作「自初至五不動復，下飛四往伏用飛，上飛下飛復本體，便是十六變卦例」。其中，「下飛四往復用飛」的「復」字，改成了「伏」字，「上飛下飛還本體」的「還」字，改成了「復」。但以上標點方式，語句上似乎不太合理。按其變卦體例，對本歌訣文字作個別修改，重新標點作：「自初至五上不動，復下飛四往復飛，上飛下飛還本體，便是十六變卦例」。希望此修改能符合本文之意，也能便於讀者理解。

原版所附有兩個表格，都有不同的錯漏和缺失之處。現根據《新鍥斷易天機·十六變章》的內容，按其變卦體例，製作「乾宮首卦《乾為天》廹十六變順序表」，和「八宮十六變卦表」，供讀者參考。

乾宮首卦《乾為天》䷀十六變順序表												
首卦《乾為天》䷀，上爻為宗廟，永不變。												
變爻位	變序	卦名	卦形	變序	卦名	卦形	變序	卦名	卦形	變序	卦名	卦形
上爻	首	乾	䷀									
五爻	05	剝	䷖				13	益	䷩			
四爻	04	觀	䷓	06	晉	䷢	12	頤	䷚	14	無妄	䷘
三爻	03	否	䷋	07	旅	䷷	11	噬嗑	䷔	15	同人	䷌
二爻	02	遯	䷠	08	鼎	䷱	10	離	䷝	16	乾	䷀
初爻	01	姤	䷫	09	大有	䷍						
	《乾》宮一變《姤》，至五變《剝》。			復下飛，變四、三、二、初爻。			復上飛，變二、三、四、五爻。			復下飛，變四、三、二爻，還本體《乾》䷀。		

八宮十六變卦表

卦宮／卦名／變序	乾宮變卦	坎宮變卦	艮宮變卦	震宮變卦	巽宮變卦	離宮變卦	坤宮變卦	兌宮變卦	變卦名稱	世爻位置
首　卦	乾	坎	艮	震	巽	離	坤	兌	八純	六世
一　變	姤	節	賁	豫	小畜	旅	復	困	一世	一世
二　變	遯	屯	大畜	解	家人	鼎	臨	萃	二世	二世
三　變	否	既濟	損	恒	益	未濟	泰	咸	三世	三世
四　變	觀	革	睽	升	無妄	蒙	大壯	蹇	四世	四世
五　變	剝	豐	履	井	噬嗑	渙	夬	謙	五世	五世
六　變	晉	明夷	中孚	大過	頤	訟	需	小過	遊魂	四世
七　變	旅	復	小畜	困	賁	姤	節	豫	外戒	一世
八　變	鼎	臨	家人	萃	大畜	遯	屯	解	內戒	二世
九　變	大有	師	漸	隨	蠱	同人	比	歸妹	歸魂	三世
十　變	離	坤	巽	兌	艮	乾	坎	震	絕命	六世
十一變	噬嗑	謙	渙	夬	剝	履	井	豐	血脈	五世
十二變	頤	小過	訟	需	晉	中孚	大過	明夷	肌肉	四世
十三變	益	咸	未濟	泰	否	損	恒	既濟	骸骨	三世
十四變	無妄	蹇	蒙	大壯	觀	睽	升	革	棺槨	四世
十五變	同人	比	蠱	歸妹	漸	大有	師	隨	墳墓	三世
十六變	乾	坎	艮	震	巽	離	坤	兌	本體	六世

占者遇變入本宮卦者，災福應十分。外戒卦，吉凶從外來。內戒卦，禍福從內起。骸骨卦，生則羸瘦⑤，死不葬埋。棺槨卦，病必死亡。血脈卦，主血疾漏下。絕命卦，事多反復，為人孤獨，不諧於俗。遊魂、肌肉卦，精神恍惚，如夢如癡。歸魂、塚墓卦，墳墓吉，而事可成也。

虎易按：以上內容不完整，下面將按《新鍥斷易天機・十六變章》的原文校正內容附後，供讀者參考。

一世之卦名外戒，一切吉凶從外來。

一世者，名為外戒。一切凶吉，鬼崇禍患皆外來。

二世之卦名內戒，一切內亂細推排。

內戒者，主內亂。占宅宅內亂，占身心內亂。一切吉凶，魂魄諸神，皆以內發，凡事皆推在內也。

三世常將骸骨詳，生瘦死主未埋藏。

三世卦，皆為骸骨。占身占物，皆主面脫骨露。占疾主疫，祟亦係未葬骸骨之鬼。

棺槨常將四世為，占病變此死亡推。

四世卦，皆為棺槨、宅舍，主動棺槨及無棺槨鬼為祟，占病忌變入本宮棺槨，即厄也。

五世皆為血脈卦，絕世血疾與漏下⑥。

主漏下、血疾。占病亦主血染死鬼，常生血光事。

六世絕命反覆多，為人孤獨少周和。

六世絕命，凡事反覆，占身孤獨。內有《乾》《坤》兩卦不孤，雖是任有子息，難保和同周近。行人走失，皆出遠方，行動為商難歸之。

遊魂肌肉如夢中，精神恍惚似童蒙。

遊魂多怪夢，占身主保生，不然離鄉孤獨，占病不死。又名肌肉，亦主癰疽、血膿之疾。

歸魂塚墓事皆美，可有聚神堪吉同。

歸魂又名塚墓，占墓內相剋，主有剋害此後方。占行人主歸，凡事可有歸聚，不散之也。

本宮變者皆為正，凡事見之當實定。

如《晉》卦，乾家遊魂。《益》卦，乾家骸骨。《無妄》，乾家棺槨。《離》卦，乾家絕命。係本宮變去。見者，災福應十分。八宮變，共皆同。

《火珠林》雖說《益》是乾家骸骨卦，《噬嗑》是乾家血脈卦，即不說得分曉，不曾明教人，用之是致後紊，多失此也。

《洞林》說《鼎》是乾家內戒，主內亂，深應此說。今之卜者，不可不察。

虎易按：「《火珠林》雖說《益》是乾家骸骨卦」等語，從現在存世的《火珠林》著作看，沒有這段內容。

注釋

①噬嗑（shì kè）：《易經》卦名。六十四卦之一。震下離上。謂頤中有物，齧而合之。象徵以刑法治國。亦象徵市集聚合天下貨物以交易。

②骸（hái）骨：屍骨。

③棺槨（guān guǒ）：棺材和套棺（古代套於棺外的大棺），泛指棺材。

④塚（zhǒng）墓：塚同「冢」字。墳墓。

⑤羸（léi）瘦：瘦弱；瘦瘠。

⑥漏下：中醫婦科病名。婦女經行淋漓不斷，古人以屋漏喻此症狀，故名。

校勘記：

㈠「上」，原文脫漏，據「上爻為宗廟，永不變」之意補入。

㈡「復」，原本作「復用」，疑誤，據歌訣體例及其文意改作。

六十四卦名

乾宮八卦　屬金

乾為天䷀、天風姤䷫、天山遯䷠、天地否䷋、風地觀䷓、山地剝䷖、火地晉䷢、火天大有䷍。

坎宮八卦　屬水

坎為水䷜、水澤節䷻、水雷屯䷂、水火既濟䷾、澤火革䷰、雷火豐䷶、地火明夷䷣、地水師䷆。

艮宮八卦　屬土

艮為山䷳、山火賁䷕、山天大畜䷙、山澤損䷨、火澤睽䷥、天澤履䷉、風澤中孚䷼、風山漸䷴。

震宮八卦　屬木

震為雷䷲、雷地豫䷏、雷水解䷧、雷風恒䷟、地風升䷭、水風井䷯、澤風大過䷛、澤雷隨䷐。

巽宮八卦　屬木

巽為風䷸、風天小畜䷈、風火家人䷤、風雷益䷩、天雷無妄䷘、火雷噬嗑䷔、山雷頤䷚、山風蠱䷑。

離宮八卦　屬火

離為火䷝、火山旅䷷、火風鼎䷱、火水未濟䷿、山水蒙䷃、風水渙䷺、天水訟䷅、天火同人䷌。

坤官八卦　屬土

坤為地䷁、地雷復䷗、地澤臨䷒、地天泰䷊、雷天大壯䷡、澤天夬䷪、水天需䷄、水地比䷇。

兌宮八卦　屬金

兌為澤䷹、澤水困䷮、澤地萃䷬、澤山咸䷞、水山蹇䷦、地山謙䷎、雷

山小過䷽、雷澤歸妹䷵。

虎易按：以上內容，原文只有卦名，沒有卦形。現將卦形附於卦名後，便於讀者識別。並附「八宮六十四卦卦名表」如下，供讀者參考。

定六親法

以八宮所屬為主，生我者為父母，我生者為子孫，剋我者為官鬼，我剋者為妻財，比和者為兄弟也。

虎易按：「以八宮所屬為主」，指以八宮各自的五行屬性為主（我），然後依「生我者為父母，我生者為子孫，剋我者為官鬼，我剋者為妻財，比和者為兄弟也」的原則，給各宮卦中每個爻定六親。

如乾宮五行屬金，那麼就以屬金的五行為主（我），以生金的五行土為父母，以金生的五行水為子孫，以剋金的五行火為官鬼，以金（我）剋的五行木為妻財，以與

八宮六十四卦卦名表

乾宮	乾為天	天風姤	天山遯	天地否	風地觀	山地剝	火地晉	火天大有
坎宮	坎為水	水澤節	水雷屯	水火既濟	澤火革	雷火豐	地火明夷	地水師
艮宮	艮為山	山火賁	山天大畜	山澤損	火澤睽	天澤履	風澤中孚	風山漸
震宮	震為雷	雷地豫	雷水解	雷風恒	地風升	水風井	澤風大過	澤雷隨
巽宮	巽為風	風天小畜	風火家人	風雷益	天雷無妄	火雷噬嗑	山雷頤	山風蠱
離宮	離為火	火山旅	火風鼎	火水未濟	山水蒙	風水渙	天水訟	天火同人
坤宮	坤為地	地雷復	地澤臨	地天泰	雷天大壯	澤天夬	水天需	水地比
兌宮	兌為澤	澤水困	澤地萃	澤山咸	水山蹇	地山謙	雷山小過	雷澤歸妹

我比和的五行金為兄弟。其他各宮的六親，均倣此例。

依上述定六親的原則，也可以對本卦中的用神，世爻，或者其他任一六親，進行六親的轉換。

下面以《乾為天》卦為例，對世爻，用神進行轉換說明如下：

一、如果測運氣，以本卦世爻父母壬戌土，按照「以世爻所屬為主（我）」的原則，對卦中其他六親進行轉換如下：

初爻甲子水，世爻土剋水，以「我剋者為妻財」，轉換為世爻之妻財。

二爻甲寅木，木剋世爻土，以「剋我者為官鬼」，轉換為世爻之官鬼。

三爻甲辰土，土與世爻比和，以「比和者為兄弟」，轉換為世爻之兄弟。

四爻壬午火，火生世爻土，以「生我者為父母」，轉換為世爻之父母。

五爻壬申金，世爻土生金，以「我生者為子孫」，轉換為世爻之子孫。

二、如果測財運，以本卦二爻用神妻財甲寅木，按照「以用神所屬為主（我）」的原則，對卦中其他六親進行轉換如下：

初爻甲子水，水生用神木，以「生我者為父母」，轉換為用神之父母。

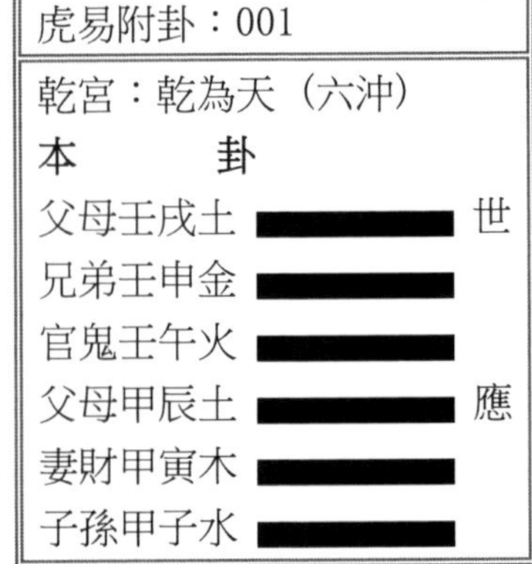

三爻甲辰土，用神木剋土，以「我剋者為妻財」，轉換為用神之妻財。

四爻壬午火，用神木生火，以「我生者為子孫」，轉換為用神之子孫。

五爻壬申金，金剋用神木，以「剋我者為官鬼」，轉換為用神之官鬼。

六爻壬戌土，用神木剋土，以「我剋者為妻財」，轉換為用神之妻財。

納甲法

其法皆自下而上，陽甲隔位順輪，陰甲隔位逆輪。

虎易按：以上內容，原文只有文字，現根據其文字內容，列為圖表，取名為「八宮納甲表」，便於讀者閱讀和理解。

八宮納甲表

納甲　卦宮　內外	乾宮	坎宮	艮宮	震宮	巽宮	離宮	坤宮	兌宮	爻位
外卦	壬戌	戊子	丙寅	庚戌	辛卯	己巳	癸酉	丁未	上爻
	壬申	戊戌	丙子	庚申	辛巳	己未	癸亥	丁酉	五爻
	壬午	戊申	丙戌	庚午	辛未	己酉	癸丑	丁亥	四爻
內卦	甲辰	戊午	丙申	庚辰	辛酉	己亥	乙卯	丁丑	三爻
	甲寅	戊辰	丙午	庚寅	辛亥	己丑	乙巳	丁卯	二爻
	甲子	戊寅	丙辰	庚子	辛丑	己卯	乙未	丁巳	初爻

安世應法

八卦之首世六當，八純卦，世在六爻。以㈠下初爻輪上颺①，各宮第㈡二卦，世在初爻。遊魂之卦四爻立，各宮第㈢七卦，謂之遊魂，世在四爻。歸魂之卦三爻詳，各宮第㈣八卦，謂之歸魂，世在三爻。世初應四，世二應五，世三應六，世四應初，世五應二，世六應三，是也。

虎易按：下面列出「乾宮八卦世爻與應爻位表」，供讀者參考，其他七宮八卦安世爻與應爻的方法和順序倣此。

注釋

①颺（yáng）：同「揚」字。

校勘記：

㈠「以」，原本作「已」，按現代用字方式改作。後面文字

乾宮八卦世爻與應爻位表								
順序／世應	乾宮首卦	乾宮第二卦	乾宮第三卦	乾宮第四卦	乾宮第五卦	乾宮第六卦	乾宮第七卦遊魂	乾宮第八卦歸魂
卦名	乾為天	天風姤	天山遯	天地否	風地觀	山地剝	火地晉	火天大有
世爻位	六爻	初爻	二爻	三爻	四爻	五爻	四爻	三爻
應爻位	三爻	四爻	五爻	六爻	初爻	二爻	初爻	六爻

中，凡涉及「以」字之處，直接改正，不另行說明。

（二三四）「第」，原文脫漏，據其文意補入。

日辰傷世應卦

子日：《觀》、《豫》、《未濟》傷。

按：《觀》：世未，應未。《豫》：世未，應午。《未濟》：世午，應巳。

丑日：《觀》、《鼎》傷。

按：《觀》：世未，應未。《鼎》：世亥，應未。

寅日：《大有》、《節》、《豐》、《震》、《咸》、《蹇》傷。

按：《大有》：世辰，應巳。《節》：世巳，應申。《豐》：世申，應丑。《震》：世戌，應辰。《咸》：世申，應未。《蹇》：世申，應辰。

卯日：《晉》、《震》、《小畜》、《旅》、《泰》傷。

按：《晉》：世酉，應未。《震》：世戌，應辰。《小畜》：世子，應未。《旅》：世辰，應酉。《泰》：世辰，應酉。

辰日：《乾》、《賁》、《井》傷。

按：《乾》：世戌，應辰。《賁》：世卯，應戌。《井》：世戌，應亥。

巳日：《艮》傷。

按：《艮》：世寅，應申。

午日：《姤》、《坎》、《無妄》、《大壯》、《需》傷。

按：《姤》：世丑，應午。《坎》：世子，應午。《無妄》：世午，應子。《大壯》：世午，應子。《需》：世申，應子。

未日：《升》、《大過》、《復》、《未濟》傷。

按：《升》：世丑，應丑。《大過》：世亥，應丑。《復》：世子，應丑。《未濟》：世午，應巳。

申日：《革》、《困》傷。

按：《革》：世亥，應卯。《困》：世寅，應亥。

酉日：《否》、《屯》、《賁》、《恒》、《蒙》、《坤》、《夬》傷。

按：《否》：世卯，應戌。《屯》：世寅，應戌。《賁》：世卯，應戌。《恒》：世酉，應戌。《蒙》：世戌，應寅。《坤》：世酉，應卯。《夬》：世酉，應寅。

戌日：《巽》、《泰》、《兑》傷。

按：《巽》：世卯，應酉。《泰》：世辰，應酉。《兑》：世未，應丑。

亥日：《遯》、《離》、《未濟》、《謙》傷。

按：《遯》：世午，應申。《離》：世巳，應亥。《未濟》：世午，應巳。《謙》：世亥，應午。

虎易按：從此節內容看，所謂日辰傷世應，是以日令「刑、沖、剋、害」世應爻論述的。其中「未日，《未濟》」用例似乎不當。

為直觀的瞭解此節內容，用「按」將各卦的世應標出。提請讀者注意：此節內容並不完善，大家可以根據其原理去判斷和應用。

安身訣

子午持世身居初，丑未持世身居二，寅申持世身居三，卯酉持世身居四，辰戌持世身居五，巳亥持世身居六。

凡卦之身，用之為重，世之身司事還輕。世若不空不破，不須論身。世或空破，禍福方憑身象。蓋取身以代世之勞耳。

虎易按：此為以世爻為準，確定安世身的基本原則。讀者要注意，不要和月卦身搞混淆了。其注釋所言：「凡卦之身，用之為重，世之身司事還輕。世若不空不破，不須論身。世或空破，禍福方憑身象。蓋取身以代世之勞耳」。作者此說，已經說明，論卦還是以世爻為準。

《增刪卜易》曰「奈何卜筮諸書，舛錯悖謬，令人反無定見」。「古用卦身、世身，余試不驗而不用」。此論，是作者多年的實踐，所得出的結論。古有此說，予以保留。有興趣的讀者，也可以在實踐中去應用，看是否有應用價值。

起月卦身法

陰世則從五月起，陽世則從十一月

世身定例												
巳亥持世身在六爻	卦名	大過	節	既濟	革	離	鼎	渙	同人	萃	謙	
	世爻	丁亥	丁巳	己亥	丁亥	己巳	辛亥	辛巳	己亥	乙巳	癸亥	
	世身	丁未	戊子	戊子	丁未	己巳	己巳	辛卯	王戌	丁未	癸酉	
辰戌持世身在五爻	卦名	乾	大有	震	解	井	隨	泰	益	頤	旅	蒙
	世爻	王戌	甲辰	庚戌	戊辰	戊戌	庚辰	甲辰	庚辰	丙戌	丙辰	丙戌
	世身	王申	己未	庚申	庚申	戊戌	丁酉	癸亥	辛巳	丙子	己未	丙子
卯酉持世身在四爻	卦名	否	晉	恒	賁	睽	坤	臨	夬	比	巽	蠱
	世爻	乙卯	己酉	辛酉	己卯	己酉	癸酉	丁卯	丁酉	乙卯	辛卯	辛酉
	世身	王午	己酉	庚午	丙戌	己酉	癸丑	癸丑	丁亥	戊申	辛未	丙戌
寅申持世身在三爻	卦名	屯	豐	艮	大畜	履	漸	需	困	咸	蹇	
	世爻	庚寅	庚申	丙寅	甲寅	王申	丙申	戊申	戊寅	丙申	戊申	
	世身	庚辰	己亥	丙申	甲辰	丁丑	丙申	甲辰	戊午	丙申	丙申	
丑未持世身在二爻	卦名	姤	觀	豫	升	明夷	損	中孚	家人	噬嗑	兌	歸妹
	世爻	辛丑	辛未	乙未	癸丑	癸丑	丁丑	辛未	己丑	己丑	丁未	丁丑
	世身	辛亥	乙巳	乙巳	辛亥	己丑	丁卯	丁卯	己丑	庚寅	丁卯	丁卯
子午持世身在初爻	卦名	遯	剝	坎	師	復	大壯	小畜	無妄	未濟	訟	小過
	世爻	丙午	丙子	無子	戊午	庚子	庚午	甲子	王午	戊午	王午	丙午
	世身	丙辰	乙未	戊寅	戊寅	庚子	甲子	甲子	庚子	戊寅	戊寅	丙辰

起。俱從初爻上數至世，便知何月卦，即是卦身也。

吉凶俱與世爻同斷，又須究論進退。假如正月卜卦，月卦屬二、三、四月為進度。屬十二、十一、十月為退度。進則諸事進益①，退則百事退沮②也。

虎易按：《新鍥纂集諸家全書大成斷易天機·論推六十四卦上月分法》曰：「陰世則從午月起，陽世還從子月生。欲得識其卦中意，月從初數至世分」。

本書原文「五月起」，就是以「芒種」交節後的「午月」為準，原文「十一月起」，就是以「大雪」交節後的「子月」為準。

如正月的八個卦，都是三爻為陽爻持世，按照「陽世則從十一月起」的方法，初爻數「子」，二爻數「丑」，三爻數「寅」，

節氣	月支	月令	六十四卦對應各月卦身								持世爻位	陰陽
立春	寅	正月	大有	恒	既濟	漸	泰	蠱	同人	咸	三爻持世	陽爻
驚蟄	卯	二月	晉	大過	革	睽	大壯	無妄	訟	小過	四爻持世	陽爻
清明	辰	三月	井	履	夬	渙					五爻持世	陽爻
立夏	巳	四月	乾	艮	巽	離					上爻持世	陽爻
芒種	午	五月	姤	豫	旅	困					初爻持世	陰爻
小暑	未	六月	遯	屯	家人	萃					二爻持世	陰爻
立秋	申	七月	否	隨	師	損	比	益	未濟	歸妹	三爻持世	陰爻
白露	酉	八月	觀	升	明夷	中孚	需	頤	蒙	蹇	四爻持世	陰爻
寒露	戌	九月	剝	豐	噬嗑	謙					五爻持世	陰爻
立冬	亥	十月	震	坎	坤	兑					上爻持世	陰爻
大雪	子	十一月	節	賁	復	小畜					初爻持世	陽爻
小寒	丑	十二月	解	大畜	臨	鼎					二爻持世	陽爻

其月卦身則爲寅，對應正月。其中《大有》《蠱》《泰》三卦有卦身，《既濟》《漸》《恒》《同人》《咸》五卦無卦身，或有伏卦身。二月的八個卦，則是四爻爲陽爻持世，其月卦身爲卯。其他各月的卦，均倣此推算月卦身。

月卦身，主要是用來確定卦氣旺衰的。應用時，不可用農曆的正月、二月等日期作爲對應標準，應該以每月的節令爲準。即「立春」交節後用「寅」，「驚蟄」交節後用「卯」。其他各月的對應標準，均倣此。讀者可參考十二月建的內容。

注釋

①進益：指學識修養的進步。也指獲得錢財收入。

②退沮（jǔ）：退阻；退止。

定飛伏神法

八卦陰陽互伏。

故《乾》卦伏《坤》，《坤》卦伏《乾》，《震》《巽》互伏，《坎》《離》互伏，《艮》《兑》互伏。

如《乾》宮《姤》、《遯》、《否》卦，外卦伏《坤》，內卦伏《乾》。《觀》、《剝》、《晉》卦，皆伏《乾》。惟《大有》卦，伏外《乾》內《坤》也。餘倣此。

范疇曰：「飛伏者，往來隱顯之神也。飛為已往，伏為將來。若卦內用神不空不無，不必更取伏神。惟六爻不見用象者，方取伏神推之。伏尅飛為出暴，飛尅伏則傷身，伏生飛曰洩氣，飛生伏而叨生。飛伏比和，則相助而吉也」。

郭景純曰：「飛伏神以世爻為準，卦卦宜詳審之。蓋飛神如形，伏神如影，射鬼魔並見其物」。

如《益》卦：

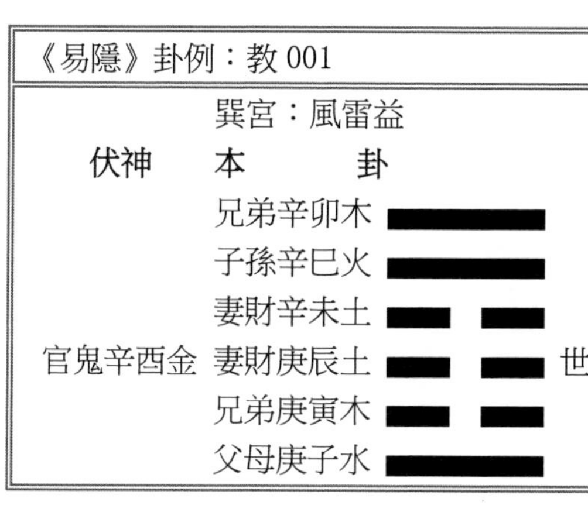

《易隱》卦例：教 001

巽宮：風雷益

伏神	本卦		
	兄弟辛卯木	▅▅▅▅▅	
	子孫辛巳火	▅▅▅▅▅	
	妻財辛未土	▅▅　▅▅	
官鬼辛酉金	妻財庚辰土	▅▅　▅▅	世
	兄弟庚寅木	▅▅　▅▅	
	父母庚子水	▅▅▅▅▅	

世下伏酉金鬼，《巽》為雞，酉亦為雞，在陰宮陰金，必有牝雞為怪也。

又如《復》之《謙》卦：

世下伏未土兄弟，化入辰墓，是欲尋兄弟也。

古人探幽測隱，但仿伏神而斷，則鬼神無所遁形影矣。

虎易按：飛伏之說，起源於《京氏易傳》，以乾宮八卦為例，如「乾：與坤為飛伏。姤：與巽為飛伏。遯：與艮為飛伏。否：與坤為飛伏。觀：與巽為飛伏。剝：與艮為飛伏。晉：與艮為飛伏。大有：與坤為飛伏」。京氏的飛伏體例，是以世爻所在的內卦或者外卦，論與此飛伏的卦。惟遊魂卦不同，是與五變卦世爻所在的外卦論飛伏。京氏的飛伏體例：八純卦，都是以本宮為飛，以對宮為伏。八純、三變、歸魂，所伏相同。一變、四變，所伏相同。二變、五變、遊魂，所伏相同。

定飛伏的方法，後來的著作，與《京氏易傳》不同，產

《易隱》卦例：教 002

伏神	坤宮：地雷復（六合） **本　　卦**				兌宮：地山謙 **變　　卦**		
	子孫癸酉金	▅▅　▅▅			子孫癸酉金	▅▅　▅▅	
	妻財癸亥水	▅▅　▅▅			妻財癸亥水	▅▅　▅▅	世
	兄弟癸丑土	▅▅　▅▅	應		兄弟癸丑土	▅▅　▅▅	
	兄弟庚辰土	▅▅　▅▅		╳→	子孫丙申金	▅▅▅▅▅	
父母乙巳火	官鬼庚寅木	▅▅　▅▅			父母丙午火	▅▅　▅▅	應
兄弟乙未土	妻財庚子水	▅▅▅▅▅	世	○→	兄弟丙辰土	▅▅　▅▅	

生了一些差異。

本書所論飛伏之說，與《易林補遺》飛伏之說相同，《易林補遺》曰：「且如卜得《乾》卦為飛，便取《坤》卦為伏。若得《坤》卦為飛，便取《乾》卦為伏。其餘「雷風、水火、山澤」，互換是也。八純飛伏如此定之。又論《乾》宮，《姤》、《遯》、《否》、《觀》、《剝》、《晉》六卦者，皆伏親宮①《乾》卦。惟獨《大有》歸魂，伏在《否》卦是也」。

提請讀者注意分辨。研究者，可以參考《京氏易傳》相關內容。

注釋

①親宮：《京氏易傳》以八純卦為八宮之首卦，並以八純卦分為八宮，每宮管八卦。各宮純卦之後的七卦，都是從純卦變出來的。因此同一宮之中的八個卦，以首卦稱為「本宮」，也稱為「親宮」。如：乾宮八個卦是《乾為天》、《天風姤》、《天山遯》、《天地否》、《風地觀》、《山地剝》、《火地晉》、《火天大有》，統稱為「乾宮卦」。其他七宮倣此。

起六神法

甲乙起青龍，丙丁起朱雀，戊日起勾陳，己日起騰蛇，庚辛起白虎，壬癸起玄武。

六位輪轉，俱從下起至上。

虎易按：《新鍥纂集諸家全書大成斷易天機・六神屬五行》曰：「青龍屬木，朱雀屬火，勾陳屬土，騰蛇屬土，白虎屬金，玄武屬水」。《新鍥纂集諸家全書大成斷易天機・六神所主事》曰：「青龍主喜事，朱雀主官非，勾陳田土爭，騰蛇怪夢疑，白虎主孝服，玄武賊盜欺」。

起六神法						
日干／六神／爻位	甲乙日初爻起青龍	丙丁日初爻起朱雀	戊日初爻起勾陳	己日初爻起騰蛇	庚辛日初爻起白虎	壬癸日初爻起玄武
上　爻	玄武	青龍	朱雀	勾陳	騰蛇	白虎
五　爻	白虎	玄武	青龍	朱雀	勾陳	騰蛇
四　爻	騰蛇	白虎	玄武	青龍	朱雀	勾陳
三　爻	勾陳	騰蛇	白虎	玄武	青龍	朱雀
二　爻	朱雀	勾陳	騰蛇	白虎	玄武	青龍
初　爻	青龍	朱雀	勾陳	騰蛇	白虎	玄武

年上起月法

甲己之年丙作首，乙庚之歲戊為頭，丙辛便向庚寅起，丁壬壬上順行流，更有戊癸起何處，正月還從甲上求。

虎易按：本書原目錄作「五虎遁法」，有些書籍作「五虎遁年起月法」。《御定星曆考原》「五虎遁」條目曰：「從寅算起，以五陽干配五寅位，故為五虎」。因為寅所對應的屬相為虎，所以用虎來表示寅。「按：上古曆元，年月日時皆起於甲子，是甲子年必甲子月，為年前冬至十一月也。而正月建寅，故得丙寅，二月丁卯，以次順數，至次年正月得戊寅，故乙年正月起戊寅。從甲至己越五年，共六十月花甲，周而復始。故正月亦為丙寅，即甲與巳合之義」。

本歌訣是以年天干推演，尋找起月天干的方法。如「甲己之年丙作首」，即凡遇天干為甲和己的年份，寅月都是以天干丙為開始。確定了寅月的天干，往後的月份，就按十天干的順序順著推算。月支是以立春後起寅月，按十二地支的順序順著推算，每年都是固定不變的。如甲和己天干之年的寅月起丙寅，卯月起丁卯，其後的月份按干支順序推演。其他年份的干支推算倣此。

本歌訣可幫助讀者記憶，具體應用可查看下面所附「年上起月表」。

年上起月表					
年干	甲己	乙庚	丙辛	丁壬	戊癸
寅月	丙寅	戊寅	庚寅	壬寅	甲寅
卯月	丁卯	己卯	辛卯	癸卯	乙卯
辰月	戊辰	庚辰	壬辰	甲辰	丙辰
巳月	己巳	辛巳	癸巳	乙巳	丁巳
午月	庚午	壬午	甲午	丙午	戊午
未月	辛未	癸未	乙未	丁未	己未
申月	壬申	甲申	丙申	戊申	庚申
酉月	癸酉	乙酉	丁酉	己酉	辛酉
戌月	甲戌	丙戌	戊戌	庚戌	壬戌
亥月	乙亥	丁亥	己亥	辛亥	癸亥
子月	丙子	戊子	庚子	壬子	甲子
丑月	丁丑	己丑	辛丑	癸丑	乙丑

日上起時法

甲己還加甲，乙庚丙作初，丙辛從戊起，丁壬庚子居，戊癸何方法，當從壬子求。

虎易按：本書原目錄作「五鼠遁法」，有些書籍也作「五鼠遁日起時法」，《御定星曆考原》「五鼠遁」條目曰：「從子算起，以五陽干配五子位，故名五鼠」。因為子所對應的屬相為鼠，所以用鼠來表示子。「按：甲子日起甲子時，從甲子順數至次日子時，得丙子，故乙日起丙子。從甲至己越五日，共六十時花甲，周而復始。故子時亦為甲子也」。

此歌訣是以日辰天干推演，尋找起時間天干的方法。如「甲己還加甲」，即凡遇天干為甲和己的日子，子時都是以天干甲為開始。確定了子時的天干，往後的時間天干，就按十天干的順序順著推算。時間地支是以子時為開始起的，按十二地支的順序順著推算，每日都是固定不變的。如甲和己日，以甲子開始起子時，丑時即為乙丑，其後的時間按干支順序推演。其他日天干的時天干推算方法，倣此。

本歌訣可幫助讀者記憶，具體應用可查看下面所附「日上起時表」。

日上起時表

日干	甲己	乙庚	丙辛	丁壬	戊癸
子時	甲子	丙子	戊子	庚子	壬子
丑時	乙丑	丁丑	己丑	辛丑	癸丑
寅時	丙寅	戊寅	庚寅	壬寅	甲寅
卯時	丁卯	己卯	辛卯	癸卯	乙卯
辰時	戊辰	庚辰	壬辰	甲辰	丙辰
巳時	己巳	辛巳	癸巳	乙巳	丁巳
午時	庚午	壬午	甲午	丙午	戊午
未時	辛未	癸未	乙未	丁未	己未
申時	壬申	甲申	丙申	戊申	庚申
酉時	癸酉	乙酉	丁酉	己酉	辛酉
戌時	甲戌	丙戌	戊戌	庚戌	壬戌
亥時	乙亥	丁亥	己亥	辛亥	癸亥

五行納音①法

先布大衍四十九數在地，次將甲己子午九，乙庚丑未八，丙辛寅申七，丁壬卯酉六，戊癸辰戌五，巳亥單四數，依數除之。除減不盡，又按五行之數除之，餘者，一水，二火，三木，四金，五土。相生取用，便是納音也。相生者，餘一生木，餘二生土，餘三生火，餘四生水，餘五生金。

且如甲子、乙丑四字，干支共除去三十四數。外有十五數，以二五除去一十，餘得五。屬土，土生金。是甲子、乙丑金也。

又如丙寅、丁卯四字，干支共除去二十六數。外有二十三數，以四五除去

六十花甲納音表						
干支	甲子、乙丑	丙寅、丁卯	戊辰、己巳	庚午、辛未	壬申、癸酉
納音	海中金	爐中火	大林木	路旁土	劍鋒金
干支	甲戌、乙亥	丙子、丁丑	戊寅、己卯	庚辰、辛巳	壬午、癸未
納音	山頭火	澗下水	城頭土	白鑞金	楊柳木
干支	甲申、乙酉	丙戌、丁亥	戊子、己丑	庚寅、辛卯	壬辰、癸巳
納音	泉中水	屋上土	霹靂火	松柏木	長流水
干支	甲午、乙未	丙申、丁酉	戊戌、己亥	庚子、辛丑	壬寅、癸卯
納音	沙中金	山下火	平地木	壁上土	金箔金
干支	甲辰、乙巳	丙午、丁未	戊申、己酉	庚戌、辛亥	壬子、癸丑
納音	覆燈火	天河水	大驛土	釵釧金	桑柘木
干支	甲寅、乙卯	丙辰、丁巳	戊午、己未	庚申、辛酉	壬戌、癸亥
納音	大溪水	沙中土	天上火	石榴木	大海水

二十，餘得三。屬木，木生火。是丙寅、丁卯火也。餘倣此。歌曰：「六旬甲子妙幽玄，七七抽除地與天，五減零求生數理，納音得此幾人傳」。

可抹殺金在海中，火在爐中之說。

注釋

①五行納音：古以五音（宮、商、角、徵、羽）十二律（黃鐘、太簇、姑洗、蕤賓、夷則、無射、大呂、夾鐘、仲呂、林鐘、南呂、應鐘）相合為六十音，與六十甲子相配合，按金、火、木、水、土五行之序旋相為宮，稱為納音。參閱宋沈括《夢溪筆談・樂律一》、清錢大昕《納音說》。

先天八卦序

《乾》一，《兌》二，《離》三，《震》四，《巽》五，《坎》六，《艮》七，《坤》八。

範圍先天數

甲己子午九，乙庚丑未八，丙辛寅申七，丁壬卯酉六，戊癸辰戌五，巳亥當屬四

虎易按：「範圍先天數」，出自《太玄經・卷第八・太玄數第十一》，原文作「子午之數九，丑未八，寅申七，卯酉六，辰戌五，巳亥四」。「甲己之數九，乙庚八，丙辛七，丁壬六，戊癸五」。因此也稱為「太玄數」。

河圖五行數

一水，二火，三木，四金，五土。

虎易按：《尚書・洪範》曰：「五行：一曰水、二曰火、三曰木，四曰金、五曰土」。因此，「河圖五行數」也稱為「洪範五行數」。《尚書・洪範注疏》曰：「天一生水，地二生火，天三生木，地四生金，天五生土，此其生數也」。因此，「河圖五行數」也稱為「五行生數」。讀者可參見下面的河圖，理解此數的來源。

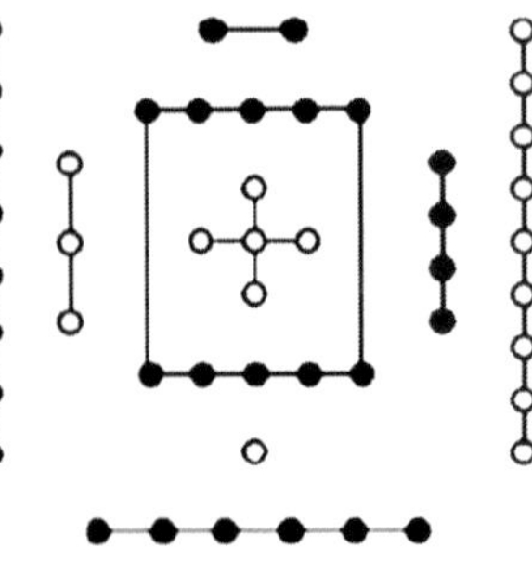

逐月氣候輔卦用事旺相定局之圖

立春正月節艮旺震相　雨水正月中寅木用事

驚蟄二月節甲木用事　春分二月中震旺巽相

清明三月節乙木用事　穀雨三月中辰土用事

立夏四月節巽旺離相　小滿四月中巳火用事

芒種五月節丙火用事　夏至五月中離旺坤相

小暑六月節丁火用事　大暑六月中未土用事

立秋七月節坤旺兌相　處暑七月中申金用事

白露八月節庚金用事　秋分八月中兌旺乾相

寒露九月節辛金用事　霜降九月中戌土用事

立冬十月節乾旺坎相　小雪十月中亥水用事

大雪十一月節壬水用事　冬至十一月中坎旺艮相

小寒十二月節癸水用事　大寒十二月中丑土用事

逐月氣候輔卦用事旺相定局圖

狀態／節氣	對應月	用事	旺	相
立　春	正月節		艮	震
雨　水	正月中	寅木		
驚　蟄	二月節	甲木		
春　分	二月中		震	巽
清　明	三月節	乙木		
穀　雨	三月中	辰土		
立　夏	四月節		巽	離
小　滿	四月中	巳火		
芒　種	五月節	丙火		
夏　至	五月中		離	坤
小　暑	六月節	丁火		
大　暑	六月中	未土		
立　秋	七月節		坤	兌
處　暑	七月中	申金		
白　露	八月節	庚金		
秋　分	八月中		兌	乾
寒　露	九月節	辛金		
霜　降	九月中	戌土		
立　冬	十月節		乾	坎
小　雪	十月中	亥水		
大　雪	十一節	壬水		
冬　至	十一中		坎	艮
小　寒	十二節	癸水		
大　寒	十二中	丑土		

陰陽升降圖㊀

凡升陽之月得陽世，升陰之月得陰世。或升陽爻得少陽，升陰爻得少陰，諸事主有進益。如陽升之月得陰世，陰升之月得陽世。或升陽爻得陰，升陰爻得陽，是謂陰陽反度，主作事顛倒，退損不利也。

陰陽升降圖

節氣／爻位	冬至	大寒	雨水	春分	穀雨	小滿	夏至	大暑	處暑	秋分	霜降	小雪
六爻	降陰					升陽	降陽					升陰
五爻		降陰			升陽			降陽			升陰	
四爻			降陰	升陽					降陽	升陰		
三爻			升陽	降陰					升陰	降陽		
二爻		升陽			降陰			升陰			降陽	
初爻	升陽					降陰	升陰					降陽

又升陽升陰斷法：

如小滿卜得《鼎》之《旅》：

升陽巳火，受世爻亥水動來沖剋，主四月有喪身之禍。

《易隱》卦例：教 003					
時間：小滿（巳月）					
離宮：火風鼎			離宮：火山旅		
本　　卦			**變　　卦**		
兄弟己巳火	▅▅▅▅▅		兄弟己巳火	▅▅▅▅▅	
子孫己未土	▅▅　▅▅	應	子孫己未土	▅▅　▅▅	
妻財己酉金	▅▅▅▅▅		妻財己酉金	▅▅▅▅▅	應
妻財辛酉金	▅▅▅▅▅		妻財丙申金	▅▅▅▅▅	
官鬼辛亥水	▅▅▅▅▅	世 ○→	兄弟丙午火	▅▅　▅▅	
子孫辛丑土	▅▅　▅▅		子孫丙辰土	▅▅　▅▅	世

又如大暑卜得《漸》之《觀》：升陰午火，得申金動，為驛馬①，主午申月間有進益。

此俱以動爻為斷也。

注釋

①驛馬（yì mǎ）：驛馬特指中國古代歷史上為國家傳遞公文、軍事情報、以及各種物資的馬。驛馬屬皇家專有，激躍奔騰，通達天下四方。在中國歷史的發展上立下了不可磨滅的功績。

校勘記：

㈠「陰陽升降圖」，原本作「陰陽升降生剋圖」，據本書目錄及內容原文改作。

《易隱》卦例：教 004					
時間：大暑（未月）					
艮宮：風山漸（歸魂）				乾宮：風地觀	
本　　卦				**變　　卦**	
官鬼辛卯木	▅▅▅▅▅	應		官鬼辛卯木	▅▅▅▅▅	
父母辛巳火	▅▅▅▅▅			父母辛巳火	▅▅▅▅▅	
兄弟辛未土	▅▅　▅▅			兄弟辛未土	▅▅　▅▅	世
子孫丙申金	▅▅▅▅▅	世	○→	官鬼乙卯木	▅▅　▅▅	
父母丙午火	▅▅　▅▅			父母乙巳火	▅▅　▅▅	
兄弟丙辰土	▅▅　▅▅			兄弟乙未土	▅▅　▅▅	應

長生定局

黃士培曰：「長生訣，亦分衰旺。如旺靜，方可言之。若為日月動爻所傷，不可斷為生旺也」。湯通玄曰：「長生訣，以六爻自變出者為真。今人但知金為主象，傍爻巳火動，便云長生。遇酉日，便云當旺。遇丑日，便言入墓。禍福所以有驗、有不驗也」。

虎易按：湯通玄所論，似乎沒有說明白。《增刪卜易·生旺墓絕章》覺子曰：「金雖長生在巳，須宜金爻旺相，或日月動爻生扶，再遇巳日占卦，或是卦中動出巳爻，或是金爻動而化出巳火，皆謂之遇長生。倘若金爻休囚無氣，再遇巳午火多者，烈火煎金，論剋不論生也」。此論更為合理，讀者可以參看《增刪卜易·生旺墓絕章》，以及其他著作的論述，增加對此節內容的理解。

長生定局												
狀態／五行	長生	沐浴	冠帶	臨官	帝旺	衰	病	死	墓	絕	胎	養
金	巳	午	未	申	酉	戌	亥	子	丑	寅	卯	辰
木	亥	子	丑	寅	卯	辰	巳	午	未	申	酉	戌
水　土	申	酉	戌	亥	子	丑	寅	卯	辰	巳	午	未
火	寅	卯	辰	巳	午	未	申	酉	戌	亥	子	丑

年月日時起神殺例

司天氏王政秘傳

神殺＼天干	甲	乙	丙	丁	戊	己	庚	辛	壬	癸	
干德	甲	庚	丙	壬	戊	甲	庚	丙	壬	戊	
干德合	己	乙	辛	丁	癸	己	乙	辛	丁	癸	
干合	己	庚	辛	壬	癸	甲	乙	丙	丁	戊	
干支合	寅	辰	巳	未	巳	未	申	戌	亥	丑	
干祿	寅	卯	巳	午	巳	午	申	酉	亥	子	
天乙貴人	丑 未	子 申	亥 酉	亥 酉	丑 未	子 申	丑 未	午 寅	巳 卯	巳 卯	
天福貴人	酉	申	子	亥	卯	寅	午	巳	午	巳	主一生福祿
福星貴人	寅	丑 亥	子 戌	酉	申	未	午	巳	辰	卯	主中科甲被光寵①
文昌	巳	子	申	卯	申	卯	亥	午	寅	酉	主少年科甲
武曲	亥	午	寅	酉	寅	酉	巳	子	申	卯	主武途出身
學堂貴人	巳 亥	巳 亥	丙 寅	丙 寅	戊 申	戊 申	辛 巳	辛 巳	甲 申	甲 申	
科名	木	木	火	火	土	土	金	金	水	水	主發科甲
天廚	巳	午	巳	午	申	酉	亥	子	寅	卯	主貴食天祿
天赦	卯	亥	酉	未	巳	卯	亥	酉	未	巳	主解百憂
干官	辛	庚	癸	壬	乙	甲	丁	丙	己	戊	
干鬼	庚	辛	壬	癸	甲	乙	丙	丁	戊	己	
天財	午 未	辰 巳	辰 巳	寅 卯	寅 卯	戌 亥	戌 亥	申 酉	申 酉	午 未	
地財	未 丑	戌 辰	酉	申	子	亥	卯	寅	午	巳	
唐符	酉	申	子	亥	子	亥	卯	寅	午	巳	主士子科名
國印	戌	未	丑	戌	丑	戌	辰	丑	未	辰	主文武貴職
刃星	乙 卯	甲 寅	丁 午	丙 巳	己 午	戊 巳	辛 酉	庚 申	癸 子	壬 亥	主破財傷妻
七殺	庚	辛	壬	癸	甲	乙	丙	丁	戊	己	

年

右馬前神殺月日俱同。

按：馬前神殺起例，以太歲對宮上加驛馬，逐位順去。馬有十二位，今人只用四馬，非也。馬即衝破是也。如申子辰，馬居寅午戌。寅午戌，馬居申子辰。亥卯未，馬居巳酉丑。巳酉丑，馬居亥卯未也。司天氏王政秘錄

神殺＼年支	子	丑	寅	卯	辰	巳	午	未	申	酉	戌	亥	
太歲	子	丑	寅	卯	辰	巳	午	未	申	酉	戌	亥	
太陽	丑	寅	卯	辰	巳	午	未	申	酉	戌	亥	子	主化凶為吉
喪門	寅	卯	辰	巳	午	未	申	酉	戌	亥	子	丑	主喪孝、損血財
太陰	卯	辰	巳	午	未	申	酉	戌	亥	子	丑	寅	主得女人蔭
官符	辰	巳	午	未	申	酉	戌	亥	子	丑	寅	卯	主官災、橫事
死符	巳	午	未	申	酉	戌	亥	子	丑	寅	卯	辰	主病、訟
歲破	午	未	申	酉	戌	亥	子	丑	寅	卯	辰	巳	
龍德	未	申	酉	戌	亥	子	丑	寅	卯	辰	巳	午	
白虎	申	酉	戌	亥	子	丑	寅	卯	辰	巳	午	未	
福德	酉	戌	亥	子	丑	寅	卯	辰	巳	午	未	申	
弔客	戌	亥	子	丑	寅	卯	辰	巳	午	未	申	酉	占病凶
病符	亥	子	丑	寅	卯	辰	巳	午	未	申	酉	戌	主病訟
驛馬	午	未	申	酉	戌	亥	子	丑	寅	卯	辰	巳	
六害	未	申	酉	戌	亥	子	丑	寅	卯	辰	巳	午	後十二星為馬前神殺
華蓋	申	酉	戌	亥	子	丑	寅	卯	辰	巳	午	未	帶貴為翰苑逢空為僧尼
劫殺	酉	戌	亥	子	丑	寅	卯	辰	巳	午	未	申	
天殺	戌	亥	子	丑	寅	卯	辰	巳	午	未	申	酉	主水火、盜賊、疾病
地殺	亥	子	丑	寅	卯	辰	巳	午	未	申	酉	戌	主官非、喪孝
年殺	子	丑	寅	卯	辰	巳	午	未	申	酉	戌	亥	年月日三殺
月殺	丑	寅	卯	辰	巳	午	未	申	酉	戌	亥	子	主非災、橫事
日殺	寅	卯	辰	巳	午	未	申	酉	戌	亥	子	丑	
亡神	卯	辰	巳	午	未	申	酉	戌	亥	子	丑	寅	主死亡、哭泣
將星	辰	巳	午	未	申	酉	戌	亥	子	丑	寅	卯	武為干城將
攀鞍	巳	午	未	申	酉	戌	亥	子	丑	寅	卯	辰	主少年騰達

年

神殺＼年支	子	丑	寅	卯	辰	巳	午	未	申	酉	戌	亥	
天德	酉	戌	亥	子	丑	寅	卯	辰	巳	午	未	申	百事吉
月德	巳	午	未	申	酉	戌	亥	子	丑	寅	卯	辰	百事吉
支德	月德同												
福德貴人	天德同												
福星貴人	天德同												與天乙貴人同主福祿
紫薇	龍德同												主發貴近君
三台	辰	巳	午	未	申	酉	戌	亥	子	丑	寅	卯	主科甲貴顯
八座	戌	酉	申	未	午	巳	辰	卯	寅	丑	子	亥	主貴為九卿
玉堂	丑	子	亥	戌	酉	申	未	午	巳	辰	卯	寅	文武俱顯貴
天喜	酉	申	未	午	巳	辰	卯	寅	丑	子	亥	戌	主得彩添丁
天馬	午	申	戌	子	寅	辰	午	申	戌	子	寅	辰	求官赴任吉
驛馬	寅	亥	申	巳	寅	亥	申	巳	寅	亥	申	巳	
唐符	巳	子	丑	寅	卯	辰	巳	子	丑	寅	卯	辰	
國印	亥	午	未	申	酉	戌	亥	午	未	申	酉	戌	
天解	戌	酉	申	未	午	巳	辰	卯	寅	丑	子	亥	
地解	未	未	申	申	酉	酉	戌	戌	亥	亥	午	午	
神解	天解同												三星俱主脫罪散災 化憂為喜
支合	丑	子	亥	戌	酉	申	未	午	巳	辰	卯	寅	月日同
支官	丑 未	寅	酉	申	卯	子	亥	寅	巳	午	卯	辰 戌	月日同
支鬼	辰 戌	卯	申	酉	寅	亥	子	卯	午	巳	寅	丑 未	月日同
支刑	卯	戌	巳	子	辰	申	午	丑	寅	酉	未	亥	月日同
支害	未	午	巳	辰	0	寅	0	0	亥	0	酉	申	月日同
魁元													
紅鸞	卯	寅	丑	子	亥	戌	酉	申	未	午	巳	辰	見喜免膿血災
生氣	戌	亥	子	丑	寅	卯	辰	巳	午	未	申	酉	百事成美吉
死氣	辰	巳	午	未	申	酉	戌	亥	子	丑	寅	卯	病危百事凶
黃幡	華蓋同												主災病纏綿
豹尾	戌	未	辰		戌	未	辰	丑	戌	未	辰	丑	主損畜破財
陌越	亥	子	丑	寅	亥	子	丑	寅	亥	子	丑	寅	
月空	午	未	申	酉	戌	亥	子	丑	寅	卯	辰	巳	主化凶為吉
指背	申	巳	寅	亥	申	巳	寅	亥	申	巳	寅	亥	主招人嫉妒、為人無功
飛廉	白虎同												主男遭重辟女犯姦淫顛狂

大　　殺	白虎同												主損宅長家道消乏 病者十死一生
陰　　殺	丑	戌	未	辰	丑	戌	未	辰	丑	戌	未	辰	主暗耗產厄
歲　　殺	未	辰	丑	戌	未	辰	丑	戌	未	辰	丑	戌	主非災橫事
災　　殺	午	卯	子	酉	午	卯	子	酉	午	卯	子	酉	主喪訟、破財
的　　殺	巳	酉	丑	巳	酉	丑	巳	酉	丑	巳	酉	丑	主喪訟、破財
破　　碎	歲破同												主官非、破財
天　　哭	午	巳	辰	卯	寅	丑	子	亥	戌	酉	申	未	主損小口
欄　　杆	歲破同												主受罪破財 傷殘自縊
大　　耗	歲破同												主災禍傷丁 官非火盜
小　　耗	巳	午	未	申	酉	戌	亥	子	丑	寅	卯	辰	主損畜傷奴失盜
天　　厄	未	申	酉	戌	亥	子	丑	寅	卯	辰	巳	午	
暴　　敗	天厄同												主官訟破家
卒　　暴	卯	辰	巳	午	未	申	酉	戌	亥	子	丑	寅	主猝然災禍
貫　　索	卒暴同												主官災刑罪
勾　　絞	卒暴同												訟主刑罪
飛　　符	官符同												主官災橫事
天 官 符	亥	申	巳	寅	亥	申	巳	寅	亥	申	巳	寅	主官災橫事
囚　　獄	午	卯	子	酉	午	卯	子	酉	午	卯	子	酉	占訟凶
卷　　舌	酉	戌	亥	子	丑	寅	卯	辰	巳	午	未	申	主是非橫事有子不育
披　　麻	捲舌同												主喪孝不寧幼失怙恃
披　　頭	辰	卯	寅	丑	子	亥	戌	酉	申	未	午	巳	
五　　鬼	官符同												主生暗眼
伏　屍㊀	子	丑	寅	卯	辰	巳	午	未	申	酉	戌	亥	主膿血落胎
劍　　鋒	伏屍同												主惡死
吞　　啗②	戌	寅	丑	戌	辰	卯	寅	寅	戌	戌	寅	寅	主妨害六親骨肉無情
天　　空	丑	寅	卯	辰	巳	午	未	申	酉	戌	亥	子	主破財刑子
晦　　氣	天空同												
血　　刃	戌	酉	申	未	午	巳	辰	卯	寅	丑	子	亥	主血光產難
浮　　沉	血刃同												舟行防水厄
地　　喪	喪門同												主孝服損血財
弔　　客	戌	亥	子	丑	寅	卯	辰	巳	午	未	申	酉	病凶
天　　狗	弔客同												主無子刀斧血光
咸　　池	酉	午	卯	子	酉	午	卯	子	酉	午	卯	子	占婚忌主淫亂
三　　殺	巳	丑	酉	巳	丑	酉	巳	丑	酉	巳	丑	酉	
孤　　神	寅	寅	巳	巳	巳	申	申	申	亥	亥	亥	寅	男刑妻子
寡　　宿	戌	戌	丑	丑	丑	辰	辰	辰	未	未	未	戌	女剋夫男

注釋

①光寵（chǒng）：光榮，榮耀。

②啗（dàn）：同「啖」。吃或給人吃。

校勘記：

㊀「伏屍」，原本作「伏死」，疑誤，據《卜筮全書》原文改作。

月

曆月 神殺	正月	二月	三月	四月	五月	六月	七月	八月	九月	十月	十一月	十二月	
青　　龍	寅	卯	辰	巳	午	未	申	酉	戌	亥	子	丑	
朱　　雀	巳	午	未	申	酉	戌	亥	子	丑	寅	卯	辰	
勾　　陳	丑	寅	卯	辰	巳	午	未	申	酉	戌	亥	子	
螣　　蛇	辰	卯	寅	丑	子	亥	戌	酉	申	未	午	巳	
白　　虎	申	酉	戌	亥	子	丑	寅	卯	辰	巳	午	未	
玄　　武	亥	子	丑	寅	卯	辰	巳	午	未	申	酉	戌	
勾陳殺	螣蛇同												
天　　德	丁	申	壬	辛	亥	甲	癸	寅	丙	乙	巳	庚	百事吉
天德合	壬	巳	丁	丙	寅	巳	戊	亥	辛	庚	申	乙	百事和合
月　　德	丙	甲	壬	庚	丙	甲	壬	庚	丙	甲	壬	庚	百事吉
月德合㊀	辛	己	丁	乙	辛	己	丁	乙	辛	己	丁	乙	諸事和諧
天月恩	丙	丁	庚	己	戊	辛	壬	癸	庚	乙	甲	辛	化凶為吉
六　　合	亥	戌	酉	申	未	午	巳	辰	卯	寅	丑	子	
三　　合	午 戌	亥 未	申 子	酉 丑	寅 戌	卯 亥	子 辰	巳 丑	寅 午	卯 未	申 辰	巳 酉	
文　　昌	青龍同												
天①皇書	寅	寅	寅	巳	巳	巳	申	申	申	亥	亥	亥	功名、求仕吉
皇　　恩	申	未	巳	午	子	亥	申	未	巳	午	子	亥	功名、求仕吉
天　　印	未	申	酉	戌	亥	子	丑	寅	卯	辰	巳	午	求仕吉
天　　恩	亥	子	丑	寅	卯	辰	巳	午	未	申	酉	戌	主蒙恩寵
天　　旺	巳	申	亥	寅	巳	申	亥	寅	巳	申	亥	寅	主手創基業
天　　赦	戌	丑	辰	未	戌	丑	辰	未	戌	丑	辰	未	重罪得釋、諸事皆吉
恩　　赦	戌	丑	寅	巳	酉	卯	子	午	亥	辰	申	未	重罪得釋、諸事皆吉
赦　　文	戌	丑	辰	未	酉	卯	子	午	寅	巳	申	亥	
天　　喜	戌	亥	子	丑	寅	卯	辰	巳	午	未	申	酉	百事皆吉、占產動尤吉
生　　氣	子	丑	寅	卯	辰	巳	午	未	申	酉	戌	亥	百事和合
天　　嗣	水	水	水	木	木	木	土	土	土	金	金	金	動則生產
天　　巫	巳	申	亥	寅	巳	申	亥	寅	巳	申	亥	寅	求官吉、病宜祈禱②
少　　陰	辰	卯	寅	丑	子	亥	戌	酉	申	未	午	巳	求官百事吉
雷火殺	寅	丑	子	亥	戌	酉	申	未	午	巳	辰	卯	訟散、求官吉
天　　解	申	戌	子	寅	辰	午	申	戌	子	寅	辰	午	惡事解

地　解	申	申	酉	酉	戌	戌	亥	亥	午	午	未	未	病者安
月　解	子	巳	辰	申	子	巳	辰	申	子	巳	辰	申	災病消除
天　醫	卯	辰	巳	午	未	申	酉	戌	亥	子	丑	寅	藥效病痊
地　醫	子	丑	寅	卯	辰	巳	午	未	申	酉	戌	亥	
天　合	生氣同												主無中生有、得財得喜
喝　散	巳	巳	巳	申	申	申	亥	亥	亥	寅	寅	寅	主訟散災消
活　曜[3]	卯	辰	巳	午	未	申	酉	戌	亥	子	丑	寅	動則病痊、產生
天耳目	巳 亥	巳 亥	巳 亥	申 寅	申 寅	申 寅	亥 巳	亥 巳	亥 巳	寅 申	寅 申	寅 申	尋人耳動有信、 目動見面
成　神	巳	申	亥	寅	巳	申	亥	寅	巳	申	亥	寅	動主謀幹成
會　神	未	戌	寅	亥	酉	子	丑	午	巳	卯	申	辰	動主行人回
飛　殺	酉	子	卯	午	酉	子	卯	午	酉	子	卯	午	主病禍猝至
陰　殺	寅	子	戌	申	午	辰	寅	子	戌	申	午	辰	主陰謀、冤債、病患
陰　殺	寅	辰	午	申	戌	子	寅	辰	午	申	戌	子	主產難
天　殺	戌	巳	午	未	寅	卯	辰	亥	子	丑	申	酉	十死一生、凶
小　殺	辰	亥	子	丑	申	酉	戌	巳	午	未	寅	卯	損小口、婢僕
天　禍	巳	辰	卯	寅	丑	子	亥	戌	酉	申	寅	卯	主天火、橫事
天　瘟	未	戌	辰	寅	午	子	酉	申	巳	亥	丑	卯	主疾病牽延
飛　廉	申	未	午	巳	辰	卯	寅	丑	子	亥	戌	酉	主人猝死、訟凶
浴　盆	辰	辰	辰	未	未	未	戌	戌	戌	丑	丑	丑	主溺死、病凶
三　丘	丑	丑	丑	辰	辰	辰	未	未	未	戌	戌	戌	病凶
五　墓	未	未	未	戌	戌	戌	丑	丑	丑	辰	辰	辰	病凶
沐　浴	卯	子	酉	午	卯	子	酉	午	卯	子	酉	午	病凶
死　氣	午	未	申	酉	戌	亥	子	丑	寅	卯	辰	巳	主傷丁破財、病者死
天　咒	子	子	酉	酉	午	午	申	酉	戌	亥	卯	子	咒詛誓願凶
四　廢	酉	巳	丑	酉	巳	丑	酉	巳	丑	酉	巳	丑	主破家、損丁
它　羅	青龍同												主孤刑惡疾、口念彌陀
毛　頭	子	寅	辰	午	申	戌	子	寅	辰	午	申	戌	主官刑、火盜、 破家、損壽
荒　蕪	巳	酉	丑	申	子	辰	亥	卯	未	寅	午	戌	主生子不肖、 家園破敗
井　殺	未	午	巳	辰	卯	寅	丑	子	亥	戌	酉	申	主人落井
獨　火	酉	戌	亥	子	丑	寅	卯	辰	巳	午	未	申	主火災
天　燭	朱雀同												主火災
天　火	子	午	卯	酉	子	午	卯	酉	子	午	卯	酉	主火災
天　誅	甲 寅	甲 寅	甲 寅	丙 申	丙 申	丙 申	庚 申	庚 申	庚 申	壬 子	壬 子	壬 子	主雷震死

雷公	青龍同												主雷震死，忌逢雀蛇虎鬼動
霹靂	死氣同												主火焚雷殛④
木狼	卯	寅	申	丑	戌	辰	子	未	戌	申	寅	申	加蛇動主自縊
受死	戌	辰	亥	巳	子	午	丑	未	寅	申	卯	酉	行兵諸事凶
紅紗	荒蕪同												占嫁娶、疾病、出行凶，占起造主火災
天河	辰	巳	午	未	申	酉	戌	亥	子	丑	寅	卯	主失水
覆舟	白虎同												出行主覆舟
白浪	青龍同												舟行有驚
風波	生氣同												加玄武鬼動主投水
歸忌	丑	寅	子	丑	寅	子	丑	寅	子	丑	寅	子	行師、出行兇
往亡	寅	巳	申	亥	卯	午	酉	子	辰	未	戌	丑	行師、出行兇
天賊	辰	酉	寅	未	子	巳	戌	卯	申	丑	午	亥	占出行、求財、家宅忌
地賊	丑	子	亥	戌	酉	申	未	午	巳	辰	卯	寅	占出行、求財、家宅忌
天盜	青龍同												主失盜
大敗	沐浴殺同												占行師忌動
折傷	酉	午	卯	子	酉	午	卯	子	酉	午	卯	子	出行防跌蹼⑤
天訟	朱雀同												占訟凶
槌門官符	寅	子	戌	申	午	辰	寅	子	戌	申	午	辰	主官訟猝至
關神	丑	丑	丑	辰	辰	辰	未	未	未	戌	戌	戌	世在艮宮者愈凶，主入獄
鎖神	巳	巳	巳	申	申	申	亥	亥	亥	寅	寅	寅	世在艮宮者愈凶，主入獄
天牢	丑	寅	卯	辰	巳	午	未	申	酉	戌	亥	子	訟主囚禁
天獄	亥	申	巳	寅	亥	申	巳	寅	亥	申	巳	寅	訟主囚禁
地獄	戌	酉	申	未	午	巳	辰	卯	寅	丑	子	亥	訟主囚禁
入獄	三丘同												占訟凶
出獄	天皇書同												占囚禁得出
天刑	朱雀同												病訟大凶
月奸	丑	辰	未	戌	丑	辰	未	戌	丑	辰	未	戌	主陰賊侵算
旌旗	卯	卯	卯	子	子	子	酉	酉	酉	午	午	午	病直
土瘟	辰	巳	午	未	申	酉	戌	亥	子	丑	寅	卯	主災病牽延
天罡	辰	巳	辰	巳	寅	卯	辰	巳	寅	卯	寅	卯	主漁獵得財
死神	朱雀同												病者死
白衣殺	辰	未	丑	辰	未	丑	辰	未	丑	辰	未	丑	主丁憂、病死

飛　　魂	玄武同												病凶
喪　　車	酉	酉	酉	子	子	子	卯	卯	卯	午	午	午	病凶
鰥　　寡	入獄殺同												占婚姻忌
刀　　砧	玄武同												占六畜忌
隔　　神	亥	酉	未	巳	卯	午	亥	酉	未	巳	卯	午	主事多阻隔、失物難尋
退　　悔	未	未	未	丑	丑	丑	巳	巳	巳	戌	戌	戌	主退悔不成
暗　　金	巳	酉	丑	巳	酉	丑	巳	酉	丑	巳	酉	丑	占產忌
天地轉殺	卯	卯	卯	午	午	午	酉	酉	酉	子	子	子	占難產喜動
血　　忌	丑	未	寅	申	卯	酉	辰	戌	巳	亥	午	子	主產難、針灸忌
血　　支	勾陳同　　歲月日同												主產厄
月　　厭	地獄同												占產、行師忌
負　　結	亥	亥	丑	丑	卯	卯	巳	巳	未	未	酉	酉	負鬼神食凶忌逼索苛求
天　　豬	亥	戌	酉	申	未	午	巳	辰	卯	寅	丑	子	主豬畜怪病
天　　牛	地賊同												主牛畜病損
孤　　神	生氣同												
天　　啞	申	酉	辰	未	亥	卯	寅	巳	戌	丑	子	午	忌加鬼動
雲　　聾	白虎同												

注釋

①原文作「人皇書」，後面「出獄」條，有「天皇書同」，據此改作「天皇書」。

②祈禱（qí dǎo）：向神祝告求福。

③曜（yào）：指日光。日、月、星都叫曜。

④雷殛（jí）：雷打。

⑤跌蹼（pǔ）：喻指挫折和災難。

校勘記：

㈠「月德合」，原文排列為正、五、九月在辛，二、六、十月在己，三、七、十一月在乙，四、八、十二月在丁。與其原理不符，疑誤，《曆例》曰：「月德合者，正、五、九月在辛，二、六、十月在己，三、七、十一月在丁，四、八、十二月在乙。按：月德合者，即各以月德所合之干為之」。據其原理改作。

一、歲月日同用神殺

太陽　太陰　天殺　地殺　五鬼　官符　病符　驛馬

咸池　天狗　二耗　喪門　弔客　天哭　亡神　劫殺

日

卦中吉凶神殺，有氣疊帶者，若不犯旬空，災福應重。只一重者，災福應輕。而無氣空亡者，不應。

日干／神殺	甲	乙	丙	丁	戊	己	庚	辛	壬	癸	
天赦	卯	亥	酉	未	巳	卯	亥	酉	未	巳	百事無憂
日解	巳	申	寅	丑	酉	巳	申	寅	丑	酉	訟散事寧
內解	巳	巳	申	申	寅	寅	酉	酉	卯	卯	訟散病痊
喝散	寅	申	巳	亥	巳	寅	申	巳	亥	巳	公私諸散、占婚忌
日下大殺	亥	亥	未	未	戌	戌	寅	寅	巳	巳	占家宅凶、 百事不吉
墓門開殺	金	金	水	水	木	木	火	火	土	土	主病死、破財
地曉	午	午	酉	酉	卯	巳	寅	寅	巳	戌	忌與孤鸞並動
月盲	申	申	未	未	寅	寅	午	午	辰	辰	
火朔(一)	子	亥	卯	未	寅	卯	午	巳	丑	未	
紅豔	午	申	寅	未	辰	辰	戌	酉	子	申	加馬動主極淫

校勘記：

(一)「朔」，原本作上「朔」下「首」，漢典查無此字。後文逢此字也以「朔」字代替，不再另行說明。

二、時下白虎

子時	丑時	寅時	卯時	辰時	巳時	午時	未時	申時	酉時	戌時	亥時
寅	辰	午	申	戌	子	寅	辰	午	申	戌	子

虎易按：神殺，也作「神煞」。我們目前能看到，最早記錄京氏六親占法的著作是《郭氏洞林》，其中已有神殺的應用。

最早系統列有神殺的六親占法著作，應該是《大易斷例卜筮元龜》，共列吉凶神殺五十四個。其後各著作均列有神殺，數量不一。至《易隱》一書，其說愈繁，達到頂峰，已經有二百三十六個神殺了。

《火珠林》被認為是京氏易六親占法的第一本系統著作，但書中只有六神，不列神殺。

《增注海底眼》曰：「易有爻象，壬有神煞。京房不知易道，亂留神煞，以誤後人，不可以煞用之」。不知該書作者根據什麼資料，認定是京房「亂留神煞」。當然，作者對「亂留神煞，以誤後人」的行為提出批評，還是對的。對於神煞，也是持否定態度的。

《卜筮全書》對「神」和「殺」分別作了定義，曰：「吉則為神，卦中見吉。凶則為殺，卦中見凶」。《黃金策・總斷千金賦》曰：「是故吉凶神殺之多端，何如生剋制化之一理」。

《御定星曆考原・提要》曰：「然神煞之說，則莫知所起。《易緯・乾鑿度》有太乙行九宮法，太乙，天之貴神也。《漢志・兵家陰陽類》亦稱順時而發，推刑德，隨斗擊，因五勝，假鬼神而為助。又陰陽家類，稱出於羲和之官。拘者為之，則牽於禁忌，拘於小數，捨人事而任鬼神。則神煞之說，自漢代已盛行矣。夫鬼神本乎二氣，二氣化為五行，以相生相剋為用。得其相生之氣，則其神吉。得其相剋之氣，則其神凶。此亦自然之理。至其神各命以名，雖似乎無稽，然物本無名，凡名皆人之所加。如周天列宿，各有其名，亦人所加，非所本有。則所謂某神某神，不過假以記其方位，別其性情而已，不必以詞害意也。歷代方技之家，所傳不一，輾轉附益，其說愈繁，要以不悖於陰陽五行之理者近是」。

此論應該是比較客觀的，可供讀者參考。

京氏易六親占法是以陰陽變化，五行生剋制化、刑沖合害的基本原理，作為基本法則，變通應用的。

後來的著作，對於神殺也各有論述，讀者可以參閱。我認為，雖然不可以用神煞作為定吉凶的依據，但應用神煞作為取象的輔助手段，去擴展分析一些現象，還是具有一定的輔助作用的。我的看法是，讀者可以參考，兼收並蓄，善用則用。

進神退神

甲子甲午為陽進神，己卯己酉為陰進神。又亥化子，丑化辰，寅化卯，巳化午，未化戌，申化酉，俱是。遇進神，則吉盛凶多也。

壬辰壬戌曰陽退神，丁丑丁未曰陰退神。又子變亥，辰變丑，卯變寅，午變巳，戌變未，酉變申，俱是。遇退神，則凶衰吉減也。

虎易按：「甲子甲午為陽進神，巳卯巳酉為陰進神」，「壬辰壬戌曰陽退神，丁丑丁未曰陰退神」，不知其為何意，也不知其應用方法，存疑。

所謂進神，即按地支同五行的順序，順行為進。「亥化子，丑化辰，寅化卯，巳化午，未化戌，申化酉」。

所謂退神，即按地支同五行的順序，逆行為退。「子變亥，辰變丑，卯變寅，午變巳，戌變未，酉變申」。

太歲歌

太歲神中此獨尊，生持①萬惡不能侵，若來沖剋身和世，災孽②交加禦不成。
太歲居陽持世應，並持貴殺配官爻，更兼得位逢生旺，爵祿榮高神鬼欽。
太㊀歲臨官持世身，仕途遷轉得高升，庶人③身世逢沖剋，獄訟徒流災難侵。
太歲兄持世與身，財妻兩獲訟終贏，如來沖剋應遭盜，失產傷財妻命傾。
太歲父母臨身世，營㊁謀動作皆如意，沖剋幼丁當損失，六畜田蠶皆不利。
太歲子孫持身世，後嗣榮昌財帛④利，官方不擾病災消，偃蹇⑤功名難遂意。
太歲妻財持身世，富比陶朱⑥倉廩⑦備，因妻仕宦⑧荷光榮，剋害雙親禍難避。

（出唐一行）《子房筮法》曰：「太歲為天子之尊。占命，主一生之榮枯。占年，管一載之休咎」。

若加貴馬德合⑨，福祿龍喜⑩，生氣升爻，在官印⑪陽爻，旺相得位者，主極富貴，終始無虧。威德聲名，遐邇⑫具瞻。神鬼奸邪，不敢侵犯。不忌日旬空亡，月日刑破。雖居死墓絕胎四凶之爻，亦不降禍。如占一年者，則仕宦一㊂歲安榮，庶人一載順利。

若太歲加忌神，兄鬼，蛇虎，亡劫、毛頭、天禍，天殺，死氣，降爻，並刑刃破害空動者，主凶災疊至，一世無成。如占一年者，則損丁破財，災禍接續，終歲不寧也。

注釋

①生持：生世爻（用神），或者持世爻（用神）的簡稱。

②災孽（niè）：災禍，禍害。

③庶（shù）人：泛指無官爵的平民，百姓。

④財帛（bó）：金錢布帛。亦泛指錢財。

⑤偃蹇（yǎn jiǎn）：困頓；窘迫。艱澀；艱難。

⑥富比陶朱：陶朱公是春秋時越國大夫范蠡的別稱。蠡既佐越王勾踐滅吳，以越王不可共安樂，棄官遠去，居於陶，稱朱公。以經商致巨富。《史記·越王勾踐世家》：「〔范蠡〕乃歸相印，盡散其財，以分與諸友鄉黨，而懷其重寶，間行以去，止于陶……逐什一之利。居無何，則致貲累巨萬。天下稱陶朱公」。

⑦倉廩（lǐn）：貯藏米穀的倉庫。

⑧仕宦（huàn）：指做官。

⑨貴馬德合：指貴人、驛馬、天月日等德、三合、六合。後倣此。

⑩福祿龍喜：指子孫為福、天元祿、青龍、天喜。後倣此。
⑪官印：官指官鬼爻，印指父母爻。印為父母爻的代稱。
⑫遐邇（xiá ěr）：遠近。

校勘記：
㈠「太」，原本作「入」，疑誤，據其名詞及文意改作。
㈡「營」，原本作「榮」，疑誤，據其名詞及文意改作。
㈢「一」，原本作「二」，疑誤，據其文意原文改作。

天中殺

甲子旬中空戌亥，甲戌旬中空申酉，甲申旬中空午未，甲午旬中空辰巳，甲辰旬中空寅卯，甲寅旬中空子丑。

虎易按：本節內容，一般書籍都作「六甲①旬空」，或者稱為「六甲空亡」。此書標題為「天中殺」，這個名稱大約是從《淵海子平・論六甲空亡》來的，其解釋「六甲空亡」曰：「空亡，一名天中殺（有的版本也作「空中殺」）。甲子屬金，至酉而十干足矣，以獨無戌亥，是為空亡。陽空為空，陰空為亡。是戌為空，亥為亡，對宮辰巳為孤虛。餘均倣此」。讀者可以參看下表。

刃星辨

刃星者，即劫財也。

如甲以卯為刃，卯中有乙木，劫甲木之財，故為陽刃。乙以寅為刃，寅中有甲木，劫乙木之財，故為陰刃。丙以午為刃，午中有丁火。丁以巳為刃，巳中有丙火。戊以午為刃，午中有己土。己以巳為刃，巳中有戊土。庚以酉為刃，酉中有辛金。辛以申為刃，申中有庚金。壬以子為刃，子中有癸水。癸以亥為刃，亥中有壬水。為劫財也。

故陽干為陽刃，陰干為陰刃。

今人不明陰陽生死之義，誤作羊刃。又說無陰刃，錯以祿前一位用之，刃星所以不驗也。不知乙以辰為

六甲旬空表

	1	2	3	4	5	6	7	8	9	10	旬空
1	甲子	乙丑	丙寅	丁卯	戊辰	己巳	庚午	辛未	壬申	癸酉	戌亥
2	甲戌	乙亥	丙子	丁丑	戊寅	己卯	庚辰	辛巳	壬午	癸未	申酉
3	甲申	乙酉	丙戌	丁亥	戊子	己丑	庚寅	辛卯	壬辰	癸巳	午未
4	甲午	乙未	丙申	丁酉	戊戌	己亥	庚子	辛丑	壬寅	癸卯	辰巳
5	甲辰	乙巳	丙午	丁未	戊申	己酉	庚戌	辛亥	壬子	癸丑	寅卯
6	甲寅	乙卯	丙辰	丁巳	戊午	己未	庚申	辛酉	壬戌	癸亥	子丑

刃，辰中藏乙木，乙見乙為比和，安能劫我之財乎。

貴馬德合辨

天乙貴人，為眾殺之主，生持極為貴要。乘馬則貴超倫類，扶德則聲振寰區②。並官爻者，職任阿衡③。值太歲者，權膺方面④。

在《乾》宮，名金闕⑤。在亥爻，為登天門。在丑未爻，為入宮闕⑥，尤稱奇特。在壬申爻，曰玉堂⑦，主詞林⑧清要，聲名熠耀⑨。在壬戌爻，為泮㈠宮⑩，雖不及玉堂之福，亦主尊高好學，清雅博識。在《坤》曰黃宮，生有至德。惟在《巽》宮，名曰地極⑪。在辛卯爻，名勵德，亦名涉難⑫。在辛巳爻，名升化。皆減其貴爻。若乃貴人遍歷六爻，更世爻旺相得位，而無刑破，則文居台閣⑬，武鎮邊疆，而為非凡之福也。

抑四直⑭之貴，年之力大如月，月之力大如日，日之力大如時。

仍須分晝夜所治。世屬卯辰巳午未申，則取晝貴。世屬酉戌亥子丑寅，則取夜貴。

定晝夜貴人例：甲戊庚，丑為晝貴，未為夜貴。乙己，子為晝貴，申為夜貴。丙丁，亥為晝貴，酉為夜貴。壬癸，巳為晝貴，卯為夜貴。六辛，午為晝貴，寅為夜貴也。

陽貴宜旦晝，冬至後。陰貴宜暮夜，夏至後。

虎易按：天乙貴人歌訣曰：「甲戊庚牛羊，乙己鼠猴鄉，丙丁豬雞位，壬癸兔蛇藏，六辛逢馬虎，此是貴人方」。還有一個歌訣曰：「甲戊兼牛羊，乙己鼠猴鄉，丙丁豬雞位，壬癸兔蛇藏，庚辛逢馬虎，此是貴人方」。這兩個歌訣的差異是庚的定位問題，學術界目前尚無定論。讀者可在實踐應用中，去檢驗正誤。

驛馬于四直支神取之。

若得四馬聚於一爻，為福非淺。若與官貴並立，當出將入相，富貴殊絕。

然而馬亦有辯：

寅申屬陽，牡馬也，力健而疾速。巳亥屬陰，牝馬⑮也，駑鈍⑯而不可致遠。

又馬為火畜，火長生在寅。寅則長生，巳為臨官，此二馬為福最多。申乃病鄉，亥為絕地，斯則賜恩減半。

又宜在世之後，不宜在世之前。世逐馬者，一生勞碌。馬逐世者，安享榮華。馬走旺官，仕宦超凡。馬行衰地，士民拮据⑰。馬值空亡，定居塵市。

又申年寅馬，是歲刑馬也。寅年申馬，是馬刑歲也。若馬臨世爻，又配官鬼，更犯歲月日破，剋刑宮，雖主貴有重祿，遇限爻刑害破剋、死絕墓胎之年，必遭刑戮而死，或服毒藥而死也。

虎易按：驛馬歌訣：「申子辰馬居寅，巳酉丑馬在亥，寅午戌馬居申，亥卯未馬在巳」。

德有四：有天德，月德，干德，支德。

一德可以禳百惡，解百憂，無求不得，無欲不遂。德在陽爻，尊崇貴達。德居陰位，勤儉恭莊。德並貴殺，富貴康寧。匿刑⑱勝德，不免死亡。

如甲寅年月日卜，世居己未，甲與己合，寅德在未，謂之德合相見。庚申年月日，世在乙丑亦同。若乙丑卜，世在庚申；己未卜，世在甲寅，名曰陽德。如此之類，尤加喜慶。更得四直來相生合，不犯刑破空亡，則五福備，而百祿遒矣。

其次者，三傳⑲在丙辰，世在辛酉，辰德在酉。丙與辛合，亦名德合相扶。三傳在壬戌，世在丁卯，戌德在卯，丁與壬合，又名德合相扶。

但以卯酉二爻，干德不臨，故名孤德。辰戌二爻，貴人驛馬不臨，故名弱德。又辰酉二爻為匿刑，縱遇其德，亦為刑德相合也。故辰戌卯酉四爻，縱遇歲月日德，猶不能致大福。雖有官爵，不得顯達。或犯刑傷，反為殃咎。

又子午巳亥四爻，凶德互處，午亥二爻為匿刑。惟丙午年月日卜者，世在辛亥爻，丙與辛合，午德在亥，方可有福。辛丑年月日卜，世在丙午者亦然。但許依尊附貴而求仕，若犯刑害剋破，則淹抑難進也。子巳二爻，惟壬子歲月日卜者，世居丁巳爻，丁與壬合，晝貴在巳，子德在巳。己巳年月日卜，世得甲子爻者亦然。俱名貴人扶德合，卻無匿刑之凶。若居陽爻，得位旺財，必主綿長之福也。

大抵德犯匿刑，尚不能致福，況有刑無德者乎？

又凡剋中遇德者，其禍稍輕。如卯剋戌，子剋巳，寅剋未，申剋卯，亥剋午，酉剋寅，辰剋亥，是也。

虎易按：以上所論：「寅德在未」，「辰德在酉」，「戌德在卯」，都是以月德描述的。讀者可參考下表對照。

地支	月德
子	巳
丑	午
寅	未
卯	申
辰	酉
巳	戌
午	亥
未	子
申	丑
酉	寅
戌	卯
亥	辰

合以六合為上，三合次之。

凡合我為順為助，其於成事也速。若合處逢沖則散，動中帶合則遲。然而合亦有辨：如卯來㈡合戌，丑來合子㈢，合中帶剋，還成半凶。戌來合卯，我必欺他，當為吉也。辰來㈣合酉，午來㈤合未，亥來㈥合寅，合處帶生，必獲全福。如未來合午，寅來合亥，酉來合辰，終嫌泄我之氣，乃為半吉。巳來合申，金生在巳，不可言剋。一見寅動，乃是三刑之殺，毫無合氣，此禍大凶。申來合巳，刑處帶生，半作吉祥。

又有合被變爻刑沖之而不合者，有無合化出有合者。

又有干支俱合者，名為天地合德，見傷不傷也。

三合以中一字為主。前一字生而主發，後一字墓而主藏。三字俱全，為真三合。且以巳酉丑金局論之：酉為主也。有巳酉而無丑，雖成金局，而少收藏，事主有始而無終。有酉丑而無巳，亦成金局，嫌少根源，事必先難而後易。若有巳丑而無酉者，金象既無，焉能成局？寅午戌火局，亥卯未木局，申子辰水局，倣此。

又刑殺不宜帶合，蓋刑殺本凶，帶合尤甚也。

虎易按：六合：「子與丑合、寅與亥合、卯與戌合、辰與酉合、巳與申合、午與未合」。

《御定星曆考原》曰：「六合者，以月建與月將為相合也。如正月建寅，月將在亥，故寅與亥合。二月建卯，月將在戌，故卯與戌合也。月建從天道而左旋，月將從日行而右轉，順逆相值，故為六合」。

地支相合表

地支	子	丑	寅	卯	辰	巳	午	未	申	酉	戌	亥
相合	丑	子	亥	戌	酉	申	未	午	巳	辰	卯	寅

三合局：「申子辰合成水局。巳酉丑合成金局。寅午戌合成火局。亥卯未合成木局」。

注釋

①六甲：用十天干十二地支相配，循環為六十，稱為六十甲子。其中有甲子、甲戌、甲申、甲午、甲辰、甲寅六個天干為甲，故稱六甲。

②寰（huán）區：天下；人世間。

③阿衡：商代官名。師保之官。引申為任國家輔弼之任，宰相之職。

④權膺（yīng）方面：指古代擔任一個地方的軍政要職或其長官。

⑤金闕（què）：指天子所居的宮闕。

⑥宮闕：古時帝王所居宮門前有雙闕，故稱宮殿為宮闕。

⑦玉堂：官署名。漢侍中有玉堂署，宋以後翰林院亦稱玉堂。

⑧詞林：翰林或翰林院的別稱。

⑨熠（yì）耀：顯耀。

⑩泮（pàn）宮：西周諸侯所設大學。《漢書・郊祀志上》：「天子曰明堂辟雍，諸侯曰泮宮」。後泛指學宮。

⑪地極：地軸兩端點之一。

⑫涉難：經歷危難。

⑬台閣：漢時指尚書台。後亦泛指中央政府機構。

⑭四直：也作「四值」，指年、月、日、時。
⑮牝（pìn）馬：母馬。牝，雌性的禽獸。
⑯駑鈍（nú dùn）：平庸低下；頭腦遲鈍；缺乏想像力。
⑰拮（jié）据：艱難困頓；經濟窘迫。
⑱匿刑：指「辰午酉亥」為匿刑，也稱為「自刑」。
⑲三傳：指年、月、日為三傳。

校勘記：

㈠「泮」，原本作「降」，疑誤，據其文意改作。

㈡「卯來合戌」，原本作「卯合戌」，主從關係不明確，為與下文相符，也便於讀者理解補入。

㈢「丑來合子」，原本作「子合丑」，與來合者「合中帶剋」之意不符，疑誤，為符合來合者「合中帶剋」的文意改作。

㈣㈤㈥「來」，原文脫漏，為便於閱讀理解原文補入。

刑害破空辨

陽氣為德，陰氣為刑。故刑為殺氣，為殃禍。刑合凶神，必主憂危夭折①也。刑居陰，則奸險貪殘。刑居陽，則剛暴強橫。

三刑者：寅刑巳，巳刑申，不遜之刑也。丑刑戌，戌刑未，恃勢之刑也。三字不全者不成刑。子刑卯，卯刑子，無禮之刑也。辰午酉亥，為自刑也。不必再見辰午酉亥來刑。

凡世爻帶刑，得月日與動爻，或變爻臨旺福來沖剋，庶幾②先凶後吉。惟辰午酉亥為匿刑，縱有貴殺，亦不可解。

六害者：未以旺土，害子旺水，此恃勢相害也。午以旺火，害丑中之死金，此以強害弱也。寅巳相害，申亥相害，各恃臨官之才，而爭進相害也。卯以旺

十二地支相害表

地支	子	丑	寅	卯	辰	巳	午	未	申	酉	戌	亥
相合	未	午	巳	辰	卯	寅	丑	子	亥	戌	酉	申

木，淩辰之死土，此少害長也。戌以墓火，害酉之旺金，名為鬼害也。

凡世爻受害者，各以其類斷之。

衝破之爻：歲破之禍大於月，月破之禍大於日，日破之禍大於時。逢生不受，遇禍能招。

又靜逢沖為動，動逢沖為破。旺相逢沖則發，休囚逢沖則散也。

又《黃金策．總斷注》曰：「如子日卜，子日沖午爻，若卦有兩午爻，則不能沖矣。他如：二丑則子不能合，二卯則子不能刑，二巳則子不能剋，二子則日不能並，亦然」。餘倣此。

空亡之爻：凶空則為天赦，吉空則為天廢。福不能為喜慶，禍亦不致死亡。世爻逢之，但主沉滯不快耳。六親逢之，旺相禍輕，休囚禍重也。

二月土，五月金，八月木，子月火，為真空也。

又曰：「旺相空中過一旬」。

又曰：「伏藏不論空亡」。

又曰：「空逢沖則實。惟月破之爻，永不可救」。

又曰：「空中動出不為空」。

《五星秘要》曰：

「土空：謂之土陷山崩，主退敗。會火動，則為補缺填凹。金動，則為山耀寶山。又主名成利遂。

木空：謂之枯枝落葉。會金動，則斫削成材。火動，則焚毀成燼。水動，則漂槎泛筏，不免漂蕩之禍。

水空：謂之長江流蕩，退敗無餘。會金動，則洪水氾濫，主災生不測。

金空：謂之爛鐵銹斧。會火動，則熔煉成器，主名利有成。

火空：謂之離中火虛，爝火③大明，反主發達」。

虎易按：「二月土，五月金，八月木，子月火，為真空也」，此論似乎不太完整。《易冒・旬空章》曰：「春土夏金秋是木，三冬逢火是真空。若辰戌丑未月，又以水為真空」。《增刪卜易・旬空章》曰：「野鶴曰：旺不為空，動不為空。有日建動爻生扶者，亦不為空。動而化空，伏而旺相，皆不為空。月破為空，有氣不動亦為空，伏而被剋亦為空，真空為空」。讀者可以參看這些著作的相關論述，加深對此節內容的理解。

注釋

①夭折：短命早死。

②庶幾：或許可以，表示希望或推測。差不多，近似。

③爝（jué）火：火炬，火把等小火。

卦命訣㈠

卯酉持世命居初，辰未持世命居二，巳午持世命居三，子亥㈡持世命居四，丑戌持世命居五，寅申持世命居六。

右命限或空亡死絕，十中難逃一二，占病者最要看也。

校勘記：

㈠「卦命訣」，原版排在「以錢代蓍法」後，以其內容歸類，改排在此處。

㈡「亥」，原本作「卯」，據十二地支推演改作。

以錢代蓍法①㈠

以錢三文，熏於爐上，致敬而祝曰：「高蒼不言，叩之即應，列聖有靈，感而自通。某姓虔誠，有事關心，狐疑猶豫，不能自決。吉得凶失，惟卦是憑，仰望聖慈，明彰昭

卦命爻位	六十四卦卦命爻位表											持世地支
上爻	屯	豐	艮	大畜	履	漸	需	困	咸	蹇		寅申
五爻	乾	姤	明夷	損	震	升	井	家人	頤	蒙	歸妹	丑戌
四爻	剝	坎	既濟	革	大過	小畜	鼎	同人	復	謙		子亥
三爻	遯	節	師	無妄	離	未濟	渙	訟	大壯	萃	小過	巳午
二爻	觀	大有	中孚	豫	解	隨	益	噬嗑	旅	泰	兌	辰未
初爻	否	晉	賁	睽	恒	巽	蠱	坤	臨	夬	比	卯酉

報」。祝畢，擲錢。

一背為單，畫▬㈡。二背為拆，畫▪▪㈢。三背為重，畫○。純字為交，畫╳。自下而上，三爻內卦成㈣。

再祝曰：「某宮三㈤象，吉凶未判。再求外㈥象三爻，以成一卦，以決憂疑」。

祝畢，復三擲，合成一卦。

注釋

①以錢代蓍（shī）法：以搖銅錢成卦的方法，代替蓍草揲蓍成卦的方法。揲（shé）蓍：亦稱「揲蓍草」，「數蓍草」。古人以數點蓍草數，用來成卦的一種方法，稱為揲蓍。

校勘記：

㈠原本作「説」，據目錄標題原文改作「法」。此節內容，原版排在「卦命訣」前，以其內容歸類，改排在此處。

㈡「畫▬」，原本作「畫一」，據卦畫體例改作。

㈢「畫▪▪」，原本作「畫二」，據卦畫體例改作。

㈣「三爻內卦成」，原本作「三卦成」，語義不明，疑誤，為疏通文意改作。

㊄「三」，原本作「二」，疑誤，據《卜筮全書・以錢代蓍法》原文改作。

㊅「外」，原本作「▷」，疑誤，據《卜筮全書・以錢代蓍法》原文改作。

以錢代蓍說

焦延壽曰：「今人以蓍草難得，用金錢代之。法固簡易，非其類矣。求蓍之代者，太極丸其庶幾乎。考諸陰陽老少之數，則合。質諸成爻成卦之變，則符。合二三得五，是五行之數也。計一丸得十五，是河圖中宮十五之數，洛書縱橫十五之數也。刑同六合，道備三才，甚矣。木丸之似蓍草也，則猶從其類也。金錢簡易云乎哉」。

虎易按：焦延壽之論，可作一家之言。焦延壽提出的「太極丸法」，也是一種成卦方法。「以錢代蓍法」，也是成卦的一種方法。《梅花易數》所提出的，以「時間、顏色，物象，方位，丈尺，字數，數位」等各種方式成卦，是對成卦方式的一次總結和歸納，我認為都可以作為成卦方法。現代出現在網上的「納甲六爻線上排卦系統」，採用「電腦自動」、「報數起卦」、「姓名起卦」等成卦方式，也都是可以應用的成卦方法。讀者不必囿於成說，也不必迷信大師之說，都可以學習，在實踐中去應用，去體會，去理解。我的看法一貫是「兼收並蓄，善用則用」，關鍵在於我們能否客觀的理解，蘊含於其中的「感而遂通」的成卦原理。

制太極丸法

漢焦氏遺法，宋程朱邵三子遵之，詳載《三儒理數集》。

用霹靂棗木。如無霹靂棗木，則可用香木玉牙。制極圓彈三丸，走盤不定者，方取面，務要平勻。如骰子①形，但骰面大，而此彈面小，取其圓滾之義也。每面上刻三星，底面刻二星。三面刻三，三面刻二，六面共刻十五星。三丸俱如式制。

注釋

①骰（tóu）子：賭具。也用以占卜、行酒令或作遊戲。多以獸骨製成，為小正方塊，六面分刻一、二、三、四、五、六點，一、四塗以紅色，餘塗黑色。擲之視所見點數或顏色為勝負，故又稱投子、色子。相傳為三國魏曹植創制。

八卦方辰圖

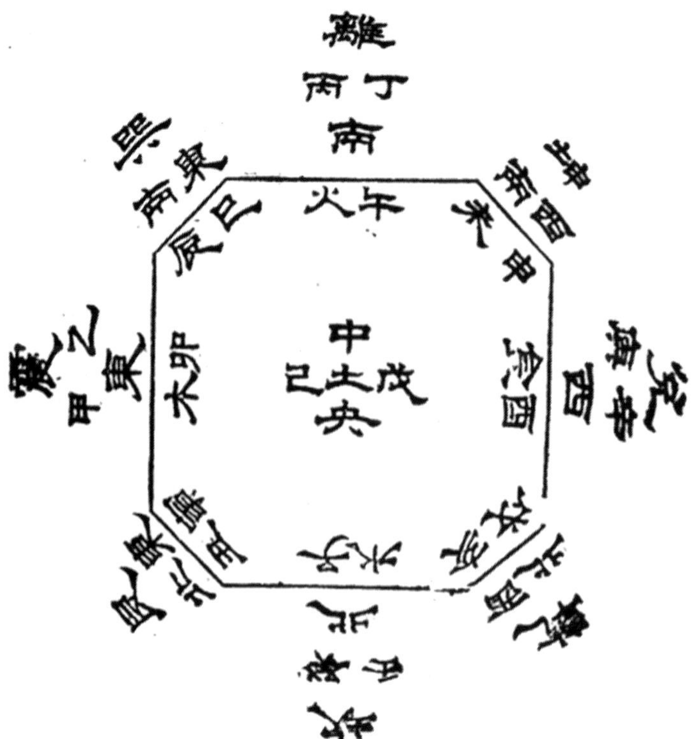

占戒

昏德不占：凡占須齋心盥沐，始能感格，苟或不爾，難為回應。

瀆言不占：凡卜後，吉凶悉憑爻象①，毋率己意。吉處慮凶㊀，凶中求吉，再覆再占，致瀆先聖。

煩瑣不占：每人只㊁卜一二事。《詩》曰：「我龜既厭，不我告猶㊂」。《易》曰：「再三瀆，瀆則不告」。

陰邪②不占：先聖有靈，但能扶正，決不黨邪③。

躁急不占：凡卜異詳休咎，可用避趨。卜後須從卦㊃推之㊄，始從卦爻直斷。理必探玄，談㊅何庸易。

隨日可占，誠則必應，不拘子不問卜，及六戊不占之說。

注釋

①爻（yáo）象：《周易》中六爻相交成卦所表示的事物形象。也指周易的爻辭和象辭。

②陰邪：陰險邪惡。

③黨邪：與壞人結夥。

校勘記：

㊀「凶」，原本作「▷」，疑誤，按「凶中求吉」之意改作。

㊁「只」，原本作「止」，義同，按現代用字方式改作。

㊂「不我告猶」，原本作「不我若勞」，疑誤，據《詩經·小雅·小旻》原文改作。

㊃「卦」，原本作「▷」，疑誤，據其文意補作。

㊄「之」，原本作「▷」，疑誤，據其文意補作。

㊅「談」，原本作「譚」，義同，按現代用字方式改作。

易隱卷一

明　東粤遊南子　曹九錫　輯
男　横琴居士　璿　演

身命占

遊南子曰：「凡占身命，有三重焉。世爻，身爻月卦，與本命爻，是也」。先看命爻。如甲子年生人，本命屬子。最喜命爻上卦，命爻與世身二爻相生相合，主衣祿安享。或祿馬德貴臨，扶世身命爻，主榮華發達。如世持財祿龍喜，則田莊之樂也。如逢祿空財沒，會歲月日刑沖剋害世身命爻者，必衣食不豐，辛苦勞碌也。若世身命爻逢官鬼，帶破碎殺者，必破相。加劫殺、羊刃、天刑、大殺者，必帶疾。伏鬼、化鬼與鬼動來刑沖剋害世身命爻者，亦然也。詳現於後。

遊年太歲①，與大限、小限，生合身世命爻吉，刑沖剋害身世命爻凶。占時四直生合世身命爻吉，刑沖剋害凶。《管公口訣》以干支同論②。

世身命爻伏財福、化財福吉。伏兄鬼、化兄鬼，則家業冰消也。伏父化父，則財源進退，心力焦劬③也。亡神並墓，則立見悲悽也。隨官入墓④，則災禍牽纏也。助鬼傷身，則財色受累也。月破世爻，必犯殤殀⑤也。歲沖身位，定生疾厄也。

又金命畏水火鬼，不畏木土鬼。木命畏金火鬼，不畏水土鬼。水命畏木土鬼，不畏金火鬼。火命畏水土鬼，不畏木金鬼。土命畏木金鬼，不畏水火鬼也。

《管公運限口訣》曰：「老宜入墓，少則不宜。死墓之年，多惹官非孝服。胎養之歲，必見六畜成群。帝旺大宜進步，沐浴必起訟端。冠帶吉神，不宜沖剋。臨官凶曜，最喜相扶。衰則逢旺而達，病則遇生而安。絕處逢生者發，墓中值破者興。生官一旺，便可榮身。太歲與命，喜合嫌沖。太歲與運，愛生忌剋。剋沖相合，定見刑傷也」。

按：《管公身命口訣》，命以納音為主。如甲子乙丑生人，納音屬金，則為金命。其與運限及遊年太歲相配處，岀⑥論長生訣，以定災福。與諸書以生年支神為命爻者異。附參。

鬼谷分爻	
六爻	樂隱
五爻	謀為
四爻	發達
三爻	豎立
二爻	成童
初爻	胎養

凡分爻帶吉神而旺相無傷，與身世命爻生合者，便是得意處。若休囚帶兇殺，或受傷，及與身世命爻

刑沖剋害者，便是失意時也。

又《管公口訣》曰：「初爻二爻旺相，落地發財。三爻四爻休囚，中年蹭蹬⑦。五爻六爻興隆，老景榮華」。

注釋

①遊年太歲：指當年的流年地支。也稱為「流年太歲」，「當年太歲」。

②謚（shì）：用言論給予褒貶。

③劬（qú）：勞累；勞苦。

④隨官入墓：世爻、用爻（以及其他爻）隨鬼發動，「動入日墓，動入動墓，動而化墓」，稱為隨鬼入墓。

⑤殤殀（shāng yǎo）亦作「殤夭」。早死，夭折。

⑥耑（zhuān）：同「專」。

⑦蹭蹬（cèngdèng）：比喻困頓；失意；倒楣；倒運；不順利。

一、身命八要

遊南子曰：「占身命者，其要有八。祖業看大象①，高卑看世位，剛柔看陰陽，六親看用神，貴賤貧富看神殺，禍福看六神，吉凶看三限，發用看遊年太歲也」。

（一）、祖業

大象為生時之基本。大象旺相，生時家道榮昌。大象休囚，此際資囊蕭索②。故伏藏之卦，無本宮大象者，必無祖業也。若象旺而爻亦旺者，為全備之福也。

附八卦配節氣旺衰式

	旺	相	胎	沒	死	囚	休	廢
立冬	乾	坎	艮	震	巽	離	坤	兌
立春	艮	震	巽	離	坤	兌	乾	坎
立夏	巽	離	坤	兌	乾	坎	艮	震
立秋	坤	兌	乾	坎	艮	震	巽	離

	旺	相	胎	沒	死	囚	休	廢
冬至	坎	艮	震	巽	離	坤	兌	乾
春分	震	巽	離	坤	兌	乾	坎	艮
夏至	離	坤	兌	乾	坎	艮	震	巽
秋分	兌	乾	坎	艮	震	巽	離	坤

八卦配節氣旺衰式

節氣＼狀態	旺	相	胎	沒	死	囚	休	廢
立春	艮	震	巽	離	坤	兌	乾	坎
春分	震	巽	離	坤	兌	乾	坎	艮
立夏	巽	離	坤	兌	乾	坎	艮	震
夏至	離	坤	兌	乾	坎	艮	震	巽
立秋	坤	兌	乾	坎	艮	震	巽	離
秋分	兌	乾	坎	艮	震	巽	離	坤
立冬	乾	坎	艮	震	巽	離	坤	兌
冬至	坎	艮	震	巽	離	坤	兌	乾

（二）、世位

凡世帶貴馬德合，於四直上取之。加龍喜旺相得位者，富貴也。臨亡劫、刑刃、白虎，被刑害沖剋，更死墓絕胎者，若無福德解神救之，必貧賤無成也。世空則有難，旺則病而衰則死也。得日辰動爻沖剋，庶幾免死。終身作事，百不一成也。

《身命要略》曰㊀：「世怕休囚，身宜旺相。喜生中更合，畏合處又沖。富貴者，他來生我。貧賤者，我去生他。顯達者，官星得地。榮華者，印曜③歸垣④。庫積萬金，只是財星得所。家徒四壁，蓋因兄旺當先。世入墓鄉，到老求謀多戾⑤。卦身兩動，一生起倒無恒。世剋休財，雖富不厚。身傷衰鬼，雖官不高。龍鬼扶身，功名得志。蛇孫值世，勢業如心。木龍世動，得子初年當早㊁達。金虎財空，傷妻青景運來遲。官旺無財，僅一時之富貴。財興鬼缺，只瞬息之榮華。內卦有財外卦無，先富後貧。內卦無財外卦有，先貧後富。旺相官爻化墓胎，胎為小墓。初貴後賤。死絕官爻化生旺，初賤後榮。六沖則諸事虛花，六合則百般穩實。正變六沖，沒齒不成一事。後先六合，終身享盡榮華。世強無助，自己支持。世弱得扶，因人豎立。欲知誰氏欺淩，但看何爻剋世。要識何人庇覆，只觀何象生身。日時扶合，偏得力於小人。歲月剋沖，每見嗔⑥於上位。進一步，兄弟化財。退一步，財爻化弟。年安一年，惟見子孫逢祿馬。月安一月，定然福德值青龍。土空而無田地，父空而無住場。世沖父母，幼失雙親。世合文書，長得一命。子空者絕，財空者鰥，鬼空者寡，兄空者主只力也。此終身之占也」。

若問一年之災福，但以歲月日時之生合沖剋斷之。

如四直帶財生合世，必增財進祿。帶福生合，有婚姻孕育喜慶事。帶兄生合，有朋友兄弟扶持。帶父生合，得尊長提拔。帶鬼生合，必有貴人薦舉，或公門中有得意之事。

帶財刑沖剋害世，必因貪財好色致禍。帶福傷世，世旺，則因酒色致病；世衰，則因酒色亡身也。或福動化鬼，鬼動化福傷世，更與文書同動，必因酒色致訟。要分酒色，但遇龍為酒，遇武為色也。帶兄傷世，主兄弟朋友爭訟破財。帶父傷世，主尊長、屋產、墳墓、船車、衣服起禍。帶鬼傷世，或世持靜鬼，四直沖並動者，主有不測災來。以六神定其何事。

以上吉凶，在太歲，則歲內事。在月將，則月內事。在日辰，則本日事。在時建，則時下事。

如不帶四直，而動爻生合刑沖剋害世者，當分衰旺。旺相能生剋休囚，休囚不能生剋旺相。其益我傷我之期，以動爻生旺月日定之。如卦靜無動來生剋者，即將一歲分四季。如木帶吉神，春季見喜。火鬼見殺，夏季生災。金值妻財，秋宜得利。水逢兄弟，冬必破財。土爻若帶吉凶，各隨司令⑦決斷。辰三月，未六月，戌九月，丑十二月也。若值空亡，吉空則凶，凶空反吉也。

又值子孫月日，吉旺主婚姻、孕育、喜慶，空則主見僧道也。值官鬼月日，主客至，遇惡殺而見凶徒，逢貴馬而見嘉客也。值父母月日，吉旺則文書交易，凶衰則詞訟交爭也。值兄弟月日，吉旺則朋儕⑧講習，凶衰則爭競失財也。值妻財月日，吉旺則飲食宴樂，凶衰則破傷印綬⑨。此流年之占也。

歸藏易曰：「六為朝廷五天子，四是侯伯⑩三公卿⑪，二應五爻為大夫⑫，初體最卑象民庶⑬」。

六爻惟初最下，世如居此，發必後期。多為市井而困於里巷，雖貴馬臨之，亦有福德，而難顯達。六位最高，世如值之，恒成高崗而匿影于林泉。三為公卿，內卦之太過也，動與時違，故多凶。四乃侯伯，外卦之不及也，淹抑稽遲⑭，故多懼。惟二爻、五爻，為中正之位。得位者，在上而治人。失位者，在下而治於人也。一世四世，同居下體，然初體尤居最下也。出《管公照心神鑒經》。

注釋

①大象：指易經《象辭》，也指卦象。此處指本宮卦象。

②資囊蕭索：錢袋稀少，家道衰頹，冷落。

③印曜：指父母爻。

④歸垣：《易隱‧身命占‧一、身命八要‧（六）、禍福》曰：「何謂歸垣？春龍，夏雀，秋虎，冬武，三、九月勾，六、十二月蛇，為當權之歸垣。龍入木，雀入火，勾入辰戌，蛇入丑未，虎入金，武入水，為本象之歸垣也」。

⑤多戾（lì）：多乖張，多違逆。

⑥嗔（chēn）：發怒，生氣。也有責怪，埋怨之意。

⑦司令：猶當令。

⑧朋儕（chái）：朋輩。

⑨印綬（shòu）：印信和繫印信的絲帶。古人印信上繫有絲帶，佩帶在身。此處代指

父母爻。

⑩侯伯：諸侯之長。《尚書・周官》：「內有百揆四嶽，外有州牧侯伯」。

⑪公卿（qīng）：泛指高官。

⑫大夫：古職官名。周代在國君之下有卿、大夫、士三等；各等中又分上、中、下三級。後因以大夫為任官職者之稱。

⑬民庶：庶民；百姓。

⑭稽（jī）遲：遲延；滯留。

校勘記：

㈠「曰」，原本作「日」，疑誤，據其文意改作。後面的內容涉及到「曰」字，直接改正，不另行說明。

㈡「早」，原本作「蚤」，義同，按現代用字方式改作。後面文字中，直接改作，不另行說明。

（三）、陰陽

世在陽宮，謀為顯達。身居陰象，行事卑污。故陽主慧明，陰主拙暗。得陽剛，可以當九五之尊。若陰柔而竊尊位，亦羊質而虎皮①耳。至陰柔，而當三六之凶爻，鮮不傾覆敗亡者。

是以五行在世，各不同科。陰金刑傷狠戾②，陽金正直堅剛。陰木貪殘剋剝，陽木華藻③文詞。陰水譎詐④倡狂，陽水材能聰敏。陰火執滯固陋，陽火強敏文明。陰土愚魯拙鈍⑤，陽土忠信質誠。此剛柔之所分也。

（四）、六親

遊南子曰：「卦中六親，有有者，有無者。有真者，有假者。有真中之假，有假中之假者」。

如純《乾》卦：

六親皆有也，皆真也。

如《乾》宮《風地觀》卦：

六親皆假也。有官鬼、父母、妻財。無兄弟、子孫也。

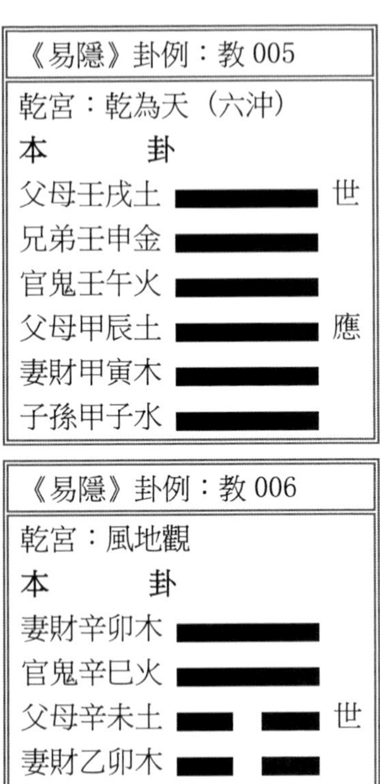

《易隱》卦例：教 005

乾宮：乾為天（六沖）

本卦		
父母壬戌土	▅▅▅	世
兄弟壬申金	▅▅▅	
官鬼壬午火	▅▅▅	
父母甲辰土	▅▅▅	應
妻財甲寅木	▅▅▅	
子孫甲子水	▅▅▅	

《易隱》卦例：教 006

乾宮：風地觀

本卦		
妻財辛卯木	▅▅▅	
官鬼辛巳火	▅▅▅	
父母辛未土	▅ ▅	世
妻財乙卯木	▅ ▅	
官鬼乙巳火	▅ ▅	
父母乙未土	▅ ▅	應

虎易按：「有官鬼、父母、妻財」，但都不是《乾》宮六親。《乾》宮官鬼為午火，本卦官鬼為巳火；《乾》宮父母為辰戌土，本卦父母為未土；《乾》宮妻財為寅木，本卦妻財為卯木；本卦中又「無兄弟、子孫也」，所以稱其「六親皆假也」。

又如《山地剝》卦：

外《艮》丙戌土為父母，丙子水為子孫，丙寅木為妻財。《乾》宮有戌子寅三爻，乃真中之假。內《坤》乙未土為父母，乙巳火為官鬼，乙卯木為妻財。《乾》宮無未巳卯三爻，乃假中之假。

據此而推，則一本九族，別於內外矣。為親為疏，別於真假矣。父母之親晚，兄弟之真義，夫婦之偏正，子孫之嫡庶⑥，別於真中之假，假中之假矣。然則宅居之，或有或無，屬人屬己，豈外是而推也哉。

《易隱》卦例：教007

乾宮：山地剝

本卦		
妻財丙寅木	━━━━━	
子孫丙子水	━━　━━	世
父母丙戌土	━━　━━	
妻財乙卯木	━━　━━	
官鬼乙巳火	━━　━━	應
父母乙未土	━━　━━	

1、六親取用式

內親以內卦本宮出現者為真。如內卦不現，則看內卦之伏神。如不現，又無伏者，則取飛宮論之。

外親以外卦本宮出現者為真。如外卦不現，則看外卦之伏神，更若無伏神，亦取飛宮論之。

2、內卦本宮六親

陽官，祖也。陰官，祖妣⑦也。陽父，父也。陰父，母也。陽兄，兄也。陰兄，弟與姐妹也。陽子，男也。陰子，女與媳也。陽財，妻也。陰財，妾也。

3、外卦本宮六親

陽官，外祖也。陰官，外祖母也。陽父，岳父、母舅、姑夫也。陰父，岳母、舅母、姑娘⑧、母姨⑨也。陽兄，表兄弟也。陰兄，表姊妹也。陽子，女婿、表侄、外甥也。陰子，表侄女、甥女也。陽財，表嫂也。陰財，表弟婦、或表兄弟之妾也。

4、六親取飛宮法

飛宮㊀以世為主而推之。

生世為父，父剋為母。生父為祖，祖剋為祖妣。父比為伯叔，伯剋為姆，叔剋為嬸。世比為兄弟，兄剋為嫂，弟剋為弟婦。世剋為妻，妻剋為妾，妻生為女。剋女為婿，婿生為外孫㊁，女生為外孫女㊂。世生為子，長子之前爻為次子，次子之前爻為三子。子剋為媳，子生為孫，媳生為孫女。孫剋為孫媳，孫生為玄孫⑩。以此推之，罔不周悉。

入生鄉者吉，入忌鄉者凶。如父入財方，兄入鬼爻也。休空者必遠離，鬼殺者必帶疾。

大問小，從世前一位數上去。小問大，從世下一位數下去。俱以一水二火三木四金五土之數，數到之爻，即取為用也。

劉青田⑪曰：「數定之六親，顯而有準」。此法熟玩，禍福自真是也。

按：飛數之法，以分宮為主。如問高祖，從曾祖位起飛數。問伯祖叔祖，從祖位起飛數。問堂兄弟，從伯叔位起飛數。各隨大小，分上下，依五行生數輪飛，以定用爻。餘倣此。此推緦功⑫遠親之法。

虎易按：所謂「飛宮」，即「以世爻為主」，按「生世為父，父剋為母」一段內容的推演原則，確定各種

黃金策分爻		
六爻	曾祖	
五爻	父	
四爻	祖妻	妻
三爻	曾祖妣	伯叔兄弟
二爻	母	
初爻	祖姐	子

親屬關係的五行屬性。所謂「飛位」，即「黃金策分爻」各種親屬關係所對應的爻位。所謂「飛數」，即按「飛宮」法，或者「黃金策分爻」所列親屬對應爻位，按「大問小，從世前一位數上去。小問大，從世下一位數下去。俱以一水二火三木四金五土之數，數到之爻，即取為用也」的方法，推演其他沒有列入的親屬關係。

注釋

①羊質而虎皮：比喻外強內弱，虛有其表。漢・揚雄《法言・吾子》：「羊質虎皮，見草而悅，見豺而戰，忘其皮之虎也」。

②狠戾：兇惡殘暴。

③華藻（zǎo）：華麗的辭藻。

④譎詐（jué zhà）：詭譎；狡詐；奸詐。

⑤拙鈍：呆滯，不靈活。

⑥嫡（dí）庶：指嫡子與庶子。正妻所生之子，稱嫡子。妾所生之子，稱庶子。

⑦祖妣（bǐ）：稱已故祖母。

⑧姑娘：指父親的姐妹。也稱為「姑母」等。

⑨母姨：指媽媽的姐妹。也稱為「姨媽」等。

⑩孫生為玄孫：現代稱為曾孫、重孫。

⑪劉青田：劉基(1311年7月1日—1375年4月16日)，字伯溫，諡號文成，浙江青田人，因此也稱為劉青田。參見「劉伯溫」注釋。

⑫緦（sī）功：緦麻與小功。舊時五種喪服中最輕的兩種，由親緣較疏者服之。指較為疏遠的親屬關係。

校勘記：

㊀「宮」原本作「位」，疑誤，據其文意改作。

㊁「外孫」，原本作「甥」，疑誤，據親屬關係改作。

㊂「外孫女」，原本作「甥女」，疑誤，據親屬關係改作。

（1）世屬土爻

高祖屬金，曾祖屬水，祖屬木，伯祖、叔祖屬木。高祖妣屬㊀木，曾祖妣屬㊁火，祖妣屬㊂土，伯叔祖母屬土。伯叔、堂伯叔屬㊃火，父屬火。兄弟、堂兄弟屬土。子、侄屬金。姆嬸、堂姆嬸屬㊄金，母屬金。妻、嫂、弟婦、嫂妹屬㊅

水，妾屬火。媳、侄婦、女屬木㊆。孫屬水，孫媳、孫女屬㊆火。曾孫屬木。以上內親。

外祖屬木。母舅、岳父、姑夫屬火。表兄、內弟、姊妹夫屬土。外祖母屬㊇土。舅母、岳母、姑娘屬金。表嫂、妻姨、表姊妹屬水。表侄、外甥屬金。表侄婦、甥媳、甥女屬木。以上外親。

校勘記：

㊀㊁㊂㊃㊄㊅㊇「屬」，原本脫漏，依原文體例補入。以下幾節內容，凡脫漏「屬」字之處，直接補入，不另外說明。

㊆「木」，原本作「水」，疑誤，據其文意改作。

（2）世屬木爻

高祖屬火，曾祖屬土，祖屬金，伯祖、叔祖屬金。高祖妣屬金，曾祖妣屬水，祖妣屬木，伯叔祖母屬木。伯叔、堂伯叔屬水，父屬水。兄弟、堂兄弟屬木。子、侄屬火。姆嬸、堂姆嬸屬火，母屬火。妻、嫂、弟婦、姊妹屬土，妾屬水。媳、侄婦、女屬金。孫屬土，孫女、孫媳屬水。曾孫屬金。以上內親。

外祖屬金。母舅、岳父、姑夫屬水。表兄、內弟、姊妹夫屬木。外祖妣屬木。舅母、岳母、姑娘屬火。表嫂、妻姨、表姊妹屬土。表侄、外甥屬火㊀。表侄婦、甥女、甥媳屬金㊁。以上外親。

校勘記：

㊀「火」，原本作「金」，疑誤，據其文意改作。

㊁「金」，原本作「木」，疑誤，據其文意改作。

（3）世屬水爻

高祖屬木，曾祖屬火，祖屬土，伯祖、叔祖屬土。高祖妣屬土，曾祖妣屬金，祖妣屬水，伯叔祖母屬水。伯叔、堂伯叔屬金，父屬金。兄弟、堂兄弟屬水。子、侄屬木。姆嬸、堂姆嬸屬木，母屬木。妻、姊妹、嫂、弟婦屬火，妾屬金。媳、侄婦、女屬土。孫屬火，孫女、孫媳屬金。曾孫屬土。以上內親。外祖屬土。母舅、岳父、姑夫屬金。內兄、表弟、姊妹夫屬水。外祖母屬水。舅母、岳母、姑娘屬木。表嫂、妻、姨、表姊妹屬火。表侄、外甥屬木。表侄婦、甥女、甥媳屬土。以上外親。

（4）世屬金爻

高祖屬水，曾祖屬木，祖屬火，伯祖、叔祖屬火。高祖妣屬火，曾祖妣屬土，祖妣屬金，伯叔祖母屬金。伯叔、堂伯叔屬土，父屬土。兄弟、堂兄弟屬金。子侄屬水。姆嬸、堂姆嬸屬水，母屬水。妻、嫂、弟婦、姊妹屬木，妾屬土。女、媳、侄婦屬火。孫屬木，孫女、孫媳屬土。曾孫屬火。以上內親。

外祖屬火。母舅、岳父㈠、姑夫屬土。表弟、內兄、姊妹夫屬金。外祖妣屬金。舅母、岳母、姑娘屬水。表嫂、妻、姨、表姊妹屬木。表侄、外甥屬水。甥女、甥媳、表侄婦屬火。以上外親。

校勘記：

㈠「父」，原本作「母」，疑誤，據其文意改作。

（5）世屬火爻

高祖屬土，曾祖屬金，祖屬水，伯祖、叔祖屬水。高祖妣屬水，曾祖妣屬木，祖妣屬火，伯叔祖母屬火。伯叔、堂伯叔屬木，父屬木。兄弟、堂兄弟屬火。

子、侄屬土。姆嬸、堂姆嬸屬土，母屬土。妻、嫂、弟婦、姊妹屬金，妾屬木。女、媳、侄婦屬水。孫屬金，孫女、孫媳屬木。曾孫屬水。以上內親。外祖屬水。母舅、岳父、姑夫屬木。內兄、表弟、姊妹夫屬火。外祖母屬火。舅母、岳母、姑娘屬土。表嫂、表弟婦、妻姨屬金。表侄、外甥屬土。甥媳、甥女、表侄婦屬水。以上外親。

虎易按：以上世爻屬土、木、水、金、火等五節內容，稱謂內容有以下幾處不同。

一、世爻屬土：作「嫂妹」，其他幾節作「姊妹」。「嫂妹」應該是指嫂子的妹妹。而姊妹應該是指自己的姐妹。其對應的五行，也是一樣的。

二、世爻屬土，世爻屬木，世爻屬水三節，作「表姊妹」，世爻屬金，世爻屬火兩節作「表弟婦」。「表姊妹」應該是指姑母、舅舅、姨母的女兒。「表弟婦」應該是指表弟的妻子。其對應的五行，也是一樣的。

三、世爻屬木，世爻屬金兩節，作「外祖妣」，其他三節作「外祖母」。雖然稱謂不一樣，但都是指外祖母。

現對以上五節內容，以世爻為「我」，其他親屬關係，按「生我」，「我生」，「剋我」，「我剋」，「比和」的對應關係，統一歸納，並列表於後。

內親歸納如下：

生我者：曾祖妣、伯叔、堂伯叔、父、妾、孫女、孫媳。

我生者：高祖、母、姆嬸、堂姆嬸、子、侄。

剋我者：高祖妣、祖、伯祖、叔祖、女、媳、侄婦、曾孫。

我剋者：曾祖、妻、嫂、嫂妹、弟婦、姊妹、孫。

比和者：祖妣、伯叔祖母、兄弟、堂兄弟。

外親歸納如下：

生我者：母舅、岳父、姑夫。

我生者：舅母、岳母、姑娘、表侄、外甥。

剋我者：外祖、甥女、甥媳、表侄婦。

我剋者：表姊妹、表嫂、表弟婦、妻姨。

比和者：外祖母、內兄、表弟、姊妹夫。

世爻五行屬性與內親五行屬性及親屬關係對照表

	金	水	木	火	土
世爻屬金	祖妣 伯叔祖母 兄弟 堂兄弟	高祖 母 姆嬸 堂姆嬸 子 侄	曾祖 妻 嫂 嫂妹 弟婦 姊妹 孫	高祖妣 祖 伯祖 叔祖 女 媳 侄婦 曾孫	曾祖妣 父 伯叔 堂伯叔 妾 孫女 孫媳
世爻屬水	曾祖妣 父 伯叔 堂伯叔 妾 孫女 孫媳	祖妣 伯叔祖母 兄弟 堂兄弟	高祖 母 姆嬸 堂姆嬸 子 侄	曾祖 妻 嫂 嫂妹 弟婦 姊妹 孫	高祖妣 祖 伯祖 叔祖 女 媳 侄婦 曾孫
世爻屬木	高祖妣 祖 伯祖 叔祖 女 媳 侄婦 曾孫	曾祖妣 父 伯叔 堂伯叔 妾 孫女 孫媳	祖妣 伯叔祖母 兄弟 堂兄弟	高祖 母 姆嬸 堂姆嬸 子 侄	曾祖 妻 嫂 嫂妹 弟婦 姊妹 孫
世爻屬火	曾祖 妻 嫂 嫂妹 弟婦 姊妹 孫	高祖妣 祖 伯祖 叔祖 女 媳 侄婦 曾孫	曾祖妣 父 伯叔 堂伯叔 妾 孫女 孫媳	祖妣 伯叔祖母 兄弟 堂兄弟	高祖 母 姆嬸 堂姆嬸 子 侄
世爻屬土	高祖 母 姆嬸 堂姆嬸 子 侄	曾祖 妻 嫂 嫂妹 弟婦 姊妹 孫	高祖妣 祖 伯祖 叔祖 女 媳 侄婦 曾孫	曾祖妣 父 伯叔 堂伯叔 妾 孫女 孫媳	祖妣 伯叔祖母 兄弟 堂兄弟

世爻五行屬性與外親五行屬性及親屬關係對照表

	金	水	木	火	土
世爻屬金	外祖母 內兄 表弟 姊妹夫	舅母 岳母 姑娘 表侄 外甥	表嫂 表姊妹 表弟婦 妻姨	外祖 甥媳 甥女 表侄婦	母舅 岳父 姑夫
世爻屬水	母舅 岳父 姑夫	外祖母 內兄 表弟 姊妹夫	舅母 岳母 姑娘 表侄 外甥	表嫂 表姊妹 表弟婦 妻姨	外祖 甥媳 甥女 表侄婦
世爻屬木	外祖 甥媳 甥女 表侄婦	母舅 岳父 姑夫	外祖母 內兄 表弟 姊妹夫	舅母 岳母 姑娘 表侄 外甥	表嫂 表姊妹 表弟婦 妻姨
世爻屬火	表嫂 表姊妹 表弟婦 妻姨	外祖 甥媳 甥女 表侄婦	母舅 岳父 姑夫	外祖母 內兄 表弟 姊妹夫	舅母 岳母 姑娘 表侄 外甥
世爻屬土	舅母 岳母 姑娘 表侄 外甥	表嫂 表姊妹 表弟婦 妻姨	外祖 甥媳 甥女 表侄婦	母舅 岳父 姑夫	外祖母 內兄 表弟 姊妹夫

對於本書中其他未列入的稱謂關係，讀者可以根據其推演原則類推。

為便於讀者理解，對各種親屬稱謂，列表解釋如下：

內親稱謂表

序號	稱謂	親屬關係
1	高祖	是對曾祖之父的稱謂，古今多稱為高祖父。
2	高祖妣	是對高祖之妻的稱謂。或稱高祖母。
3	曾祖	是對祖父之父的稱謂。
4	曾祖妣	是對曾祖之妻的稱謂。或稱曾祖母。也有稱為太婆。
5	祖	是對祖父的稱謂。如今的普遍稱呼是“爺爺”。
6	祖妣	是對祖父之妻的稱謂，即祖母。如今的普遍稱呼是“奶奶”。
7	伯祖	是對祖父的哥哥的稱謂。
8	伯祖母	是對祖父的哥哥的妻子的稱謂。
9	叔祖	是對祖父的弟弟的稱謂。
10	叔祖母	是對祖父的弟弟的妻子的稱謂。
11	伯	是對父親的哥哥的稱謂。也稱為伯父。
12	姆	是對父親的哥哥的妻子的稱謂。即伯姆，也稱為伯母。
13	叔	是對父親的弟弟的稱謂。
14	嬸	是對父親的弟弟的妻子的稱謂。即叔嬸，也稱為嬸娘。
15	堂伯	是對父親的堂兄的稱謂。
16	堂姆	是對父親的堂兄的妻子的稱謂。即堂伯姆，也稱為堂伯母。
17	堂叔	是對父親的堂弟的稱謂。
18	堂嬸	是對父親的堂弟的妻子的稱謂。即堂叔嬸，也稱為堂嬸娘。
19	父	是對父親的稱謂。如今對父親的普遍稱謂是“爸爸”。
20	母	是對母親的稱謂，如今對母親的普遍稱謂是“媽媽”。
21	兄	是對哥哥的稱謂。
22	嫂	是對哥哥的妻子的稱謂。也稱為嫂嫂。
23	弟	是對弟弟的稱謂。
24	弟婦	是對弟弟的妻子的稱謂。也稱為弟媳、弟妹。
25	堂兄弟	是對伯、叔的兒子的稱謂。
26	子	是對兒子的稱謂。
27	媳	是對兒子之妻的稱謂。也稱為媳婦。
28	女	是對女兒的稱謂。也稱為女兒，閨女。
29	婿	是對女兒丈夫的稱謂。也稱為女婿。
30	侄	是對兄弟的兒子的稱謂。也稱為侄兒。
31	侄婦	是對兄弟的兒子之妻的稱謂。也稱為侄媳婦。
32	妻	是對自己妻子的稱謂。
33	夫	是女人對自己丈夫的稱謂。
34	妾	是舊時男人娶的小老婆的稱謂。又稱姨太、陪房，亦有二奶、小老婆等俗稱，是中國傳統一夫多妻制下的產物。
35	孫	是對兒子的兒子的稱謂。
36	孫媳	是對孫子之妻的稱謂。
37	孫女	是對兒子的女兒的稱謂。
38	曾孫	是對孫子的兒子的稱謂。

外親稱謂表		
序號	**稱謂**	**親屬關係**
1	外祖父	是對母親的父親的稱謂。也稱為外公。
2	外祖母	是對母親的母親的稱謂。也稱為外婆。
3	母舅	是對母親的兄弟的稱謂。
4	舅母	是對母親的兄弟的妻子的稱謂。
5	岳父	是對妻子的父親的稱謂。
6	岳母	是對妻子的母親的稱謂。
7	姑夫	是對父親的姐妹的丈夫的稱謂。也稱為姑父。
8	姑娘	是對父親的姐妹的稱謂。即姑母或姑姑，也稱為姑媽。
9	表兄弟	是對姑母、舅父、姨母的兒子的稱謂。古人統稱為“諸表”。
10	表嫂	是對姑母、舅父、姨母比自己大的兒子之妻的稱謂。
11	表弟婦	是對姑母、舅父、姨母比自己小的兒子之妻的稱謂。
12	表姊妹	是對姑母、舅父、姨母的女兒的稱謂。古人統稱為“諸表”。
13	內兄弟	是對妻子的兄弟的稱謂。也稱為“舅兄、舅弟”。或是“大舅子、小舅子”。
14	姊妹夫	是對姐姐或妹妹的丈夫的稱謂。也稱為姐夫、妹夫。
15	妻姨	是對妻子的姐妹的稱謂。也稱為“姨姐、姨妹”。
16	表侄	是對姑母、舅父、姨母的兒女的孩子的稱謂。
17	表侄婦	是對姑母、舅父、姨母的兒女的兒子之妻的稱謂。
18	外甥	是男性對姐妹的兒子的稱謂。
19	甥媳	是男性對姐妹的兒子之妻的稱謂。
20	甥女	是男性對姐妹的女兒的稱謂。即外甥女。

「六親」一節，內容比較複雜。各種六親的親屬關係，只有能夠準確定義，才能在卦中找到相對應的卦爻。六親的稱謂，因地域不同，也存在很大差異，讀者可以根據各種親屬關係的推演原理，按各地風俗去對應稱謂。

應用本節知識，可以判斷分析各類親屬的「有無」，「真假」。對於主卦和伏藏沒有的六親，也可以採用「飛宮」，「飛位」，「飛數」的推演方法去確定。

客觀的說，「六親」一節內容所涉及的知識和概念，對於絕大多數讀者來說，是沒有機會應用的，或者說對他們也沒有太大的應用價值。但對於有研究能力的讀者而言，這些資料是很好的研究材料，在預測的實踐過程中，可以通過一個卦，應用轉換的方式，分析與求測人相關的各種複雜親屬關係，從而幫助求測人，尋找出各種有利的因素加以利用，查找出各種不利的因素加以迴避。

這些基本知識和概念，有興趣的讀者，可以反覆閱讀和推演，真正理解其轉換原理，在預測實踐中，才能比較準確的確定各種親屬關係，很好的加以應用。

5、斷高曾祖

高祖從曾祖位下飛，曾祖從祖位下飛。如祖位值旬空月破，則看曾祖分宮，祖看內卦本宮官鬼爻。如內卦鬼不現，看內卦伏神。如不現，又不伏，取父下一位起數飛之。飛位既定，後看某爻帶吉生旺，則知某祖起家。看某祖來生合世身，則知承某祖基業。如某祖爻衰空，帶破碎、二耗、暴敗等殺，則知祖業飄零，必須自成自立也。祖宗富貴貧賤，詳見於後，故不載。

再看某祖之子孫，逢刑害剋破空亡，帶破碎、二耗、暴敗殺者，便知某枝子孫破敗家業。如子孫爻帶祿馬、官鬼、德合，旺相得位者，便知是枝子孫發達。

如值空亡、墓絕，而帶白虎、刑刃，又被四直動爻剋破者，則知是枝絕也。但逢衰敗破耗，不見財祿，持兄伏兄者，則不絕而貧也。

《燃犀集》曰：「本㊀宮鬼空者，無祖業也。鬼旺父衰者，祖興父敗也。鬼衰父旺者，祖敗父興也。鬼在外爻遇殺，祖亡他郡①也。鬼臨五六殺墓，丁未戌戌。客葬外鄉也」。

注釋

①郡（jùn）：古代的行政區域。郡，周制，天子地方千里，分為百縣，縣有四郡，故春秋傳曰，上大夫受縣，下大夫受郡是也。至秦初置三十六郡，以監其縣。朱駿聲曰：漢又增四十六郡，二十一國，凡郡國一百有三，古者縣大郡小，秦以後郡大縣小。

校勘記：

㊀「本」，原本作「木」，疑誤，據其文意改作。

6、斷亡祖行位第幾、物故①何年

以本宮官鬼為用也。

如庚寅年，卜得《火風鼎》卦：

本宮己亥鬼，伏三爻酉金之下，不現則看伏鬼。己亥逆數至本旬甲午，乃第六位也。再從庚寅年，逆數至己亥，便知某祖死五十年矣。出《袁客師占驗目㊀錄》

《易隱》卦例：教 008			
時間：庚寅年			
	離宮：火風鼎		
伏神	**本卦**		
	兄弟己巳火	▅▅▅▅▅	
	子孫己未土	▅▅　▅▅	應
	妻財己酉金	▅▅▅▅▅	
官鬼己亥水	妻財辛酉金	▅▅▅▅▅	
子孫己丑土	官鬼辛亥水	▅▅▅▅▅	世
父母己卯木	子孫辛丑土	▅▅　▅▅	

注釋

①物故：亡故，去世。

校勘記：

㊀「目」，原本作「日」，疑誤，據《易隱參引書目》原文改作。

附六十甲子納音例

甲子乙丑金，丙寅丁卯火，戊辰己巳木，庚午辛未土，壬申癸酉金。戌亥空

甲戌乙亥火，丙子丁丑水，戊寅己卯土，庚辰辛巳金，壬午癸未木。申酉空

甲申乙酉水，丙戌丁亥土，戊子己丑火，庚寅辛卯木，壬辰癸巳水。午未空

甲午乙未金，丙申丁酉火，戊戌己亥木，庚子辛丑土，壬寅癸卯金。辰巳空

甲辰乙巳火，丙午丁未水，戊申己酉土，庚戌辛亥金，壬子癸丑木。寅卯空

甲寅乙卯水，丙辰丁巳土，戊午己未火，庚申辛酉木，壬戌癸亥水。子丑空

虎易按：原表格為豎排式，現改為橫排式。本書卷首《五行納音法》曰：「可抹殺金在海中，火在爐中之說」，原本此處脫漏。本表納音五行將「金在海中、火在爐中」等內容加入，並以不同的顏色表示，供讀者參考。

六十甲子納音例表

天干	甲	乙	丙	丁	戊	己	庚	辛	壬	癸	旬空
干支	甲子	乙丑	丙寅	丁卯	戊辰	己巳	庚午	辛未	壬申	癸酉	戌亥
納音	海中金		爐中火		大林木		路旁土		劍鋒金		
干支	甲戌	乙亥	丙子	丁丑	戊寅	己卯	庚辰	辛巳	壬午	癸未	申酉
納音	山頭火		澗下水		城頭土		白鑞金		楊柳木		
干支	甲申	乙酉	丙戌	丁亥	戊子	己丑	庚寅	辛卯	壬辰	癸巳	午未
納音	井泉水		屋上土		霹靂火		松柏木		長流水		
干支	甲午	乙未	丙申	丁酉	戊戌	己亥	庚子	辛丑	壬寅	癸卯	辰巳
納音	沙中金		山下火		平地木		壁上土		金箔金		
干支	甲辰	乙巳	丙午	丁未	戊申	己酉	庚戌	丁亥	壬子	癸丑	寅卯
納音	佛燈火		天河水		大驛土		釵釧金		桑柘木		
干支	甲寅	乙卯	丙辰	丁巳	戊午	己未	庚申	辛酉	壬戌	癸亥	子丑
納音	大溪水		沙中土		天上火		石榴木		大海水		

7、斷父母

看內卦出現父母爻，不論外卦。如無，看伏。

若旺靜而不受三傳、動爻刑害剋沖；與衰靜而遇三傳，歲月日。動爻生合者，俱主雙壽。以爻靜者，不必論陰陽真假也。

若逢死墓絕胎、旬空死氣，被三傳動爻刑害剋沖者，決主有失。又財爻持世動，或財爻獨發，或卦有財無父者，俱主少年傷剋，否亦離祖過房。如財爻旁動，或持世不動，而父母不空絕者，惟主父子不睦耳。

若問父母何人先亡，須以真假論之。陽宮陽爻為真父，陽宮陰爻為繼父。陰宮陰爻為真母，陰宮陽爻為繼母。傍爻帶天殺，並虎刑，動傷真陽爻者失父。帶地殺並虎刑，動傷真陰爻者失母。真陽爻帶天殺動者失父，真陰爻帶地殺動者失母。繼父母生死倣此斷。

天綱曰：「若動爻來沖並，則反斷。陰動傷陽，陽動傷陰，並陽傷母，並陰傷父也」。

客師曰：「何謂也」？

天綱曰：「此非汝所知。如本宮父母不出現，即取內卦伏神。若又無伏，則取生世之爻為父，父剋之爻為母。從世下一位，分一水、二火、三木、四金、五土之數飛之，亦分陰陽真假斷之」。

如前法，凡飛爻父母入財鄉，帶死墓絕胎，被三傳及世爻刑剋者，已故。看在何限內，並看刑剋之爻，是何支神，即知是限中，是年亡也。如子刑卯限，子剋巳午，即知卯限中，子年刑剋也。六親倣此。

若父母爻持鬼、伏鬼、化鬼，與日月大殺羊刃合者，衰則帶疾，旺必喪身。或父母爻空，或受刑害剋沖，得月日會兄鬼動來合住者，主帶疾延年。加孤寡殺動來生合，主孤苦延年。如太歲動來沖刑，年內有災。月將動來沖刑，月中見災。得龍福動來解救，庶免大咎也。

凡父母富貴貧賤、帶疾禍福，俱與世爻斷法相同也。

《前知集・論繼父母》曰：「陽父眾，繼父成家。陰父眾，繼母營活」。

父化父，母化母，生合世爻者，在本宮內卦，伯叔姆嬸繼也。在本宮外卦，姑夫母舅母姨表叔繼也。父母化鬼生合世者，祖輩繼也。父母化兄生合世者，兄嫂表姊妹繼也。父母化福生合世者，僧尼繼也。父母化財生合世者，得絕戶應繼產業也。

內親、外親，各以本宮內外卦，分親疏尊卑斷之。若他宮內卦父母，化出六親來生合世者，鄉里繼也。他宮外卦父母，化出六親來生合世者，遠方人繼也。

以變卦定其何方，以神殺分其貴賤富貧也。又曰：「父下伏子者，絕嗣也。否亦離祖，過房入贅①也。父下伏財並玄武咸池者，必父有偏房寵妾也。伏生飛吉，飛生伏凶」。此論飛宮。《鬼谷百問篇》曰：「人有幾母，看本宮陰爻父母。在變卦、互卦、伏卦②，內爻中者，其有幾位，即知其有幾重。若飛數，則看父剋之爻其有幾位，即知其有幾母也」。如《乾》宮土為父，父剋者水為母也。看本宮飛伏化爻，其有幾水，即知其幾母也。年月日時上見水者，為庶母③也。若爻逢旬空死墓絕胎者，則不依此斷。

注釋

①入贅（zhuì）：上門女婿，男子就婚於女家並成為其家庭成員。
②伏卦：指不可見而藏於本卦背後的卦，即與飛卦（本卦）相對立的隱伏之卦。
③庶母：舊時嫡出的子女稱父親的妾為庶母。

8、斷兄弟

先看內卦出現兄弟爻，不論外卦，不見則取伏。多少之數，以一水、二火、三木、四金、五土推之。旺相加倍，休如數，囚死減半，空絕者無也。兄爻旺相，而與三傳生合者，必連枝茂盛，雍和友愛也。旺而遇三傳沖剋者，則減福也。兄爻衰而逢沖並刑剋者，隻身①也。兄爻雖旺，而逢旁爻、伏爻、化爻，刑害剋沖者，有而無情也。鬼持世動，與鬼爻獨發，或卦內有鬼無兄者，俱主刑剋也，否亦分離也。若鬼爻旁動，或持世不動，亦主不睦也。又兄動生合世身者，多恩義。刑沖剋害身世者，必不睦也。

如內卦兄弟爻，不現，又不伏，方取與世比肩②之爻為兄弟。從世上飛數之，兄世後一位逆起，弟世前一位順起。兄位退一為次兄，退二為三兄。弟位前一為二弟，前二為三弟，皆分陰陽真假論之。

帶祿馬德貴者貴，加財子福祿者富，加沐浴咸池者賤，帶破碎耗敗者貧，休空受傷者死。若休空受傷，得月日父福動來合住者，主帶疾延年也。兄爻持鬼、伏鬼、化鬼者災病，空則無妨也。歲動刑沖，其年有災。月動刑沖，月內有災。得龍福解神動來沖剋，庶免大咎也。

若問兄弟孰存孰亡，須分真假論之。陽宮陽爻為真兄，陰宮陰爻為真弟。陽宮陰爻為女兄，陰宮陽爻為女弟。真陽爻起兄，後一位為次兄，後二位為三兄。真陰爻起弟，前一位為次弟，前二位為三弟。

陽空兄失，陰空弟亡也。旁爻帶月殺亡神　殺，動來刑並真陽爻者，兄失。刑並真陰爻者，弟亡也。若真陽真陰爻帶月殺、匿刑、辰午酉亥。亡劫動者，亦主兄弟死也。如動爻來沖並，則反斷。陰動傷陽，陽動傷陰。並陰傷兄，並陽傷弟也。

凡兄弟富貴貧賤，帶疾禍福，俱與世爻同斷。詳見於後。

注釋

①隻身：獨自一人。

②比肩：並列，居同等地位。此處指與世爻同五行或者同六親的爻。

9、斷兄弟真假長幼

純《艮》、純《坤》卦：

有兩爻兄弟，皆係本宮，乃真兄真弟也。

《易隱》卦例：教 009		
艮宮：艮為山（六沖）		
本　　卦		
官鬼丙寅木	▅▅▅▅▅	世
妻財丙子水	▅▅　▅▅	
兄弟丙戌土	▅▅　▅▅	
子孫丙申金	▅▅▅▅▅	應
父母丙午火	▅▅　▅▅	
兄弟丙辰土	▅▅　▅▅	

《易隱》卦例：教 010		
坤宮：坤為地（六沖）		
本　　卦		
子孫癸酉金	▅▅　▅▅	世
妻財癸亥水	▅▅　▅▅	
兄弟癸丑土	▅▅　▅▅	
官鬼乙卯木	▅▅　▅▅	應
父母乙巳火	▅▅　▅▅	
兄弟乙未土	▅▅　▅▅	

《大壯》、《蹇》：亦有兩爻兄弟，皆非本宮，乃假兄假弟也。

《泰》、《漸》：各有兩爻兄弟，乃真兄假弟也。《泰》卦丑真辰假，《漸》卦辰真未假。

《易隱》卦例：教 011		
坤宮：雷天大壯（六沖）		
本　卦		
兄弟庚戌土	▅▅ ▅▅	
子孫庚申金	▅▅ ▅▅	
父母庚午火	▅▅▅▅▅	世
兄弟甲辰土	▅▅▅▅▅	
官鬼甲寅木	▅▅▅▅▅	
妻財甲子水	▅▅▅▅▅	應

《易隱》卦例：教 012		
兌宮：水山蹇		
本　卦		
子孫戊子水	▅▅ ▅▅	
父母戊戌土	▅▅▅▅▅	
兄弟戊申金	▅▅ ▅▅	世
兄弟丙申金	▅▅▅▅▅	
官鬼丙午火	▅▅ ▅▅	
父母丙辰土	▅▅ ▅▅	應

《易隱》卦例：教 013		
坤宮：地天泰（六合）		
本　卦		
子孫癸酉金	▅▅ ▅▅	應
妻財癸亥水	▅▅ ▅▅	
兄弟癸丑土	▅▅ ▅▅	
兄弟甲辰土	▅▅▅▅▅	世
官鬼甲寅木	▅▅▅▅▅	
妻財甲子水	▅▅▅▅▅	

《易隱》卦例：教 014		
艮宮：風山漸（歸魂）		
本　卦		
官鬼辛卯木	▅▅▅▅▅	應
父母辛巳火	▅▅▅▅▅	
兄弟辛未土	▅▅ ▅▅	
子孫丙申金	▅▅▅▅▅	世
父母丙午火	▅▅ ▅▅	
兄弟丙辰土	▅▅ ▅▅	

《旅》、《咸》：

各有兩爻兄弟，乃假兄真弟也。《旅》卦午假巳真①，《咸》卦申假酉真。

《解》卦：

戌寅兄弟，《震》宮原有寅爻，乃真中之假。

《豫》卦：

乙卯兄弟，《震》宮無此卯爻，乃假中之假也。

《易隱》卦例：教 015		
離宮：火山旅		
本	卦	
兄弟己巳火	▅▅▅▅▅	
子孫己未土	▅▅　▅▅	
妻財己酉金	▅▅▅▅▅	應
妻財丙申金	▅▅▅▅▅	
兄弟丙午火	▅▅　▅▅	
子孫丙辰土	▅▅　▅▅	世

《易隱》卦例：教 016		
兌宮：澤山咸		
本	卦	
父母丁未土	▅▅　▅▅	應
兄弟丁酉金	▅▅▅▅▅	
子孫丁亥水	▅▅▅▅▅	
兄弟丙申金	▅▅▅▅▅	世
官鬼丙午火	▅▅　▅▅	
父母丙辰土	▅▅　▅▅	

《易隱》卦例：教 017		
震宮：雷水解		
本	卦	
妻財庚戌土	▅▅　▅▅	
官鬼庚申金	▅▅　▅▅	應
子孫庚午火	▅▅▅▅▅	
子孫戊午火	▅▅　▅▅	
妻財戊辰土	▅▅▅▅▅	世
兄弟戊寅木	▅▅　▅▅	

《易隱》卦例：教 018		
震宮：雷地豫（六合）		
本	卦	
妻財庚戌土	▅▅　▅▅	
官鬼庚申金	▅▅　▅▅	
子孫庚午火	▅▅▅▅▅	應
兄弟乙卯木	▅▅　▅▅	
子孫乙巳火	▅▅　▅▅	
妻財乙未土	▅▅　▅▅	世

又如《姤》卦：

申酉為兄弟，應爻隔斷申酉，是兩姓兄弟，兄真而弟假也。

《謙》卦：

申酉為兄弟，世爻隔斷申酉，亦是兩姓兄弟。申是《兌》宮所無，兄乃假中之假。酉為《兌》宮所有，弟則真中之假也。諸卦倣此。

《易隱》卦例：教 019		
乾宮：天風姤		
本　　卦		
父母壬戌土	▬▬▬	
兄弟壬申金	▬▬▬	
官鬼壬午火	▬▬▬	應
兄弟辛酉金	▬▬▬	
子孫辛亥水	▬▬▬	
父母辛丑土	▬　▬	世

《易隱》卦例：教 020		
兌宮：地山謙		
本　　卦		
兄弟癸酉金	▬　▬	
子孫癸亥水	▬　▬	世
父母癸丑土	▬　▬	
兄弟丙申金	▬▬▬	
官鬼丙午火	▬　▬	應
父母丙辰土	▬　▬	

又日辰並兄弟旺動合世者，必有繼義兄弟也。

陸德明《指掌訣》曰：「兄下伏財，隔母所生。兄動化財，移桃接李。兄下伏父，各父共娘。兄居養位，定是螟蛉②也。

若問兄弟孰長，孰幼，世臨兄弟在陽爻者，己居長。在陰爻者，己卑幼也」。

又辰戌丑未為長，四墓。子午卯酉為次，四正。寅申巳亥為季。四生。

又本宮內卦，子寅辰午申戌為兄，丑亥酉未巳卯為弟。

又陽爻為兄弟，陰爻為姊妹妯娌。本宮外卦，為姑表兄弟。他宮內外卦，為遠近朋儕也。

耶律氏曰：「若占兄弟畏三刑，旺相逢刑一二人，更復休囚同氣少，旺加亡劫漸凋零」。

皮台峰曰：「父爻生合兄弟，父當偏愛。母爻沖剋兄弟，與母不協。妻子官鬼，公姑。生合沖剋亦然。旺相則甚，休囚則減也」。

又兄剋之爻為嫂，弟剋之爻為弟婦。臨旺宮旺爻者，必多奩資③而美姿容。加龍喜德貴者，必材德備而相夫子。若在門戶爻動，三爻門，四爻戶。必把持門戶，女作家公。若爻值衰空，非無婦，則貧窶④也。

注釋

①旅卦午假巳真：其中巳為兄，午為弟。此處將旅卦列入【假兄真弟】類有誤，應該歸於【真兄假弟】類。可依【假兄真弟】類，補入《小畜》卦例，《小畜》有兩爻兄弟。寅假卯真，乃假兄真弟也。

②螟蛉（míng líng）：蜾蠃常捕螟蛉喂它的幼蟲，古人誤認為蜾蠃養螟蛉為己子。後因以為養子的代稱。

③奩（lián）資：女子出嫁時，從娘家帶到婆家的財物。

④貧窶（jù）：貧乏；貧窮。

10、斷妻妾

以本宮內卦出現妻財為主。不現，則看內卦伏神。如不現，又無伏，則取飛宮論之，以世剋之爻為妻，妻剋之爻為妾。

又自占以應爻為正妻，即以應剋之爻為妾，亦可也。

如臨陽宮陽爻，旺相帶吉神者，必貌都麗而行貞潔，善主中饋①也。臨陰宮陰爻，衰墓帶刑刃亡劫者，必丑陋無能而夭折也。

若兄持世動，及兄爻獨發，或卦有兄無財，或財爻無故自空者，俱主剋妻也，否則分離。

或財爻旺相自刑，（財持辰午酉亥）。主夫妻不睦，終見生離，以旺者不死，離也。

或兄爻旁動，及持世不動，而財爻不空者，亦主不睦也。

或財動沖剋世，與世應相刑害者，俱主夫婦無情也。

世動夫淩妻，應動妻欺夫。世應俱動，必常爭鬥，化爻相刑害者，亦然也。

如財臨死墓絕胎，加刑刃，兼兄動剋者，主刑剋三妻。若得月日生合，或可帶疾延年也。

飛爻財入兄鄉，或應持兄動，遇月日刑害剋破者，死也。若得旺相無傷，亦主妻不賢，好生是非，與妯娌不和。或不與夫主一心，多偷財物，私藏匿己，漏去他家也。

妻爻生合父母者，敬事公姑也。生合兄弟者，妯娌和好也。生合子孫者，善撫卑幼也。沖剋父母、兄弟、子孫者，反是。

若妻居五爻尊位，生合世爻者，必掌管家事，女作家公。如沖剋世爻，及帶歲月日破，與二耗暴敗破碎殺者，必淩夫破家也。

妻爻帶玄武、咸池、紅豔殺，加驛馬動者，必恣意貪淫也。妻如合應爻、旁爻，必與外人私通。會進神動來生合，則淫縱無度。會退神動來合制，隻眼去眉來，欲淫無實也。合逢空亦然。合若逢沖，被人撞見，雖淫不濫也。妻如暗動，合應爻、旁爻，防有私奔之事也。

兄弟合財者，兄私弟婦也。父母合財者，翁婦相通也。子孫合財者，義男共枕也。福動化鬼合財，財動化鬼合福亦然。帶咸池、紅豔殺者，方可斷之。

應爻與妻爻，如臨兄弟，動化財來合世者，必姨妹同腔也。

《黃金策》曰：「合多而刑殺臨身，女必為娼」。

《涯泉摘錦》曰：「貴多則舞裙歌扇，合多則暗約偷期是也」。按：中冓②醜穢之行，本不欲載。只因暗室虧心者，自謂神人莫覺，殊不知卜筮能燭其姦也。故特誌此，以垂戒云。

若問人有幾妻、幾妾，但看正卦③、伏卦、變卦、互卦中，有內卦妻財，係本宮者，與應爻持世、伏財化財者，不問旺衰德合有無，即斷幾妻幾妾也。子寅辰午申戌陽爻者，為妻。丑亥酉未巳卯陰爻者，為妾也。一財一位，二財二位，三財三位也。

又如內卦本宮一財，應爻又一財，二財並旺者，必兩妻營活也。一空一旺者，曾續一弦。二空一旺者，曾續二弦。三空一旺者，曾續三弦也。如兩財俱旺，而一財帶咸池殺者，必一偏一正也。看何爻與日月世爻生合，便知何人得寵操權也。

若問妻為閨女，為再醮④，但看卦中一財不見鬼者，閨女也。或財鬼相合，或財下伏鬼者，已見一夫。一財而二鬼相合，或財下伏鬼，又化鬼者，已見二夫。

又卦有二鬼，一空一旺者，必再醮也。二鬼旺，而日月動爻刑沖剋害財爻者，主生離改嫁也。

《黃金策》曰：「妻剋世身重合應，妻必重婚。世應妻爻三合，當招偏正之夫。官眾而諸凶不犯，婦當再醮」。

《明睿抄本》曰：「男取身生為床帳，卦身所生之爻。女取身剋為香閨，卦身所剋之爻。香閨墓絕未諧配，床帳空亡未娶妻」。此法神驗，莫傳匪人。

若問妻妾德色何如，妻臨金，色白淨，身瘦小，性剛烈也。臨木，色青，身長，妖嬈多態，性寬慢也。臨火，赬⑤顏，身矮，性躁急也。臨土，色黃，身肥矮，性溫和，為事遲慢也。臨水，色紫黑，身活動便捷，性和寬，衰急，動多機變，沖無主心，合無知覺也。

妻持父，壽高，伶俐，為掌家，能書算，為事分明也。妻持兄，性損物，耗財，不招奴婢⑥。旺相，破家好賭，妯娌不和也。妻持子，性善，多識見。旺相，能掌家，生貴子。帶雀，常誦經也。妻持財，貌美，性安和，能掌家開鋪，旺相益夫，有財帛也。妻持官，貌醜，性狠毒，旺相，好殺，帶貴，有封蔭也。

財伏父下，為人尊重不苟也。財伏子下，性善，不損物，喜打扮也。財伏兄下，貌醜，貪淫好賭也。財伏官下，性酷劣，有病。

夫妻大吉也，陽卦陽爻，工巧無雙也。陰卦陰爻，醜拙第一也。陽化入陰，幼巧而長拙也。陰化入陽，小陋而大姣也。詳見性情容貌篇。

若問妻之富貴貧賤，未娶則從父斷，出嫁則從夫斷。未娶之時，但看外卦本宮父母爻。如外卦父母不現，則看伏爻。若不現，又不伏，則以生妻之爻為妻母，剋妻母之爻為岳父。並同本生父母，分陰陽真假斷之。妻父妻母爻，帶祿馬、貴人，宦家女也。帶財祿、德福、生氣，富家女也。帶咸池、沐浴、玄武、休囚死氣者，貧賤家女也。帶虎貴，武職之女。帶虎刃、刼殺，軍匠之女。帶勾土旺相，田家女。帶雀火旺財，牙人⑦女。帶玄武、紅豔，淫家女。帶刑害、亡刼，無氣，賤人女。加金虎刑刃，屠劊人女。朱雀旺空，巫祝人女。加龍福，無氣，寒儒之女。加虎財生旺，濁富之女。加蛇，乃不務農業，而逐末者之女。蛇逢生旺，乃九流人之女。蛇逢沖並墓合，乃藝術人之女，以五行定其為何藝術也。衰敗則貧，空絕則絕。生合世，則得其蔭。刑害沖剋世，則被其侵淩也。

《歸藏易》曰：「妻臨剋位號重財，還是金爻入震來，貴殺會同當旺相，因妻受祿比三台⑧」。

如《震》宮財爻，帶白虎，白虎屬金，又剋震木，故謂重財。又如《坤》《艮》宮財爻，帶青龍，青龍屬木，又剋《坤》《艮》土，亦為重財。《乾》《兌》宮財爻，帶雀。《離》宮財爻，帶武。《坎》宮財爻，帶勾蛇。皆是。若四直貴馬德合，聚於一爻，更旺相居二五爻上，又得太歲相扶，而無刑破者，必為附馬儀賓也。若出嫁之後，婦人之貴賤貧富從夫，俱與世爻同斷。

若問妻家遠近，娶妻遲早，妻年長幼，但妻財持世與出現，必住近而娶早也。伏藏不現者，住遠而娶遲也。財與世爻同居一卦，近親之女也。財與世爻，被月日、動爻、變爻隔斷者，必外郡人之女也。如《乾》卦，戌世、寅財，或申爻午爻辰爻動，或月日並動申午辰爻，俱為隔斷也。

以八卦定其何方，以二十八宿定其何郡。如卦空爻空，則以財爻長生方定之也。凡財在二爻，二為宅爻。謂之坐宅，必養媳婦，否亦貼鄰女子也。又財合世身命爻者，娶妻必早也。至於妻陽世陰者，妻年長也。世陽妻陰者，妻年幼也。妻居辰戌丑未，長女也。居子午卯酉，中女也。居寅申巳亥，少女也。

注釋

①中饋（kuì）：指家中供膳諸事。《易・家人》：「無攸遂，在中饋」。

②中冓（gòu）：內室，指閨門以內。後以「中冓」指閨門穢（huì）亂。

③正卦：指用各種成卦方式所形成的原卦。也稱為本卦、飛卦、原卦、前卦。

④再醮（jiào）：古代男女婚嫁時，父母為他們舉行酌酒祭神的儀式叫「醮」。後專指婦女再嫁。

⑤赬（chēng）：淺紅色；紅色。

⑥奴婢（núbì）：舊時指喪失自由、為主人無償服勞役的人。其來源有罪人、俘虜及其家屬，亦有從貧民家購得者。通常男稱奴，女稱婢。後亦用為男女僕人的泛稱。

⑦牙人：舊時居於買賣雙方之間，從中撮合，以獲取傭金的人。

⑧三台：喻三公。古代中央三種最高官銜的合稱。漢因秦制，以尚書為中台，御史為憲台，謁者為外台，合稱三台。明清沿周制，乙太師、太傅、太保為三公，惟只用作大臣的最高榮銜。見《明史・職官志一》、《清史稿・職官志一》。

11、斷子孫

以內卦出現子孫爻為主。如內卦不現，則看伏神。若內卦不現，又無伏，方看飛宮。

以世生之爻為長子，長子前一爻為次子，次子前一爻為三子。依一水、二火、三木、四金、五土之數推之。子生之爻為孫。陽爻多男，陰爻多女。

生旺加龍喜者，材貌過人。加祿馬、貴人、德合，旺相得位者，主有貴子。休囚加刑刃、荒蕪殺者，頑蠢不遵父命，不務生理，終必破家夭折。

飛宮子入父鄉，遇月日刑沖剋害者，必死也。卦中父持世動，與父母獨發，或有父無子，或子爻空墓死絕，或天狗、白虎相刑剋沖並者，主無子，否亦移桃接李之脈也。如子臨天狗、白虎，得日月生合，主招遲而不孤也。若絕處無救，更帶孤寡殺、鼓盆殺、白虎。埋兒殺父母。動，斷主無子送終也。如兄弟帶亡劫動來刑並，謂之有子不送終。如得貴人、祿馬同鄉，旺則兇殺不敢侵，主有貴子也。

子爻逢貴人、祿馬旺動，化出文書者，文職。化出財福者，異途。化出天醫、太陰，並太歲相扶者，主當路顯貴。分長幼挨次推之，便知何子發達。

又論子孫出身，以學堂為主。看身位所屬何爻，取長生為學堂。如身爻屬火，火長[一]生於[二]寅，寅為學堂。身屬水土，申為學堂。身屬木，亥為學堂。身屬金，巳為學堂也。若旺相無傷，加祿馬、龍貴、德合，必學問淵源，才名蓋代也。

《穿壬透易》曰：「貴人居丑名宮闕，驛馬當寅號學堂」。又曰：「寅為學堂官逢丙，志大才高祿萬鍾」。

若《艮》宮丙寅爻，得四直貴馬聚於一爻，必進發疾驟，平地登雲也。

如子孫爻休囚，又帶地曉、天啞、雲聾、月盲、火朔五殺動者，必帶疾。子孫旺相生合世者，孝順。衰囚沖剋世者，忤逆[1]也。帶貴馬、德合吉神，生合世者，不惟仁孝，而且受子封。帶虎刃、亡劫凶神，來刑沖剋害世者，不惟忤逆，抑且亡身及親，破家蕩產也。

若問子之嫡庶，以內卦本宮出現、伏藏子孫為嫡。以年月日時、他宮見者為庶也。如內卦子孫不現不伏，又無兄弟爻者，必庶出②也。

又六爻動化子孫，主有奸生子。福臨應上，在他宮二爻者，主有螟蛉子。子化子合世，主有繼子義男也。

《管公口訣》曰：「福臨土靜，只主單傳，動則螟蛉之子，空則抱養之子也」。極驗。

凡子孫貧富、貴賤、禍福，俱與世爻同斷。

注釋

①忤逆（wǔ nì）：叛逆，不孝敬父母。

②庶出：舊指妾所生的子女。

校勘記：

㊀「長」，原本脫漏，為疏通文意補入。

㊁「于」，原本脫漏，為疏通文意補入。

12、占女婿㊀

以本宮出現官鬼爻為主，不論內外卦。以婿為半子，有家人之義。不現，則看本宮伏神。如不現，又無伏，則取剋女之爻為婿。但以本宮官鬼為正婿，年月日時他宮出者，為旁婿也。如正卦㊁有兩鬼，則以陽爻得位者為正婿，陰爻失位者為旁婿也。若正鬼①在巳午，則火命者吉，女命屬土者吉。火能生土。鬼在其他五行，倣此類推㊂。

鬼伏父下，為人伶俐尊重也。鬼伏子下，性善，不損物，好容飾也。鬼伏兄下，貧淫好賭，不誠實也。鬼伏財下，能掌財帛，為事分明，夫妻好合也。若財鬼帶辰午酉亥匿刑者，主先姦後娶。

鬼化鬼，男家未定也，或停妻再娶也。兄化鬼，鬥狠貪淫也。鬼帶刑刃亦然。財化鬼，剋妻損財也。子化鬼，帶龍喜德合，夫婦和諧也。帶華蓋刑刃，僧道還俗也。鬼化子，與妻相益也。鬼化兄，傷妻嫖賭也。鬼化財，能設施也。

飛爻入父，壽高，通文墨。旺相，則宅宇華盛也。入兄旺相，好賭博爭訟。衰則稍輕，耗財帛，少奴婢也。入福，好善，能成物。值雀，好誦經。值龍，臨三爻，持三官齋②，臨五爻，持觀音齋③也。入財，性溫和，能主家，司出納④，有財帛。旺相，則多材識也。入鬼，酷毒好殺，自身帶疾。旺相加貴馬，則為官，衰乃下流之輩也。其餘貧富貴賤，帶疾禍福，俱與世爻同斷。又凡占女婿者，遇男女臨世爻，與應鬼居二爻，二為宅爻。或應鬼合內財者，俱主入贅也。

注釋

①正鬼：指正（本）卦官鬼。

②三官齋：逢正月十五、七月十五和十月十五，上中下三元日，道士及信徒們皆當誠心齋戒，誦經祈福，深刻懺悔，接受天、地、水三官的考核及檢校，稱三官齋。古人認為，崇奉三官可以祛病長生。

③觀音齋：（正月）初八日，（二月）初七日、初九日、十九日，（三月）初三日、初六日、十三日，（四月）廿二日，（五月）初三日、十七日，（六月）十六日、十八日、十九日、廿三日，（七月）十三日，（八月）十六日，（九月）十九日、廿三日，（十月）初二日，（十一月）十九日、廿四日，（十二月）廿五日。二月、六月、九月，由初一到十九日都要吃素，據說二月十九是觀音誕日，六月是菩薩渡海，俗傳那天必然會落雨，九月十九是觀世音菩薩在大香山成道之期。這說法大約是來自民間流傳的香山寶卷，一般善女人都奉行不渝。

④司出納：掌管財物的支出和收入。

校勘記：

㈠「占女婿」，原本作「附占女婿」，疑誤，據目錄體例改作。

㈡「卦」，原本作「宮」，疑誤，據其文意改作。

㈢「鬼在其他五行，倣此類推」，原本脫漏，為完善原文內容補入。

13、占丈夫㈠

自占以應爻為夫，代占以鬼爻為夫。本宮出現者，為正夫。不分內外。年月日時他宮見者，為偏夫也。如卦有兩鬼出現，以陽爻得位為正夫，陰爻失位為偏夫。成婚曰正，空言而不成者曰偏。

如正卦㈡鬼在寅卯爻旺相，則木命者吉，女命屬午酉戌亥者吉。午生在寅，酉德在寅，卯與戌合，寅與亥合。如鬼臨空墓絕胎，加虎蛇、刑刃、亡劫旺動者死也。子孫旺動，帶虎蛇、刑刃、亡劫，來剋鬼者，鬼旺則有災病，衰則死也。若占夫病者，宜鬼衰，不宜鬼旺也。

又鬼下伏鬼與鬼下伏兄者，必兩姓貼夫營活也。

凡丈夫貧富、貴賤、帶疾、禍福，俱與世爻同斷。

校勘記：

㈠「占丈夫」，原本作「附占丈夫」，疑誤，據目錄體例改作。

㈡「卦」，原本脱漏，為疏通文意補入。

14、六親分屬例

六親之屬，各有取義。

因彼而有我者，父母也。故父母之屬，多與其爻之干支同類。如父得甲寅爻，母得乙卯爻，若不犯刑破空剋，則父必屬虎，母必屬兔。若犯四直刑破空剋，然後以三合六合推其所屬。如父母爻得甲寅，則甲與己合，己年生。三合在午戌，當屬犬馬。六合在亥，當屬豬是也。

因我而有彼者，子孫也。故子孫之屬，以納音取之。如子孫臨甲子乙丑爻，其納音屬金，必申酉年生，乃屬猴與雞也。又須看大限小限，遊年太歲，正值子孫位，或在生合子孫之位，更得太歲貴馬德喜，聚於子孫爻上，又不犯刑破空剋，則得子孫之正屬，方可決其生此金命之子。若子爻自刑，辰午酉亥。又被四直刑害剋破者，往往於合處。

如子孫爻納音得水，則六合在丑寅，屬牛屬虎。寅合亥，子合丑也。三合在申辰卯未，屬猴龍，屬兔羊。申子辰三合，亥卯未三合也。

又凡四直干支，與子孫爻相生合者，必天性和順，聰明起家之子。若四直干支，刑害剋破子孫爻，與子孫爻刑害剋破四直者，俱主天性忤逆，自生此子之後，家道式微，父子失恩，難相保守。

又凡子孫值陰爻，尤忌自刑，辰午㊀酉亥是也。不問衰旺，皆於子孫不利。

妻妾因我而有者，為性體相異之倫。吉凶之極，各歸正屬。

如《雷火豐》卦：

本宮內卦戊午妻財為匿刑，伏三爻己亥兄弟下，若帶兇殺來剋庚申世爻，其妻必屬馬。

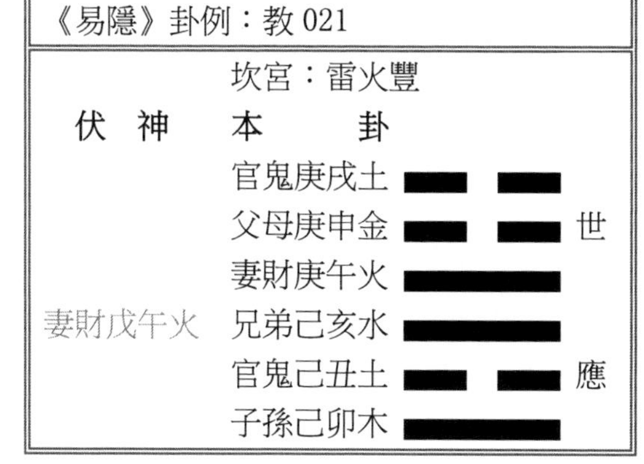
《易隱》卦例：教 021

伏神	本卦		
	坎宮：雷火豐		
	官鬼庚戌土	▅▅ ▅▅	
	父母庚申金	▅▅ ▅▅	世
	妻財庚午火	▅▅▅▅▅	
妻財戊午火	兄弟己亥水	▅▅▅▅▅	
	官鬼己丑土	▅▅ ▅▅	應
	子孫己卯木	▅▅▅▅▅	

又如《地山謙》卦：

癸亥爻持世，本宮內卦丁卯財，伏二爻丙午官下，來三合世，若帶貴馬德祿，其妻必屬兔。

又如《雷風恒》卦：

世持辛酉金鬼，伏下庚辰主財，俱為匿刑。應爻庚戌妻財為正妻，來害酉世。主其人別有寵妾嬖婢，淫縱無禮，為妻所嗔也。

《易隱》卦例：教 022

伏神	本卦（兌宮：地山謙）		
	兄弟癸酉金	▅▅ ▅▅	
	子孫癸亥水	▅▅ ▅▅	世
	父母癸丑土	▅▅ ▅▅	
	兄弟丙申金	▅▅▅▅▅	
妻財丁卯木	官鬼丙午火	▅▅ ▅▅	應
	父母丙辰土	▅▅ ▅▅	

《易隱》卦例：教 023

伏神	本卦（震宮：雷風恒）		
	妻財庚戌土	▅▅ ▅▅	應
	官鬼庚申金	▅▅ ▅▅	
	子孫庚午火	▅▅▅▅▅	
妻財庚辰土	官鬼辛酉金	▅▅▅▅▅	世
	父母辛亥水	▅▅▅▅▅	
	妻財辛丑土	▅▅ ▅▅	

凡妻財之爻，有德合貴馬會聚，主財貨豐盈，德色殊美。若值空亡刑破無氣者，必貧苦乖離。更帶兇殺來刑害身世者，終有陰謀之害，或禍起妻妾，累及其身也。

兄弟為同類之親，奇為兄弟，偶為姊妹。

兄與姊生在己身之前，其屬與父母同論。若其爻不犯四直刑破空剋，帶貴馬德合者，則兄姊之屬與爻同體。若犯刑破空剋，則屬三六合也。弟與妹生在己身之後，其屬與子孫同論，亦以納音取之。以小限大限，與遊年太歲，到生合兄弟之位，或臨兄弟之位，生弟與妹也。奇生弟，偶生妹，以兄弟長生之月，斷其生期。此惟遊年太歲干支，與兄弟爻三六合，再得歲中貴馬德祿相聚，不犯刑破空剋，故得納音之正屬也。如兄弟爻自刑，更犯歲月日時空破，必歸納音之三六合也。

大都身命卦中，貴馬德合，最喜聚于子孫、妻妾、官鬼三爻上，主榮貴己身，慶流後裔。若父母兄弟爻貴殺臨之，主富貴在其父母兄弟，己不過受其恩蔭，福亦尠①矣。出《神鑒經》。

注釋

①尠（xiǎn）：非常少。

校勘記：

㊀「辰午」，原本脱漏，據自刑體例補入。

（五）、貴賤貧富

《歸藏約論》曰：「刑勝德者亡，德勝刑者昌」。故世犯三刑兩破，歲破、月破。壯年必死于兵刑。身逢四德天德、月德、干德、支德。三合，沒齒猶臻乎餘慶。世鬼空亡，利祿莫求於朝市。德貴相扶，養道好棲于雲水。貴人乃吉福之先，驛馬為官權之主。貴人聚于一爻，祿位巍巍。四馬會於官位，功名奕奕。德星喜貴人相扶，刑殺畏墓神相並。神就其刑者，為禍最重。殺會其德者，降福非輕。天馬則自下而升高，劫殺則從勞而至逸。大殺則權傾中外，亡神則憔悴身心。華蓋慈悲，榮敷三代。將星威猛，勇冠千軍。福神旺而伴將星，名鎮華夷。貴刃興而加龍德，職隆將帥。官星佩印居玉堂，乃食天祿。貴刃加刑跨寶馬，必帥三軍。貴坐桃花並玄武，羅綺叢中為活計。孤臨華蓋坐白虎，煙霞深處作問身。陰爻值福，怕遇匿刑。貴殺無官，懼逢刑破。詳細推之，纖微可究。

1、斷貴賤

占己看世，占人看應。占六親九族，看內卦外卦，與飛位之用神。占官宦①看鬼，占婢看財。占傭奴、僧道看福，占朋友看兄弟。俱一例推之。富貧、帶疾、禍福皆同。

凡四直貴馬聚於用爻，更德合相扶，旺相得位，在官印陽爻者，必位極人臣，富貴殊絕，五福全享也。值祿馬貴人龍德會於一爻，無刑破剋害者貴。加白虎、刑刃、大殺者為將帥。

陽爻金旺，必掌兵刑。陰爻金衰，亦為司理②。陽爻木旺，必作冬官③。陰爻木衰，亦理賦稅。陽爻水旺，必任監漕④。陰爻水休，亦職水利。陽爻火旺，督學⑤詞林，在午爻必為司馬⑥。陰爻火衰，文學⑦、爐場。陽爻土旺，司農、方伯⑧。陰爻土衰，郡守⑨、邑宰⑩。

太歲臨官貴生世，帶福祿在四五爻者，朝仕⑪也。月將臨官貴生世，帶驛馬在二爻者，州郡之守也。日辰臨官貴生世，帶驛馬在二爻者，縣宰之屬也。太歲生持官印爻，帶祿馬歲貴者，甲也。月將生持官印爻，帶祿馬月貴者，科也。日建生持官印爻，帶祿馬日貴者，明經也。

官貴加巳午有氣者，正途出身也。官貴加辰戌有氣者，異路出身也。世持官貴祿馬，而四直動變無文書來生合者，吏⑫員出身也。世持金，加官貴，得日辰、動爻、化爻主財來生合者，乃倉場庫獄、驛典之官也。有官貴祿而無印者，旺則佐貳⑬，衰則恩生⑭也。貴遇金刃者，旺則把總⑮，衰則總旗⑯之類也。詳見《官祿占》內。

又祿馬貴人持世，而無氣者，富貴退田之人也。旺動變衰空，先貴後賤也。休敗化生旺，先寂後榮也。官生祿死者，不顯也。爻旺身衰者，不榮也。祿貴長生者，義壽之官也。

貴官衰逢沖剋者，公門⑰中人也。帶鬼為吏，帶父為書，帶財為差役⑱，財入勾玄為應捕⑲，帶福為門子⑳，帶兄弟為掌管頭領也。官臨貫索者，衙吏㉑也。帶馬前六害者，胥卒㉒也。貴官空旺，非清修道士，必玄門掌教者也。

父加龍德雀喜者，文名蓋代也。父旺帶祿伏子者，非幕賓㉓，必舌耕㉔者也。福旺身空，與父休伏子者，窮措大㉕也。父伏財下，株守㉖者也。父伏兄下，貧寒者也。旺靜無傷，安閒一世也。

空世逢沖，奔走東西也。殺動無刑無制，到老孤貧也。祿絕逢刑逢沖，終身偃蹇也。匿刑帶孤寡，惸獨㉗之流也。

兄動帶桃花，酒色之徒也。飛宮財下伏兄，薄藝聊生也。

財加劫殺，孤寒貧困也。土財月建，店業營生也。

父空旺者，星相㉘也。鬼空旺者，醫卜㉙也。

木下伏水者，舟子㉚也。父加刦殺者，裁縫也。木財空旺者，樵蘇㉛擔賣也。土福旺者，農夫也。金木火三合者，陶冶也。

水財生旺，帶天罡殺者，漁父也。金財生旺，帶天罡殺者，獵戶也。

財入《離》火生旺者，牙行市儈㉜也。財加刑刃者，屠劊也。帶祿馬墓於外卦者，江湖散人也。福加華蓋孤辰者，僧道也。

木財帶合者，箍桶也。木財逢沖者，秤店也。金財帶龍逢沖者，天平㉝、戥㊀子㉞店也。父加刦殺，在《乾》宮六爻者，巾帽鋪也。加龍貴，則官帽鋪也。在《震》宮初爻者，鞋鋪也。水財帶咸池，在《坎》宮動者，開染店也。福加酉動，下伏財者，葷素酒店也。馬蛇加金財動者，鍛㊁磨也。馬蛇加木財動者，箍櫳㉟也。《坤》宮馬加金財動，並破碎殺者，開磨坊也。用在內卦臨旺財，或外財來生合用，加胎養者，坐賈也。用居外卦臨旺財，加長生者，行商也。若值三傳刑沖，必微利販賣之人也。

又凡世身居五六爻休廢，或帶馬，逢兄子亂動者，必賤人，出祖離宗者也。子世伏父，老必孤也。財世伏兄，一生貧也。兄世伏鬼，多勞苦也。父世伏財，百不成也。財世伏父，多壽促也。壽以父母為用。

注釋

①官宦：泛指官員。

②司理：官名。五代以來，諸州皆有馬步獄，以牙校充馬步都虞侯，掌刑法。主管獄訟刑罰。

③冬官：上古設置官職，以四季命名。據《周禮》，周代設六官，司空稱為冬官，掌管工程製作。後世亦以冬官為工部的通稱。

④監漕：掌管舟楫、漕運的官員。

⑤督學：是提督學政或督學使者的簡稱。

⑥司馬：古代官名，古代中央政府中掌管軍政和軍賦的長官。

⑦文學：儒生。亦泛指有學問的人。

⑧司農、方伯：司農：官名。漢始置，掌錢穀之事。方伯：殷周時代一方諸侯之長。後泛稱地方長官。漢之刺史，唐之採訪使、觀察使，明清之布政使，均稱「方伯」。

⑨郡守：郡的長官，主一郡之政事。秦廢封建設郡縣，郡置守、丞、尉各一人。漢唐因之。宋以後郡改府，知府亦稱郡守。

⑩邑（yì）宰：縣邑之長。即縣令。

⑪朝仕：指在京城做官。

⑫吏（lì）：指一般的小官員或吏卒。吏員：指地方官府中的小官。

⑬佐貳（zuǒ èr）：舊時指擔任副職的官吏。明清時，凡知府、知州、知縣的輔佐官：如通判、州同、縣丞等，統稱佐貳。其品級略低於主管官。

⑭恩生：明代品官子弟有官生和恩生之別。依例蔭入監者謂之官生。出自特恩者，不限官品，謂之恩生。參閱《明史·選舉志一》。

⑮把總：明清兩代鎮守某地的武官，職位次於千總。

⑯總旗：明代軍隊編制五十人為總旗，十人為小旗。

⑰公門：官署，衙門。

⑱差役：舊稱在官府中當差的人。

⑲應捕：古時緝捕盜賊的吏役。

⑳門子：舊時在官府或有錢人家看門通報的人。

㉑衙（yá）吏：衙門中的小官。

㉒胥卒：小官、兵卒。

㉓幕賓：官員手下的謀士。

㉔舌耕：授徒者恃口說以謀生。大約現代的老師。

㉕窮措大：舊時對貧寒的讀書人的輕慢稱呼：窮措大。

㉖株守：死守不放。比喻安守故常，不求進取。

㉗惸（qióng）獨：孤獨。

㉘星相：指算命先生。

㉙醫卜：指醫生和卜卦。

㉚舟子：駕船的人。亦稱「船夫」。

㉛樵蘇：打柴砍草的人。

㉜牙行市儈（kuài）：指為買賣雙方說合交易而從中收取傭金的商行和人。現泛指唯利是圖的人。

㉝天平：衡器。杠杆兩頭懸以盤，一盤置所稱物，一盤置砝碼，以稱物體。

㉞戥（děng）子：用以稱量微量物品的小型桿秤。最大單位以兩計，最小以厘計。

㉟櫳（lóng）：指關野獸的柵欄；囚車。

校勘記：

㈠「戥」，原本作「等」，疑誤，據其文意改作。

㈡「鍛」，原本作「斷」，疑誤，據其文意改作。

2、六神斷貴賤

青龍入《震》《巽》宮，遇貴馬德合，臨官印陽爻，旺相得位者，必為館閣清要之官。在《震》宮，名助威。在《坎》宮，名乘雲，主驟進早達。在午爻，則多財寶。在戌爻，則有權衡。在寅爻，則有賢子孫。在申爻，名潛蟄①，又名折足②。在乙未爻，名隱伏。在酉爻，名喪身。在癸酉爻，名制鎖。皆滅其威力，不為厚福也。若庶人之家，龍入木，嫻禮義也。入土，值裡役也。旺則富，衰則先富後貧也。入水火，灶戸也。入金，軍匠也。

朱雀入《離》宮，遇貴馬德合，臨官印陽爻，旺相得位者，必為詞林督學之官。入《震》宮庚寅爻，名學堂。並貴馬德合有氣，必文章名世，富貴早達。在《坎》宮，名泣險，若犯刑破，主生平多憂苦危厄。庶民之家，雀空墓，陶冶也。雀空旺，術士師巫也。雀福旺，梨園也。雀入巳，父無氣，詞訟起滅人也。雀入火，臨祿貴，讀書好名人也。入金刃，軍卒也。加大殺、刼殺、日月建者，工匠也。入水，鹽灶戶也。入陽爻寅木者，巫也。入陰爻卯木者，祝也。

勾陳入《坤》《艮》宮，同貴馬德合，臨官印陽爻，旺相得位者，必司農、京兆③、方伯、屯田④、巡城之官。在《乾》宮，名登天。入壬申爻，名生德。若見貴馬德合旺相者，主有戰伐功勳，或捕獲寇盜，因得爵祿，有威武之名。在《震》宮庚寅爻為執仇，庚辰爻為刑墓，更犯休囚刑害剋破，其人必好鬥好訟，多遭刑獄。庶民之家，勾入土生旺，值裡役也。入土休囚，躬稼穡⑤也。入金，刀工針藝也。入木，斧伐漆織也。入火，徧役⑥也，旺則傾銷窯匠也。入水，泥水匠也。

騰蛇入《巽》宮，並貴馬德合，居官印陽爻，旺相得位者，必詞林、衡文⑦、風憲⑧之職。入《艮》宮，名在山。在丙辰爻，名入穴，又名帶角。主為人淑善，雖刑不凶。入《乾》宮寅申爻，名變化。見德合貴馬旺相，主驟發，得貴人提挈。入《坤》宮癸亥爻，《坎》宮戊子爻，名破首。更無氣犯刑害剋破，主為怪物驚死，或食惡物而死。但看卦中來刑害剋破之神，是何物類，則知為何物所傷也。庶人之中，遇蛇，主不務農業而逐末者。如逢生旺，乃九流之人。遇刑沖並墓，必藝術之人。分金木水火土而別言之。帶祿，坐賈也。帶馬，行商也。入金，銅鐵鑞⑨匠也。金旺帶德貴，金銀珠寶鋪也。金衰帶德貴，在《離》宮者，緞㊀絹鋪也。日並金動，刀針類也。入火，傾銷織紅也。入水，漂洗淘沙也，或蓑笠、傘鋪也。入木，興修漆畫也。寅木加華蓋，莊塑佛像也。入卯木，梳掠香盒、花草鋪也。入辰土，磁器、缸甕⑩鋪也。入戌土，鎖鑰、靴屐鋪也。入丑土，轎鋪鞋鋪也。入未土，鐫印章、酒館也。又入土，為磊砌堊墁也。入巳火，畫工、磚瓦匠也。入午火，書紙鋪也。入火加財，織錦攀花也。臨丑午財，販牛馬也。臨亥未財，販豬羊也。臨酉財，販雞鵝鴨也。臨酉福，販酒也。又蛇加刃，輕賤人也。

白虎入《乾》《兌》宮，同貴馬德合，臨官印陽爻，旺相得位者，必為將帥、司馬之官。入《坎》宮，名陷井。在戊寅爻，名中機。縱有貴殺，亦減其威。若加刑破剋害，為災尤甚。在《巽》宮，名從風。遇貴殺，主騰達疾速。在辛酉爻，必因兵革奏凱，得食天祿。在辛卯辛巳爻，犯刑破剋害而無氣者，主其人瘋病惡疾，與相沖流年，或爻逢三合之年，發出病來。白屋之家，虎入火，文章之士。加官貴，刑憲之官。入水，灶戶也。入土，民籍也。入金，旺相帶刃貴，把總之類，衰則哨長之類。休囚不見貴，則屠宰之流，或爪牙之屬。入木，民壯也。臨刃加大殺，非強兵必獵戶也。

玄武臨《坎》宮水爻，並貴馬德合，居官印陽爻，旺相得位者，必為漕鹽、河道、水利之職。衰則緝捕之官，或因剿寇獲盜而得官爵。入《艮》宮丙辰爻，名抵刑。入墓，更無氣，主貧病夭折。入《兌》宮丁巳爻，更同亡神、劫殺者，其人必為盜賊，而死於極刑也。庶民之中，逢武鬼加天賊，必為賊。加天盜，必為盜。加金刃、劫殺，必劫盜也。加兄刃，必不良人也。入火，爪牙之屬。火加祿，煎燒之屬。入水，舟子、網罟、淘沙之人。入土，乃設合之人。入木兄，賭博厭群之輩。玄武會咸池，花街柳陌之長，否則丐戶也。

注釋

①潛蟄（zhé）：潛伏。

②折足：是「折足覆餗（fù sù）的」省作。《易・鼎》：「鼎折足，覆公餗」。餗，鼎中的食物。覆餗，謂傾覆鼎中的珍饌。比喻力不能勝任，必至敗事。

③京兆：指京兆尹，即京師的地方長官。

④屯田：專司屯田的機構和官員。宋高承《事物紀原・三省綱轄・屯田》：「漢昭帝始置屯田，而成帝置尚書郎一人，主戶口墾田，此蓋尚書屯田之始也」。

⑤躬（gōng）稼穡：指自身耕種和收穫。也泛指農業勞動。

⑥衙役：指在衙門中當差的人。

⑦衡文：品評文章。特指主持科舉考試。

⑧風憲：泛指監察、法紀部門。古代御史掌糾彈百官，正吏治之職，故以「風憲」稱御史。

⑨鑞（là）：錫鉛合金，可以焊接金屬，亦可製造器物，也叫「白鑞」或「錫鑞」。

⑩缸甕（gāng wèng）：指陶器。

校勘記：

㈠「緞」，原本作「段」，疑誤，據其文意改作。

易隱卷二

明 東粵遊南子 曹九錫 輯
男 橫琴居士 璿 演

身命占

3、斷貧富

財投旺庫者富，祿財聚旺者富，龍德財福旺持者富，財福帶月日動變來生合世身者富。

財居辰戌丑未四庫旺相者，農工商賈致富。財居寅申巳亥四生旺相者，他鄉致富。財居子午卯酉四正生旺者，九流藝術致富。

太歲加財扶世，富繇①祖業。月將加財扶世，富繇父兄。月建加財扶世，富繇妻子。

他宮外卦財來生合世，外省獲利成家。本宮內卦財來生合世，本境貿易起家。本宮內卦六親，動爻、化爻財來生合，得內親財起家。本宮外卦六親，動爻、化爻財來生合，得外親財起家。外卦他宮，動變財來生合，得遠方人財起家。內卦他宮，動變財來生合，得鄰里財起家。官加貴旺，化財來生合，得仕宦之財起家。官加劫刃玄武三刑，化財來生合，得兇惡之財起家。在五爻者，五為道路。乃拾得盜賊遺棄之財起家也。財化財來生合，放債貿易起家。加玄武咸池者，必私通外婦，因得其財也。兄加武動化財，以剋剝吝嗇②起家。兄加雀動化財，以賭博起家。福德化財來生合，得牲販蠶畜、僧道財起家。父母化財來生合，得賣屋宅之資起家。勾陳土化財來生合，得賣田產之資起家。

財臨旺馬，則江湖覓利也。財臨衰馬，則勞碌成家也。財逢空馬，則市井經營也。祿財旺相，遇刑沖者，險處成家也。貴刃旺相，刑財祿者，凶中得業也。若旺財加虎刃者，必濁富③也。

正卦無財變卦有，或世財死絕，化生旺者，先貧後富也。正卦有財變卦無，或世財生旺，化死絕空破者，先富後貧也。

至於世兄空動，財子無氣者，本宮休空，世被日沖，帶兄鬼、二耗、破碎殺者，用財死絕者，用財化空絕死破官鬼兄弟者，六爻無財者，財伏兄鬼下者，皆主貧也。

欲知何事破家，但看用加兄動也。
兄加龍動，喜悅而破也。文雅風騷，結交仕宦，婚嫁、謀官、買妾、建造是也。
兄加雀動，是非而破也。言語衝撞，結交書吏④，出入公門，用財勝訟是也。
兄加勾動，心高而破也。奢架房屋，貪買田產，重疊不明，或託借銀兩，被人捲去是也。
兄加蛇動，疑惑而破也。傾信妖妄⑤，求神賽願⑥，演戲設醮⑦，中保牽連⑧是也。
兄加虎動，兇橫而破也。喪孝重疊，爭鬥奪繼，誣賴人命，殺傷謀害是也。
兄加武動，不謹而破也。盜賊攀害，被人拖欠，賭博嫖飲，小人婦女生端擾害是也。
此貧富之占也。
若乃家資之多少，則取財爻之納甲。周先天甲己子午九，乙庚丑未八，丙辛寅申七，丁壬卯酉六，戊癸辰戌五，巳亥常加四之數推之。俱以本宮出現之財爻為主，不現則取伏財。如卦有二財出現，則兼取之。
又有大象為本宮之財者，亦取其卦之干支兼論之。如壬甲戌亥《乾》，乙癸未申《坤》，丙丑寅《艮》，辛辰巳《巽》，戊子在《坎》，己午在《離》，庚卯在《震》，丁酉在《兌》是也。

如純《乾》卦，二爻甲寅為財。甲九數，寅七數，共十六數。

大富，則十進千，六進百，為一萬六千也。

中富，則十進百，六進十，為一千六百也。

下富，則十進十，六亦進十，為一百六十也。

如小戶，則但以一水、二火、三木、四金、五土之數推之。如《乾》宮寅木財，木三數，則一進十，乃三十兩也。

以上並旺相加倍，休如數，囚死減半。若太歲貴馬福祿，聚於財爻者，更益其一倍。月建貴馬福祿，聚於財爻者，更益其半。太歲刑破財爻者，減其半。月建刑破財爻者，減其三分之一。若貴殺合益，刑破合損，更不增損，止得常數。

又有爻與宮俱空破死絕者，如甲申年，壬申月，甲子旬，庚午日，卜得純《乾》卦：

《易隱》卦例：教 024

時間：甲申年　壬申月　甲子旬　庚午日（旬空：戌亥）

乾宮：乾為天（六沖）

本　　卦

父母壬戌土 ▅▅▅▅▅ 世
兄弟壬申金 ▅▅▅▅▅
官鬼壬午火 ▅▅▅▅▅
父母甲辰土 ▅▅▅▅▅ 應
妻財甲寅木 ▅▅▅▅▅
子孫甲子水 ▅▅▅▅▅

財爻刑破絕于歲月申中，死於日建午中，本宮戌亥又空於甲子旬中，雖有石崇之富⑨，不旋踵⑩而傾蕩無餘也。

又如《天風姤》卦：

六爻無財，《巽》為木，亦《乾》宮之財。《巽》宮二爻下，伏本宮甲寅財。《巽》卦天干辛，地支辰巳，辛七數，辰五數，巳四數，共十六。又加伏爻甲寅亦十六，共三十二數。大富，則三十進三千，二進二百，為三萬二千。中富，則三十進三百，二進二十，為三千二百也。小富，則三㊀十進十，二進二十㊁，為三百二十也。各以十倍之法增之。小戶，亦以五行之數，一進十而推之。如前法，旺相加倍，休如數，囚死減半。歲月貴殺，與歲月刑破，俱照例益損也。出《占燈法》。

凡斷貴賤貧富，不拘遠祖近宗，一本九族之親，遠方鄉里之人，官宦下賤之輩，俱依此法斷之。

又須知，吉者，遇死墓絕胎，刑害剋破，則減其福。凶者，逢貴馬德喜，龍福生合，則減其禍。不可一概言之。

《易隱》卦例：教 025

乾宮：天風姤

伏神	本卦		
	父母壬戌土	▅▅▅▅▅	
	兄弟壬申金	▅▅▅▅▅	
	官鬼壬午火	▅▅▅▅▅	應
	兄弟辛酉金	▅▅▅▅▅	
妻財甲寅木	子孫辛亥水	▅▅▅▅▅	
	父母辛丑土	▅▅　▅▅	世

虎易按：文中的數位計算方式，表達與現代方式不一樣，個別還有錯誤。提示讀者注意分辨。舉例如下：

「如純《乾》卦，二爻甲寅爲財。甲九數，寅七數，共十六數。大富，則十進千，六進百，爲一萬六千也」。以「十進千」，一在十位，進千可爲一萬，但「六進百」，六在個位，進百也只能是六百，而不當爲六千。

「又如《天風姤》卦，、、、、、、共三十二數。大富，則三十進三千，二進二百，爲三萬二千。中富，則三十進三百，二進二十，爲三千二百也。小富，則十進十，二進二，爲三百二十也。各以十倍之法增之。」此處對「小富」的描述，也有脫漏，三在十位，進十當爲三百，二在個位，進二當爲四。

注釋

①繇（yáo）：從、自。

②吝嗇（lìn sè）：小氣，當用而捨不得用，過分愛惜自己的錢財。

③濁富：不義而富。與「清貧」相對。

④書吏：承辦文書的吏員。

⑤妖妄：指怪異荒誕之說。也指妖術，旁門左道。

⑥求神賽願：謂向神祈禱。祭神還願。
⑦設醮：道士設立道場祈福消災。
⑧中保牽連：居中為人擔保，而被牽連。
⑨石崇之富：石崇（249年—300年），字季倫，小名齊奴，生於青州，祖籍渤海南皮（今河北南皮縣）。西晉司徒石苞的第六子，西晉著名官吏、盜賊。「在荊州，劫遠使商客，致富不貲」。為人奢暴好殺，八王之亂時遭孫秀誣陷，被處死。參閱《晉書・列傳第三・石崇》。
⑩旋踵（zhǒng）：掉轉腳跟。比喻時間極短。

校勘記：

㈠「三」，原本脫漏，據前句行文體例補入。
㈡「十」，原本脫漏，據前句行文體例補入。

（六）、禍福

《玉靈經》曰：「人生所遇禍福不常，胥①以六神取之。六神生合，各應其福。六神傷剋，各應其災」。

然六神又以占時太歲臨爻者為上，月建大六神次之，日建小六神又次之。

凡六神喜逢恩，要歸垣。剋忌神，生用神者吉。剋用神，生忌神者凶。

何謂逢恩？龍入水，雀入木，勾入火，蛇入木，虎入土，武入金是也。

何謂歸垣？春龍，夏雀，秋虎，冬武，三、九月勾，六、十二月蛇，為當權之歸垣。龍入木，雀入火，勾入辰戌，蛇入丑未，虎入金，武入水，為本象之歸垣也。

青龍臨太歲外動，歲內加官進財進祿。會天馬，同眾喜事。加驛馬，自己喜事。內動加德合福喜者，主孕育、婚姻、喜慶。遇凶鬼刑害剋破，主喜處招殃。或因花酒，或作保為媒，或行善願，或往喜慶之家致禍。仕宦公門，以升遷、薦舉、朝賀、問饋之失致禍也。

朱雀臨太歲外動，有加官進職，應舉文書之喜。內動有分離、火驚、口舌、官非事。加兄鬼刑害剋破，主因怒氣生災。或文書，或寄信，或喧嘩、詞訟，或往火場，銃炮、流星之類致禍。仕宦則或以宣敕②、給由③、文移④、表章⑤、申詳⑥之失，或因譏諷⑦、彈劾⑧致禍也。

勾陳臨太歲，並貴馬財祿外動，主加官祿⑨進田產喜事。內動主災患纏擾，不能擺脫。加官符，必有田產、婚姻之訟。加凶鬼刑害剋破，主蹼跌⑩瘟癀⑪，或改造，或安葬，或因田產，或往墓前致禍。仕宦，則或以城郭、封疆、田土、錢穀之失致禍也。

螣蛇臨太歲外動，主求謀多戾，外事牽連。內動主虛驚妖怪，夢寐不安。加凶鬼刑害剋破，主以動土起訟，官吏⑫需索不已。或以驚惶患病，或見妖怪，或病，或夢中魘倒⑬。仕宦，則或以己有虛詐，人有牽連致禍也。

白虎臨太歲外動，主武職升遷，遠行吉利，經營稱心。內動主血光孝服，刀兵⑭橫禍。加凶鬼刑害剋破，主往喪家，或戰鬥宰殺之所，或虎狼之窟致禍。仕宦，則以刀兵、喪亂⑮、殺戮⑯、征剿⑰致禍也。

玄武臨太歲外動，主舟行有盜賊之變；會吉神，則斬獲賊盜，或進舟船、魚鹽、酒醋之財。內動主家下陰私失脫，孕婦災咎。加鬼殺刑害剋破，主以水利、坑廁、陰人、酒館、花街，或往江湖飄洋致禍。仕宦，則有渡江涉海，遭逢盜賊，淫寵侍妾，痔漏之災。月日六神同斷。

注釋

①胥（xū）：都；皆。

②宣敕（chì）：宣與敕。為國家任命或調遣官員的正式文書。

③給由：官制名。由即「由來」、「來歷」。用之於人，即人之經歷、簡歷、履歷之

意。清沿明制，凡官員候升或候選時，其原屬上司衙門，應將其履歷及曾否受有處分等情具結行文諮送吏部，明代稱為給由，清代也稱文結，吏部必待人、文（即本人與文結）到部，始辦理掣選及候補手續；官員經銓升或題升後，其該管上司均先行諮文吏部，查核其履歷及有無處分等情，吏部應查明緣由諮復，稱為給由。

④文移：文書，公文。

⑤表章：封建時代臣子呈交帝王的陳述意見的文字。

⑥申詳：向上級官府詳細呈報。《唐六典・刑部》：「凡有冤滯不申欲訴理者……至尚書省左右丞為申詳之」。

⑦譏諷：用旁敲側擊或尖刻的話指摘或嘲笑對方的錯誤、缺點。

⑧彈劾（hé）：君主時代，擔任監察職務的官員，檢舉官吏的罪狀。

⑨官祿（lù）：官位和俸祿。

⑩蹼趺（pǔ diē）：向前跌倒。

⑪瘟癀（wēn huáng）：瘟疫。流行性急性傳染病的總稱。

⑫官吏：官員。亦為政府工作人員的總稱。

⑬魘（yǎn）倒：睡夢中感到身不能動，口不能言，常發生驚叫現象。

⑭刀兵：指戰爭。

⑮喪亂：死亡禍亂。後多以形容時勢或政局動亂。
⑯殺戮（lù）：大量殺害；屠殺。
⑰征剿：征討；征伐圍剿。

（七）、三限

《周易玄悟》曰：「凡大限小限生旺，帶貴馬德合、福祿龍喜、財子者吉。遇死墓胎絕，加刑害剋破、虎蛇亡劫、弔喪羊刃、大殺者凶。生合身世者吉，沖刑剋害世身者凶。限凶，則宜見德合以救。限吉，則惡見刑害相殘。吉逢沖剋，吉中有凶。凶逢解救，凶中有吉。吉多凶少為半吉，吉少凶多為半凶。其或吉凶相半，則憂喜俱無也」。

又曰：「限爻動，災殃易惹。限爻空，身若飄蓬。限值天羅辰、地網戌，加鬼殺者，數年之間，作事昏迷如夢也」。

《穿壬透易》曰：「限旺則胎福，限弱則孕禍。是猶懷孕在腹，乘時而生育也。故禍福之應，遇太歲觸之而動發。若問限中是何禍福，則以限神之性言之。貴人為福，則尊貴扶擢①，朝廷徵召。驛馬為福，則馳騁四方，致身雲路。德為慶會，合乃成期。鬼主傷殘，墓多蒙昧②。破須傾損，害必侵爭。刑則剋傷，沖多搖動。龍為婚姻孕育，雀見火燭官非，勾乃鬥爭訟獄，武則奸宄③陰私，虎為疾病死亡，蛇有驚惶怪異」。依此而斷，萬無一失。

注釋

①扶擢（zhuō）：扶持、幫助提拔。
②蒙昧：昏昧；愚昧。猶朦朧；迷糊。
③奸宄（guǐ）：指違法作亂的人。

1、身命取三限法

正卦管三十年，變卦管三十年，互卦管三十年。每爻五年為一限，共九十年。如卦值六爻安靜，而無變卦者，則正卦管三十年，互卦管三十年，再從升降取卦管三十年。

取之何如？凡在子寅辰午申戌陽時卜者，升初爻於上作卦。如正卦得《天風姤》，作《澤天夬》卦斷之。若丑亥酉未巳卯陰時卜者，降上爻於下作卦。如正卦得《天風姤》，作《天火同人》卦斷之。

又如《乾》、《坤》二卦，無互，不可升降者。動則正卦管三十年，變卦管三十年。復以變卦，隨陰陽時，取升降作卦。如前法，管三十年。若《乾》、《坤》二卦，又逢靜而無變者，則正卦管三十年，再以占人生命起卦。如甲子年、五月、十八日、酉時生人。即從子上起正月，則五月在辰上。又於辰上起初一日，則十八日在酉上。又于酉上起子時，則酉時在午上。酉屬《兌》，午屬《離》。即以酉臨午，得《澤火革》卦，管三十年。再以來占年月日時起卦，如甲子年、正月、十五日、卯時占。便從子上起正月，則正月即在子上。又於子上起初一日，則十五日在寅上。又于寅上起子時，則卯時到巳上。卯屬《震》，巳屬《巽》。即以卯臨巳，得《雷風恒》卦，管三十年，共九十年。

若年高至九旬以外者，再從正卦世爻，一年一位，隨陰陽順逆行之，以定吉凶。

按：此式出自龐眉道人《易學空青》抄本，言此式見於《八神筮法》，及李淳風《占燈法》，耶律氏《錦囊集》三書。世人鮮得其傳，故至《坤》《乾》無互，不動不變之卦，則不能通，惟此式為全備也。

虎易按：以上三限取卦方法，可備一說。讀者不可以為，此是唯一正確的方法，對於以其他方式取卦的方法，讀者也可在實踐中應用。

2、大限行運法

大限五年一度，行運世應兼取，單論天干。

如《天山遯》卦：

世丙火，應壬水，火數二，水數一，共三數，則三行運也。即於世上起三歲，至七歲，五年為一限。陽世順行，陰世逆行。甲丙戊庚壬為陽，乙丁己辛癸為陰。如《遯》卦二爻陰㊀世，則運宜逆㊁行。八歲至十二歲輪在初㊂爻，十三歲至十七㊃歲輪在六㊄爻。餘倣此。

如孩提未起運以前，即於世上起一歲斷之。出《管公口訣》。管公曰：「運乃天運，故從天干」。

《易隱》卦例：教 026		
乾宮：天山遯		
本　　卦		
父母壬戌土	▅▅▅▅▅	
兄弟壬申金	▅▅▅▅▅	應
官鬼壬午火	▅▅▅▅▅	
兄弟丙申金	▅▅▅▅▅	
官鬼丙午火	▅▅　▅▅	世
父母丙辰土	▅▅　▅▅	

校勘記：

㊀「陰」，原本作「陽」，疑誤，據其文意改作。

㊁「逆」，原本作「順」，疑誤，據其文意改作。

㊂「初」，原本作「三」，疑誤，據其文意改作。

㊃「七」，原本作「八」，疑誤，據其文意改作。

㊄「六」，原本作「四」，疑誤，據其文意改作。

3、小限行運法

小限一載一宮，亦世爻起數，陽順陰逆。亦正卦直三十年，變卦直三十年，互卦直三十年。其無互不變之卦，俱從前式取之。

4、推流年月建法①

陽世初爻起十一月，陰世初爻起五月，正變二卦並取，共成期年之運。

注釋

①推流年月建法：推流年和月建的方法。流年，是流年太歲的簡稱。古代認為歲星（即木星）十二年一周天（實為11.86年），因將黃道分為十二等分，以歲星所在部分作為歲名。但歲星運行方向自西向東，與將黃道分為十二支的方向正相反，故假設有一太歲星作與歲星運行相反的方向運動，以每年太歲所在的部分來紀年。如太歲在寅叫攝提格，在卯叫單閼等。又配以十歲陽，組成六十干支，用以紀年。參閱《爾雅·釋天》、《淮南子·天文訓》、《史記·天官書》、清王引之《經義述聞·太歲考》。月建，指農曆節令每月所建之辰。古代以北斗七星斗柄的運轉作為定季節的標準，將十二地支和十二個月份相配，用以紀月。通常以立春正月建寅、驚蟄二月建卯，清明三月建辰，立夏四月建巳，芒種五月建午，小暑六月建未，立秋七月建申，白露八月建酉，寒露九月建戌，立冬十月建亥，大雪十一月建子，小寒十二月建丑、如此周而復始。

5、三限飛行式

正卦、變卦、互卦，各從世爻起。如卜得《澤天夬》卦，化《雷天大壯》卦，互純《乾》卦，為例。正卦世爻丁火二數，應爻甲木三數，五行運也。

三限飛行式：大限行運法卦例

小限每卦管三十年，亦各從世爻起一歲，不如前論五起運。

虎易按：上列表格，是以圖表的方式，說明該例行運的運行方式。原文中多處無「歲」，據其文意補入。在左邊第一豎列，列入爻位。並將卦名，「正、變、互」卦，以及納甲卦式，列入表中，以便於讀者對照閱讀識別。

三限飛行式：大限行運法卦例

	澤天夬	雷天大壯	乾為天
	正　卦	變　卦	互　卦
	坤宮：澤天夬 本　　卦 兄弟丁未土 ▅▅ ▅▅ 子孫丁酉金 ▅▅▅▅▅ 世 妻財丁亥水 ▅▅▅▅▅ 兄弟甲辰土 ▅▅▅▅▅ 官鬼甲寅木 ▅▅▅▅▅ 應 妻財甲子水 ▅▅▅▅▅	坤宮：雷天大壯（六沖） 本　　卦 兄弟庚戌土 ▅▅ ▅▅ 子孫庚申金 ▅▅ ▅▅ 父母庚午火 ▅▅▅▅▅ 世 兄弟甲辰土 ▅▅▅▅▅ 官鬼甲寅木 ▅▅▅▅▅ 妻財甲子水 ▅▅▅▅▅ 應	乾宮：乾為天（六沖） 本　　卦 父母壬戌土 ▅▅▅▅▅ 世 兄弟壬申金 ▅▅▅▅▅ 官鬼壬午火 ▅▅▅▅▅ 父母甲辰土 ▅▅▅▅▅ 應 妻財甲寅木 ▅▅▅▅▅ 子孫甲子水 ▅▅▅▅▅
上爻	十歲至十四歲	四十五歲至四十九歲	**世爻：壬戌** 六十五歲至六十九歲
五爻	**世爻：丁酉** 大限起五歲至九歲	四十歲至四十四歲	九十歲至九十四歲
四爻	三十歲至三十四歲	**世爻：庚午** 三十五歲至三十九歲	八十五歲至八十九歲
三爻	二十五歲至二十九歲	六十歲至六十四歲	**應爻：甲辰** 八十歲至八十四歲
二爻	**應爻：甲寅** 二十歲至二十四歲	五十五歲至五十九歲	七十五歲至七十九歲
初爻	十五歲至十九歲	**應爻：甲子** 五十歲至五十四歲	七十歲至七十四歲

6、三限論

人生貴賤貧富不恒，或先榮後落，或先寂後馨①，皆以其時也。夫時者，旺衰刑德之所主也。旺相貴馬德合之爻，雖大象休囚，根基不厚，限逢旺爻吉神，亦主所為得意。凶剋刑破無氣之爻，縱大象旺相，根基殷厚，亦主蹇滯②災危，起自衰限也。故大限、小限，遇衰空刑破者凶，遇貴德合馬者吉。或限爻原有貴馬德合，臨生旺之位，適其爻動，變為死墓絕胎，或變為剋破刑害、空亡、退神，則吉化為凶。炎炎之際，忽爾寂寂，且有不測之禍。如刑沖剋害，空死墓絕胎之爻，化出貴馬德合，生旺，生扶退神者，是為有救，禍雖發而可解也。

按：長生訣，於日辰取之。《管公口訣》。

如寅日卜得《坎》宮《革》卦：

《易隱》卦例：教 027		
時間：寅日		
坎宮：澤火革		
本　　卦		
官鬼丁未土	▅▅　▅▅	
父母丁酉金	▅▅▅▅▅	
兄弟丁亥水	▅▅▅▅▅	世
兄弟己亥水	▅▅▅▅▅	
官鬼己丑土	▅▅　▅▅	
子孫己卯木	▅▅▅▅▅	應

四爻丁亥持世，為兄弟，《坎》卦屬水，亥又水爻，寅日大象爻神，俱入病鄉，故其人必多病，而氣稟虛弱也。

至於死墓絕胎四爻，凶尤甚。若有貴馬德合扶之，猶不免于太歲衰敗刑破之年，有重病災厄。若有刑破而無救，則將死之期也。

蓋限之吉凶，必遇歲君相觸而始發。凡遊年太歲與二限生合比和，更遇遊年太歲貴馬入限旺相，則主奮揚發福，凶限禍亦可輕。若限在死墓絕胎四凶之爻，更遇遊年太歲臨限衰處，立便為災。更看遊年太歲到處之限，與世爻刑破之有無，有刑破而無貴馬德合救之，不可度也。

如大限在寅，太歲在亥，限爻至長生處，其世雖處衰刑，亦主無事。若世在生旺貴馬德合之爻，更遊年太歲貴馬德合入限，其年必大發財祿。

如限在申爻，其爻屬四凶。遊年太歲在戌，又值申金衰處，若世爻在辰未二位，戌年沖辰刑未，是有刑破也，其人主四月有病：為四月建巳，刑申限也，世爻屬土，四月土絕，故有災病。

又限在申爻，居四凶之位，看其爻是何親屬，有氣無氣。如值太歲無氣之年，又被太歲刑害剋破者，或爻屬父母，或爻屬兄弟妻子，則其年先有父母兄弟妻子之憂，後有自身之災難也。若限逢太歲旺相之年，更有流年貴馬德合入其爻上，則其年先須父母兄弟子孫發達，妻妾得喜，然後福澤得及其身也。看限爻上是何親好。仍要與世不相刑害剋破，乃為吉耳。

又如丁酉年、戊申月、甲申日，卜得《雷天大壯》卦：

《易隱》卦例：教 028			
時間：丁酉年、戊申月、甲申日（旬空：午未）			
坤宮：雷天大壯（六沖）			
六神	本　卦		
玄武	兄弟庚戌土	▅▅　▅▅	
白虎	子孫庚申金	▅▅　▅▅	
騰蛇	父母庚午火	▅▅▅▅▅	世
勾陳	兄弟甲辰土	▅▅▅▅▅	
朱雀	官鬼甲寅木	▅▅▅▅▅	
青龍	妻財甲子水	▅▅▅▅▅	應

庚午持世，甲子臨應。庚金四數，甲木三數，共七數，乃七行運也。陽世順行，即從世上起七歲，乃午限也。申日火值病鄉，又午為匿刑，此人必多病。若飛宮六親同居此爻，即斷其親屬有病也。十二歲申限，十七歲戌限，廿③二歲子限，俱生旺之爻為吉。廿七歲交寅限，寅木絕于日建申中，又申日刑沖剋寅爻，且臨官鬼，名伏刑之鬼，其人若遇太歲巳午之年，必有災迍④。木病于巳，死於午也。寅德在未，未年稍可，申年酉年，限入太歲絕胎處，若不逢遊年太歲，貴馬德合解救，死更無疑。此命所以不死者，為申年驛馬在寅，酉年歲德在寅，故雖有極危之厄，瀕死而不至於死也。

又如限在午，其爻無氣，又為匿刑，其人自入此限，必多憂危災病。如太歲在寅、火生。卯、沐浴。辰、冠帶。巳、臨官。午、火旺。未、火衰。申火病。年，此數年雖行衰限，無甚危險。惟每年七月、火病。八月、火死。十月、火絕。十一月、火胎。有小災耳。九月午戌三合，雖墓不凶。為遊年太歲與限爻生合，未到四凶之處。若遇酉年、子年，而限中本無貴馬德合相扶者，必不可度。為午死於酉，胎於子也。戌亥之年，尤可度者，以午戌三合，午德在亥，此為救助耳。更看遊年太歲之前後，有何兇殺臨於世上與限上，或喪門、弔客、官符、病符、二耗、亡劫之類，諸殺各隨其凶性，言其禍福。察其限爻，是何親屬，即知禍福臨於何人也。如限爻在午，太歲在申，弔客在歲後二辰，正值午上，申為火之病鄉，看午爻是何親屬，必其人七月後有親屬之災，後有己身之災也。又如限在巳，居四凶之爻，遊年太歲在未，乃火限始衰處，遊年弔客在歲後二辰，正值巳上，看巳爻是何親屬，必其人正月前，先有親屬之憂，後有自身之憂也。

《歸藏易》曰：「限帶休氣，必多疾病。限帶囚氣，必多獄訟。吉神主限，凶災自輕。凶神主限，禍來難免。察其臨限之六神，則知禍福何自而起」。

注釋

①馨（xīn）：比喻聲譽流芳後世。

②蹇滯：困窘；不順遂。

③廿（niàn）：二十。

④災迍：災難；禍患。

（八）、歲君

太歲之遊年，禍福之吏神也。蓋身命之卦，限爻之吉凶，俱于占時四直上取之，以為異日禍福之驗。福伏于吉爻之中，禍伏於凶爻之中。伏者不觸則不發，故知禍福之發，觸以遊年之太歲也。如限爻本吉旺，而遊年太歲又值限之吉旺處，則吉與吉會，而應其吉也。限爻本凶衰，而遊年太歲又值限之凶衰處，則凶與凶會，而應其凶也。

二、斷帶疾延年

官鬼持身世爻，或持用爻，名貼身鬼。如帶破碎殺，主有破相。在《乾》宮，主頭面咳嗽之疾。《坎》主兩耳、腎家之疾。《艮》主兩臂、鼻背之疾。帶四廢，則腰曲背駝。《巽》主股膝、疝氣之疾。《震》主氣促、驚悸之疾①。《離》主眼目、心經之疾。《坤》主肚腹、胸胃之疾。《兑》主牙齒、缺唇之疾。又本命爻帶官鬼，加天刑、四廢殺，刑害剋沖身世者，必帶疾也。兇殺屬木主瘋癲，屬水主冷瘟，屬火主心目疾，屬土逢絕氣主痲瘋②，屬金逢絕氣主癱瘓。又用爻、世身爻伏鬼，被日辰並起者，主帶疾。《坎》宮，水㊀下伏土鬼，主耳聾。《震》《巽》宮，木下伏金鬼，主四肢帶疾。《離》宮，火下伏水鬼，主心目之疾。加羊刃，必青盲③。《坤》《艮》宮，土下伏木鬼，主蠱脹脾傷。《乾》宮，金㊁下伏火鬼，血竭容憔。《兑》宮，金下伏火鬼，主口疙唇缺。動爻化鬼亦然。

又用爻、世身爻伏鬼者，為胎裡宿疾。用爻世身化鬼，與鬼剋世身用爻者，則後來新染之疾也。

又《五殺歌》曰：「蹺啞盲聾朔④五端，但愁並起值孤鸞，旺則必危衰則滅，生扶合處一般般」。

五殺中惟地蹺殺，旺則蹺，衰則㾺⑤瘡，其餘四殺不分衰旺也。

以上鬼殺，若遇天醫、天解、月解，伏福化福者，不可泥此而論也。

注釋

①驚悸之疾：驚悸是指氣血虛弱，痰飲瘀血阻滯心脈，心失所養，心脈不暢等引起的以驚慌不安、心臟急劇跳動、不能自主為主要症狀的一種病證。

②麻瘋：亦作「麻風」。慢性傳染病，病原體是麻風桿菌。症狀是皮膚麻木，變厚，顏色變深，表面形成結節，毛髮脫落，感覺喪失，手指腳趾變形等。也叫癩或大麻風。

③青盲：眼科病症名。俗稱青光眼。症狀為視力逐漸減退，漸至失明，但眼的外觀沒有異常，亦無明顯不適感。

④蹺啞盲聾朔：指地蹺、天啞、雲聾、月盲、火朔。後倣此。

⑤㾺（lián）：《廣韻》瘌（hú）㾺，病也。

校勘記：

㊀「水」，原本作「金」，疑誤，據其文意改作。

㊁「金」，原本作「水」，疑誤，據其文意改作。

三、辯性情

（一）、以八卦論

用爻與世爻在《乾》，剛直好高，有德有威也。

在《坤》，性厚重，寡言笑，寬大能容也。

在《坎》，心情委曲，巇嶮①多威。凶則狡詐②心亂，事多更變也。

在《離》，明白剛烈，爽直有氣節。無氣，則性暴，作事有頭無尾也。

在《震》，志大言高，馳騖③聲名。凶則心多叵測④，胸無定見，心急事滯也。

在《巽》，性和柔，好卑奉。無氣，則隨波逐流也。

在《艮》，吉則安靜，有執持⑤。凶則事多退縮不前也。

在《兌》，性和悅，饒舌，見物多慼，好聲音、酒色。無氣，則奴顏婢膝也。

注釋

①巇嶮（xī xiǎn）：艱險；險惡。

②狡詐：狡猾奸詐。

③馳騖（chí wù）：奔走趨赴。

④叵（pǒ）測：不可預料，不可推測（含貶義）。

⑤執持：控制。操守。

（二）、以五行論

申金，主重義，馳騁聲譽。無氣，則好勇好殺，好音樂也。

酉金，主剛明不苟。無氣，則多貪欲，嗜酒色也。

寅木，主雍和，有文章材藝。無氣，則執持⑤散亂也。

卯木，主力健驍雄，剛直不阿。無氣，則心毒多機械也。

子水，主清高正直，不好好汙，智謀深沉。無氣，則浮浪不實，作事有初無終也。

亥水，主性圓通，與物和同。無氣，則譎詐輕淫也。

又水旺則性緩，衰則性急。發動，衝動，心多機變。若動逢合住，或臨死墓絕胎，必無知覺。如動逢沖散，則搏激之水，必是立志無恒，疑惑不定者也。巳火，主好華美修容，性快，不隱匿。無氣，性暴慢，生平饒為起滅也。午火，主強敏無私，好勝，為事急疾。無氣，剛暴無終，急終有慢也。辰戌土，主厚重，有威望，聰明正直，不信神物，不畏鬼怪。無氣，賦性酷毒也。丑未土，主寬宏廉直，耿介①無私，多仁多義。木庫為仁，金庫為義。無氣，則拙鈍無能而已。

注釋

①耿介：正直不阿，廉潔自持。

校勘記：

㊀「持」，原本作「拘」，疑誤，據其文意改作。

動財，則好奢不好學也。

化父，則憂道不憂貧也。

子世逢空，羊質而虎皮也。

兄持入招，酒囊而飯袋也。

世持鬼殺，笑裡藏刀也。鬼殺逢空，怒中無毒也。

（三）、以六親論

（四）、以六神論

青龍，則慈和樂易，明敏從容也。

朱雀，則快言語，多口舌。帶殺，則喜生是非，多招誹謗也。

勾陳，則厚重有規矩，行事遲鈍。不動，則無轉變也。

騰蛇，則多心機、疑慮，虛浮詐偽也。

白虎，則性急不仁，好勇鬥狠也。

玄武，則陰謀秘算，狡譎多端。同兄弟，則貪吝。加咸池，則淫邪①也。

龍逢蛇剋，媚而不忠也。虎逢龍剋，勇而有禮也。雀受剋傷者，多謗。蛇逢合制者，多智也。

財合玄，貪財好色也。子合玄，嗜酒多情也。兄合勾者魯鈍，福合龍者清和也。龍衰靜，樂饑自得也。虎加兄，小人跨霸也。玄加刃，量慳②見小也。

《燃犀錄》曰：「逢沖者伶俐，入墓者呆癡，臨刑害者多嗜殺，居胎養者欠老成。空動而無生無剋者，率意倡狂。靜而無剋無沖者，抗懷高潔。衰值時辰，器局卑偏。旺臨月將，度量淵宏。沖多好鬥，刑多好訟。帶貴，則有威德而不狂佞③。帶馬，則志四方而喜遨遊。帶德，則恭儉溫良。帶合，則從容和雅。八純性宜躁急，六合性必寬和也」。

注釋

①淫邪：邪惡；淫蕩。

②慳（qiān）：小氣，吝嗇。

③狂佞（nìng）：輕狂諂媚。

四、辨身體容貌

鬼谷分爻			
六爻	頭	髮	
五爻	耳、目、口	面、鬚、手	鼻、人中①
四爻	胸	背	乳
三爻	腹、小腹	臀、肛門	腰、小便②
二爻	股	膝	
初爻	足		

注釋

①人中：人的上唇正中凹下的部分。

②小便：指泌尿器官，也指生殖器。

（一）、形體

以卦身為用。

金瘦小，火形尖，木形長，土形矮，水柔而剛且多汗。

木旺胖長，衰則瘦長。土旺矮胖，衰則短小。

勾兄來刑剋，必矮子。金木臨死絕，更被刑害剋沖，瘦不可言。化出水木鬼，身多濕氣酸疼。土金逢合，行坐從容也。

（二）、頭

以六爻、《乾》宮、父母為用。辰戌鬼帶刑害動，或遇勾兄合住者，主縮頭。臨金，頭有異骨突出。以六神定其骨在何處，雀前，武后，龍左，虎右，勾蛇居中，或在四隅。帶刑，頭有角。金福動，必癩頭。木化火鬼，必白癩，或鬢有節疤。土頭縮，木頭長，火頭尖，水頭多汗。化木水鬼，主頭瘋。化火鬼，主頭疼。《乾》圓，《坤》方，《震》長，《巽》直。合則正，剋則歪，沖則搖。六爻帶火朔殺，頭必帶疾。忌臨鬼爻。

（三）、髮

以六爻、《震》《巽》宮、木、財為用。旺髮多，衰髮少。木髮長，金沙髮，水白髮。土髮短，戌土髮稀。六爻與初二爻合，髮長垂地。臨雀者赤，臨武者黑。臨虎者白，少年則髮剛硬。臨勾者黃，臨龍者滋潤整齊，臨蛇者捲曲而蓬鬆也。

（四）、面

以五爻、父母為用。

臨寅申巳亥，面尖。臨子午卯酉，面圓。臨辰戌丑未，面方厚。

《乾》面圓，《坤》面方。

父面大，財面秀美，子面福相，兄鬼面醜劣，或破相痲痣。

水浮腫，金瘦骨臉，火尖削枯燥，土豐額高準，木面青長。

鬼加蛇，面多皺紋。玄鬼，面有黑斑痣。火鬼動逢合，面有疤絆。卯鬼動，面主痲也。

（五）、相貌

以五爻為用。

龍貌膩潤，虎粗醜。勾局促，眉目攢聚。雀帶笑容，逢沖，則疾言遽色。武帶憂容，受刑剋，必是哭形。

凡帶騰蛇者，相必古怪，以來沖者斷之。武來沖，地角尖。雀來沖，眼必露。龍沖，左耳異常。虎沖，右耳異常。勾沖，鼻古怪。如無沖，即以五行斷之。水為口，火為目，木左耳，金右耳，土為鼻是也。

又如五爻不臨蛇，而蛇動來沖剋五爻者，則以五類斷之。加兄，項必結喉。加父，面有痲痣。加財，兩鬢蓬鬆，鬢捲曲。加鬼，必痲，或有破相。加福，耳目口鼻破相。亦以水口、火目、土鼻、金右耳、木左耳分之。

（六）、目

以五爻、《離》宮、火、福為用。

臨龍，睛點漆黑。臨虎，或虎旺動來剋，必白眼。臨勾雀，眼突出。臨武，淚眼。臨龍武，而被虎沖剋，眸子中有白點。臨蛇，必害眼。蛇衰，乃鼠眼。衰蛇加鬼，或蛇鬼動來沖合五爻，是吊眼。

逢月日沖，睛轉不定。動又逢沖，是頻睫眼。

《離》宮，火鬼，帶刑害動來傷，土主瞎，木主花，或吊眼。金主眇　，水主爛，火主露或赤眼。旺空，一目帶疾。衰空，或合住，微小近視。火旺動，目光如電。金鬼動，主帶疾。鬼帶月盲殺動，亦帶疾也。

注釋

①眇（miǎo）：一隻眼小。引申眼睛失明，或一目失明。

（七）、耳

以五爻、《坎》宮、子孫為用。

木龍左耳，金虎右耳也。

土鬼帶刑害動，或勾蛇動來合住者，耳必聾。旺空，一邊疾。金鬼，耳響。水鬼，耳出膿。金木化水鬼，亦流膿。木鬼，陽則耳癢，陰則耳痛。火鬼，耳生癰。加白虎，帶刑害者，耳必缺。鬼帶云聾殺動者，耳聾也。

（八）、鼻

以五爻、《艮》宮、土、福為用。

旺大，休小。化金木有氣，鼻息如雷。化水多鼻涕。化土鬼，帶刑害，鼻塌。化火鬼，有鼻衄①疾。化木財，多毫毛。

注釋

①衄（nǜ）：俗字作衂。鼻出血。

（九）、人中

以五爻、《兌》宮、土、福動合四爻者為用。旺相深，休囚淺。龍深，虎淺，蛇勾短。雀赤，武黑，或鼻氣濡濕[1]也。、

注釋

[1]濡（rú）濕：潮濕。

（十）、口

以五爻、《兌》宮、水、福為用。

《乾》口圓，《坤》口方。

《兌》宮丑未鬼，帶刑害動，陰則結舌、縮舌。陽則齲齒、缺唇。化金露齒，化木多鬚。陽土逢沖，掀唇。陰土逢沖，好談笑。臨勾遇合，懶言語。臨雀旺空，多誑語。化財，飲食粗。財遇沖，飲食速。遇合，飲食緩。財加龍貴，愛食嘉旨。水財蛇沖，必如豬食。土財虎沖，定是狼餐。木鬼舌大，火鬼聲氣短，水鬼言語多涎，金鬼缺齒，土鬼缺唇。土鬼逢沖者，結舌。如《兌》宮

金爻被傷，或勾蛇動來合住者，決然喑啞，《兌》為口，金為聲。然必四直皆無金，而朱雀又空絕者，方可斷之。不然，只結舌，非啞也。金旺動，聲響亮，空動愈響。動逢合，聲則低微。鬼加天啞殺動者，主喑啞也。

（十一）、鬚

以五爻、《震》《巽》宮、木、財為用。

火雀鬚赤，水玄鬚黑。土勾旺，黑短。衰，黃短。金虎，鬚白，或髯如戟。木鬚長，木財旺動，鬚多。蛇長而曲，龍長直而不亂。木龍逢死墓空絕，必無鬚。值死氣而逢胎養，微有鬚。旺則多，而衰必少。

又五爻亥鬼動，必胡嘴人也。

（十二）、手

以《艮》宮、兄弟為用。

六爻兄弟為肩、為大臂，五爻兄弟為小臂。勾加金，肩必聳。虎加金，臂有力。化出火土二鬼，必患搭手①。化出水木二鬼，或被水木鬼刑沖，必患濕氣酸疼。化木臂長，化木而生世剋應，必精拳棍。蛇鬼手曲。虎鬼加刑，及

《坎》宮兄弟無故自空者，必折臂。玄鬼加金，臂必刺字。金鬼加刃，主刀傷。木鬼加財，臂酸疼。木化木，臂多青筋。木動逢合，臂筋必牽，手難屈伸。更化兄弟，飲食不便。化土，臂必短。

四爻兄弟為手掌。水潤澤，火枯燥、手心熱。金潔白，土肥厚、或指短。木多毫毛，或指長。加龍，肌細潤澤。加虎，手粗硬。加蛇，掌多亂紋。加玄鬼，或帶刑害，掌多逆裂。加勾，掌厚。加雀，掌心熱也。

注釋

① 搭手：中醫學病症名。疽生於脊柱兩側（膀胱經部位），患者恰可以手觸及之，故名。有上、中、下之分。上搭手生於肺俞穴；中搭手生於近膏肓穴；下搭手生於腰窩旁肓門穴。參閱《醫宗金鑒・外科心法要訣・背部》。

（十三）、胸

以五爻，火、父為用。

又曰：「間爻陽為胸，陰為背」。

旺胸闊，休胸狹，合飽滿，剋凹進。

火化鬼，或動化火鬼，及持火鬼，俱主心氣痛，或有灸瘡。

水化鬼，或持水鬼，與化水鬼，胸有汗斑。加虎，白癜瘋，加雀勾蛇，赤紫癜瘋。

金化金，胸骨露。

水鬼化水鬼，常嘔血。

化出金父，必患癆瘵①。

注釋

①癆瘵（láo zhài）：肺結核病。俗稱肺癆。

（十四）、背

以五爻、《艮》宮、陰土、父母為用。

土勾旺，背豐厚。土蛇旺，脊有深坑。金虎旺，背露骨。

臨水兄，或水化兄，及化水兄，食多背汗。化火鬼，或火鬼來刑剋，曾患背疽，衰是灸瘡。

值陰土鬼，背跎。加勾蛇，跎甚。

（十五）、乳

以四爻、水、福為用。

旺乳大，休乳小。

金水，乳多。火土，乳少。木乳長，木財上有毫毛。

被鬼刑害，曾患乳癰。

（十六）、腹

以四爻、《坤》宮、土、父為用。

旺腹大，休腹小。

勾高，蛇凹。逢龍見合，腹必下滿。逢玄化鬼，腹常冷痛。

《坤》宮玄水鬼動，腹有黑斑㈠。雀火鬼動，紅斑㈡。金虎鬼動，白斑㈢。化出金土鬼，腹有痞塊。化火鬼，曾生腹癰。否則，針灸，或生瘡痍①。

注釋

①瘡痍（chuāng yí）：指瘡瘍。即瘡、癰、疽、癤等疾病，創傷。

校勘記：

㉓「斑」，原本作「班」，疑誤，據其文意改作。

（十七）、小肚

以三爻、妻財為用。

值土，臍必深。值金，筋骨露。值木財，丹田上有毫毛。

若二爻上有子孫來作合，必與陰毛相連。

若女人化出子孫，在《坤》宮者，必懷胎孕。子孫逢沖，將分娩。臨胎爻動，亦然。

（十八）、腰

以三爻、木、財為用。

值鬼動，腰常痛，或腰軟。衰絕遇合，或無故自空者，主腰軟。值火鬼，常患腰疽。金刃來刑害，必經刀斧傷。再加蛇，其痕尚在。若木帶蛇動，女必腰細善舞。

（十九）、臀

以三爻、土、父為用。

土加勾，臀厚大。土加蛇，臀尖削。加沖必凸。化火帶合，臀有癤瘢。陽左，陰右。合爻在下，瘢在下邊。合爻在上，瘢在上邊。合爻是福，瘢近小便。合爻是土財，瘢近肛門。動化木鬼，或木鬼來刑剋，曾加板責。加蛇，瘢痕尚在也。

（二十）、肛門

以三爻、妻財為用。

財化火鬼，或火鬼動來刑害財爻，必有瘡毒血症。化金鬼，則有痔漏。化水鬼，有脾泄症。財帶刑沖，有脫肛。

（二十一）、小便

以三㊀爻、子孫為用。

持鬼、伏鬼，主白濁、尿血、疝氣、淋帶之病。化鬼，為遺精、蛀幹、疽瘡、天泡之病。

如《巽》宮鬼動來刑害，必患疝氣。土鬼化福，必是偏墜。女人三爻為陰，若持官兄，或化官兄者，非是女身。如子孫逢空墓絕，而四直俱不帶子孫者，必石女也。

校勘記：

㈠「三」，原本作「二」，疑誤，據其文意改作。

（二十二）、股

以二爻、《巽》宮、兄弟為用。旺腿肥大，衰腿瘦劣。逢沖善走，旺動，行急耐遠。土行遲，金行穩，水步小而急，火行急而搖。值蛇，蛇行。值雀，雀步。值龍，行止端詳。值虎，闊步。金土逢勾，徐行緩步。動逢土合，懶於趨蹌①。父剋，腿瘦。臨木化財，腿多毫毛。官與日並，腿有瘡。化官伏官者，亦然也。

注釋

①趨蹌（qū qiàng）：形容步趨中節。

（二十三）、膝

以二爻、《震》宮、兄弟為用。持鬼、伏鬼、化鬼，或鬼動來刑剋害者，膝有病，或鶴膝瘋①。水濕氣，金木酸疼，火火丹②，土一足大。陽左，陰右。金鬼加羊刃來刑剋，主刀傷。鬼動逢合，膝難屈伸。鬼化土財，有筋牽病也。

注釋

①鶴膝瘋：兩膝疼痛，名鶴膝瘋。風勝則走注作痛，寒勝則如椎刺痛，濕勝則腫屈無力。

②火丹：中醫外科病名。即丹毒。

（二十四）、足

以初爻、《震》宮、兄弟為用。陽土腳背厚，陰土腳底厚。火尖削，金骨突出，木腳板長，水多腳汗。旺大，休小。木鬼動，腳氣。火鬼動，灸疤。水土鬼動，腳爛。如加蛇虎，又被刑害，及在《震》官無故自空者，主折足。

水化木鬼，木鬼化水，俱主濕氣酸疼，不便行走。若木鬼化木鬼，或兩木鬼來刑剋，必經夾棍。

蛇土逢陰鬼，足底凹。兄弟空動，或爻旺空動，遇四直沖者，腳跟不著地。兄弟化子孫，為足指。刑則尖，合則正，或纏足。

值金，為腳指甲。化土，頭指相平。化木，甲長過指。化火值虎，指甲尖利。化鬼必損傷。

又初爻鬼加地蹺殺動者，旺則腳蹺，衰亦瘸瘡也。

女人，初爻單則足小，折則足大，重則先纏後放，交則先大後纏小也。初爻受刑沖剋害，亦主先纏後放。

值父足大，值子足小，值財半纏腳。兄鬼持剋，非歪腳，必有足疾也。

五、占斷壽數

以父母爻為壽算。

凡世爻、用爻、父母爻旺靜，而無刑害剋破者，必高遐齡①。雖衰而動變生旺，又無剋制者，或衰而得月日動爻生合者，俱主多壽。

若持空死墓絕胎，又逢月日動爻刑害剋破者。或用本衰，又動變出空死墓絕胎與刑害剋破，而元神不現者。或元神現而被傷者，生用者為元神。並主殤夭也。

終壽之年，必用臨流年太歲旬空之內。或不犯歲旬空亡，而值流年天剋地沖者，亦死也。以流年月日會局剋世之辰，定其死期。或流年太歲帶亡神、劫殺、喪門、弔客、羊刃、大殺、兄鬼，來刑沖剋害世，而世又死墓絕胎于流年月日中者，則知命盡於此年此月此日也。

注釋

①遐（xiá）齡：老年人高壽的敬語。

六、壽數經驗斷例

丙辰年、丙申月、己丑日、庚午時，子占父壽？得《節》卦安靜：

《易隱》卦例：占001			
時間：丙辰年　丙申月　己丑日　庚午時　（旬空：午未）			
占事：子占父壽？			
	坎宮：水澤節（六合）		
六神	本　　卦		
勾陳	兄弟戊子水	▅▅　▅▅	
朱雀	官鬼戊戌土	▅▅▅▅▅	
青龍	父母戊申金	▅▅　▅▅	應
玄武	官鬼丁丑土	▅▅　▅▅	
白虎	子孫丁卯木	▅▅▅▅▅	
騰蛇	妻財丁巳火	▅▅▅▅▅	世

此卦用爻正旺，更得辰年丑日來生，理宜多壽。

直至戊寅年、甲子月、癸卯日故。

此年正值甲戌旬，父臨歲旬空內，又絕於歲建，死於月建，胎於日建，元神又被寅年卯日相傷，故當終命也。

戊辰年、己未月、戊戌日、戊午時，夫占妻壽？得《師》卦安靜：

財爻有氣，年月日俱剋兄，故今无咎。

直至丙子年、丙申月、庚辰日故。

財雖不值歲旬空亡，以遇流年天剋地沖，又被歲月日會而成水局，剋制火財，所以終命也。

虎易按：此例應該是從《易林補遺・六親壽命章》「夫占妻壽」引用來的。但作者將原卦抄錯。附原文如下，供讀者參考：

《易隱》卦例：占 002		
時間：戊辰年　己未月　戊戌日　戊午時（旬空：辰巳）		
占事：夫占妻壽？		
	坎宮：地水師（歸魂）	
六神	本　　卦	
朱雀	父母癸酉金 ▅▅ ▅▅	應
青龍	兄弟癸亥水 ▅▅ ▅▅	
玄武	官鬼癸丑土 ▅▅ ▅▅	
白虎	妻財戊午火 ▅▅ ▅▅	世
螣蛇	官鬼戊辰土 ▅▅▅▅▅	
勾陳	子孫戊寅木 ▅▅ ▅▅	

又如戊辰年六月戊戌日，夫占妻壽？卜得《豐》卦安靜。

虎易引例：001			
《易林補遺》卦例：占 022			
時間：戊辰年　己未月　戊戌日（旬空：辰巳）			
占事：夫占妻壽？			
	坎宮：雷火豐		
六神	**本　卦**		
朱雀	官鬼庚戌土	▅▅　▅▅	
青龍	父母庚申金	▅▅　▅▅	世
玄武	妻財庚午火	▅▅▅▅▅	
白虎	兄弟己亥水	▅▅▅▅▅	
騰蛇	官鬼己丑土	▅▅　▅▅	應
勾陳	子孫己卯木	▅▅▅▅▅	

此卦財爻有氣，日月剋兄，故此无咎。直待丙子年七月庚辰日，其財雖不值歲旬空，正遭太歲天剋地沖，又被日月會成水局剋制火，火豈非絕也。

庚寅年、庚辰月、丁卯日、甲辰時，卜自己壽命？得《頤》之《復》：世爻㊀化丑來刑，太歲並寅兄，動剋戌世。又遊年神飛廉、大殺、白虎在戌，會月虎、日虎①、時虎俱在戌，名為四虎咬牙，此極凶之卦，決難免死。

《易隱》卦例：占 003								
時間：庚寅年　庚辰月　丁卯日　甲辰時（旬空：戌亥）								
占事：卜自己壽命？								
		巽宮：山雷頤（遊魂）				坤宮：地雷復（六合）		
六神	**伏神**	**本　卦**				**變　卦**		
青龍		兄弟丙寅木	▅▅▅▅▅		○→	官鬼癸酉金	▅▅　▅▅	
玄武	子孫辛巳火	父母丙子水	▅▅　▅▅			父母癸亥水	▅▅　▅▅	
白虎		妻財丙戌土	▅▅　▅▅	世		妻財癸丑土	▅▅　▅▅	應
騰蛇	官鬼辛酉金	妻財庚辰土	▅▅　▅▅			妻財庚辰土	▅▅　▅▅	
勾陳		兄弟庚寅木	▅▅　▅▅			兄弟庚寅木	▅▅　▅▅	
朱雀		父母庚子水	▅▅▅▅▅	應		父母庚子水	▅▅▅▅▅	世

故其人病起正月，至四月癸卯日故也。謂世爻病於寅，絕於巳，死於卯也。何以不于辛卯，而在癸卯？謂癸水剋丙火，卯木剋戌土，故應於此日也。丙寅年、丙申月、丁巳日、丙午時，卜自己壽？得《夬》之《大壯》：

世爻有氣，元神長生，忌神不現，故今无咎。直至戊寅年、戊午月、壬戌日故。世爻正值歲旬空亡，又被年月日會成火局剋世，且世爻絕於歲建，敗於月建，衰於日建，故當終也。

注釋

①日虎：此處「日虎」有誤，查卯日白虎應為「亥」，而不是「戌」。

校勘記：

㊀「爻」，原本作「動」，疑誤，據其文意改作。

《易隱》卦例：占 004

時間：丙寅年　丙申月　丁巳日　丙午時（旬空：子丑）

占事：卜自己壽？

六神	伏神	本卦（坤宮：澤天夬）				變卦（坤宮：雷天大壯（六沖））		
青龍		兄弟丁未土	⚋			兄弟庚戌土	⚋	
玄武		子孫丁酉金	⚊	世	○→	子孫庚申金	⚋	
白虎		妻財丁亥水	⚊			父母庚午火	⚊	世
騰蛇		兄弟甲辰土	⚊			兄弟甲辰土	⚊	
勾陳	父母乙巳火	官鬼甲寅木	⚊	應		官鬼甲寅木	⚊	
朱雀		妻財甲子水	⚊			妻財甲子水	⚊	應

七、陳希夷安命宮法

安命不論男女，正月起寅，順數至生月止，即於生月上起子，逆數至本人生時安命。先輪定命宮，後排十二宮。

一、命宮　二、兄弟　三、夫妻　四、子息　五、財帛　六、疾厄　七、遷移　八、奴婢　九、官祿　十、田宅　十一、福德　十二、父母

陳希夷安命宮法	
一	命宮
二	兄弟
三	夫妻
四	子息
五	財帛
六	疾厄
七	遷移
八	奴婢
九	官祿
十	田宅
十一	福德
十二	父母

先將正、變、互三卦，排定十二支神。陽世初爻起子順行，陰世初爻起午逆行，輪定命宮。命宮既定，遂從陽世陰世順逆數之。假如陽世子爻值命宮，即從主卦初爻起數。陰世子爻值命宮，即從變卦五爻起數。凡正、變、互三卦，連環而數十二宮，過而復始。

（一）、排十二宮法

排十二宮法			
	正卦	變卦	互卦
上爻	六宮		
五爻	五宮	十宮	
四爻	四宮	九宮	十二宮
三爻	三宮	八宮	十一宮
二爻	二宮	七宮	
初爻	一宮		

（二）、陽世順行法

陽世順行法			
	正卦	變卦	互卦
上爻	六巳		
五爻	五辰	十酉	
四爻	四卯	九申	十二亥
三爻	三寅	八未	十一戌
二爻	二丑	七午	
初爻	初子起		

（三）、陰世逆行法

陰世逆行法			
	正卦	變卦	互卦
上爻	二未		
五爻	三申	七子	
四爻	四酉	八丑	十一層
三爻	五戌	九寅	十二巳
二爻	六亥	十卯	
初爻	初午起		

（四）、十二宮斷

黃金策曰：

首論命宮宜旺相，貴人祿馬福難量，若值休空多患難，一生顛倒惹災殃。

兄弟宮中喜旺強，合生身世棣華①芳，衰空帶鬼無同氣，沖剋身爻定不良。

夫婦宮中喜旺生，財臨子值助吾身，殺刃臨爻多怪疾，衰空難保百年姻。

子息㊀宮中吉曜臨，子孫岐嶷②有精神，沖剋世身多忤逆，衰空殺刃嗣伶仃。

財帛宮中忌破空，旺臨財位福無窮，最怕耗神兄武劫，一生得失小人侵。
疾厄休空反稱心，生身合世必相侵，身剋世沖總不犯，最嫌帝旺與長生。
遷移身世坐其爻，遷徙無恒祖業拋，吉曜臨之遷則吉，凶星如值枉奔勞。
奴婢宮中喜旺興，生身合世必多情，福德養奴財養婢，吉神會遇似陳琳③。
官祿宮中要吉星，吉星生旺必榮身，休衰惡殺兼兄子，皓首④依然一白丁⑤。
田宅宮中喜土金，子孫奕業⑥得相承，水火木星多進退，休空到老素寒人。
福德旺興生世象，一生長得吉人欽，衰空終歲身勤動，凶曜奔忙也是貧。
父母宮宜生旺臨，合生身世蔭垂深，衰空受剋無瞻依⑦，傷世沖身定不仁。

虎易按：考《卜筮全書·黃金策》，並無此節內容，供讀者參考。

注釋

①棣（dì）華：比喻為兄弟。
②岐嶷（qí nì）：形容幼年聰慧。
③陳琳：漢末文學家，建安七子之一。陳琳以善擬章表書記著稱於世。
④皓（hào）首：白髮，指老年。
⑤白丁：沒有取得功名的平民。

⑥奕（yì）業：大業。

⑦瞻依：瞻仰依恃。借指父母。

校勘記：

㊀「息」，原本作「媳」，疑誤，據十二宮排列改作。

僧道占

遊南子曰：「僧道之占，亦有別焉。如其甫欲出家而來占也，但看華蓋、孤辰臨於世身命爻，而卦中子空財絕者，是宜為僧道者也。若子財旺動者，卦六沖者，今雖出家，後必還俗也。其已出家來占者，以子孫為用也。又自占用世，代占用應也」。

用爻旺靜，帶龍喜德合者，吉也。內外、世應旺相，生合比和，不受刑害剋破者，吉也。用逢財子福祿生旺者，富也。用逢官貴長生者，僧道之官也。用逢官貴、祿馬、德合值空者，在玄門，則為法師。在空門，則為掌教者也。

又卦逢六合者，六爻安靜者，世旺身空者。身空不動，而元神旺，忌神衰者。

皆安享清福，壽考綿長也。世應俱空者，身心不定也。二父剋身者，俗家牽累也。二鬼剋身者，災病纏身也。

世持兄動者，貪財好色也。勾持身動者，係念家鄉也。虎加身動者，官訟累身也。雀加世動者，多招口舌也。蛇加身動者，卒暴虛驚也。武加身動者，被賊冤牽也。龍加身動者，貴客相扶也。

武侯曰：「子孫空亡者，僧道見之，謂身落空亡，當有大難。得日辰動爻沖，庶幾不死也」。

《管公口訣》曰：金遇木而逢官，必得當朝之寵命。金遇木而逢福，定為常住之高人。金遇木而逢兄，兄弟來纏。金遇木而逢財，得財還俗。火見火而得子，一定當歸也。

又有建造梵宮道院者。木見木，寺觀重重也。金見金，樓臺疊疊也。水見水，佛殿宜修也。土見土，僧房宜整也。火見火，必遇火殃也。父見父，當蒙勑賜也。父旺生世者，殿宇巍峨也。父動化父，與父衰化旺者，必重建乾坤[1]也。父入《乾》，宜通都大郡也。父入《坤》，宜田野村郊也。父入《震》《離》，宜闤市也。父入《艮》《巽》，宜山林也。父入《坎》《兌》，宜襟[2]江河而依泉澗也。

又鬼動生合世者，宜謁貴也。財旺生合世者，宜化緣也。財鬼空絕，或卦無財鬼者，乏齋糧也。應爻空絕者，無施主也。世財空絕者，不宜買產也。

又貴臨父母者，本師得道也。父母剋身者，蒙師接引也。世絕逢生者，得人點化也。世墓逢沖者，得人開豁也。兄旺化兄者，徒眾如雲也。歲臨火父持世、生合世者，寵錫③忽頒也。

又若招徒，以子孫為用也。子旺生合世者，徒得力也。子臨死墓絕胎，而刑沖剋害世者，愚癡而背逆也。子臨空破者，徒有災也。子伏鬼化鬼者，徒帶疾也。卦值遊魂、歸魂、六沖者，不久遁去也。

又有雲遊訪道者。但得日龍與月虎，動臨身世命，或日虎與月龍，動臨身世命者，是謂龍虎交馳，宜訪道也。遊魂卦而世帶劫刃者，世在五爻帶亡劫者，道路災迍也。世應相隨者，不返家鄉也。身世命值龍馬者，江湖得志也。值福合鬼者，四海馳名也。值兄合勾者，身填溝壑也。值武臨財者，沒命波濤也。值鬼合虎者，途遇強徒也。值父合虎者，榮歸故里也。

又有密地修證者。但世持福德生旺，在《既濟》、《未濟》卦者。或在壬午、癸巳、丙子、丁亥四爻者。或世持火子，伏水化水者。或世持水子，伏火化火者。俱為《坎》、《離》、《既濟》。宜參禪、坐關、打坐、運氣也。子孫旺動，生合臨持身世命者，功成行滿也。身世命爻，值空死墓絕胎，及被四直與動爻刑害剋破者，難守戒行也。身沖世動，與六爻亂動者，心搖惑也。兄動剋者，謗訕④興也。鬼動剋者，災訟作也。卦中上爻六爻為天與父母爻，動來生合身世命者，必天祐而人護也。

又有修真煉性者。緇衣⑤以金為主，世身命居《乾》《兌》，而值申酉者，吉也。羽士⑥以木為主，世身命居《震》《巽》，而值寅卯者，吉也。世身命爻，安旺者吉。卦無身者，難成正果。世空破者，不登道岸。鬼化子者，先難後易。子化鬼者，有始無終。日龍與月虎，或月龍與日虎，同臨身世命爻者，是謂降龍伏虎，必煉丹而得道也。卦值內水外火，《未濟》。或內火外水，《既濟》。是謂火降水升，必面壁而成功也。世值升爻，登上界也。身居降象，墮阿鼻也。世持水福，而伏火化火。或持火福，而伏水化水者。必飛升也。世持水鬼而伏火化火，或持火鬼，而伏水化水者，必坐化也。世持水福，加龍動者，羽化而登仙也。世持火福，加虎合者，遺蛻⑦而不壞也。管公曰：「身空遇火，得火燃身」。

又有僧道還俗者，子財兩動者，宜也。遊魂化歸魂者，宜也。財子生旺持世，生身合命者，宜也。官動剋世身命者，多災訟也。兄動剋世身命者，用耗失也。身世命臨空死墓絕胎，又被刑害剋破者，還俗開齋之後，災痗薦臻⑧，壽元損促也。隨官入墓者，惹禍難逃也。助鬼傷身者，貪淫受累也。

注釋

①重建乾坤：此處指重建殿宇。

②襟(jīn)：〔如衣襟〕屏障於前。例如：襟三江而帶五湖。——唐•王勃《滕王閣序》。

③寵錫：帝皇的恩賜。

④謗訕（bàng shàn）：誹謗。

⑤緇（zī）衣：僧尼的服裝。借指僧人。

⑥羽士：指道士。

⑦遺蛻（tuì）：僧道認為，死是遺其形骸而化去，故稱其屍體為「遺蛻」。

⑧災痗（mèi）薦臻（jiàn zhēn）：災難和疾病，接連地來到；一再遇到。

易隱卷三

明　東粤遊南子　曹九錫　輯
男　橫琴居士　璿　演

家宅占

遊南子曰：「凡占家宅，分二種焉。有安居來卜者，先看內外卦象。內為宅，外為人。旺相者，人宅興隆。休囚死者，住居無氣，丁畜消損，家庭不發。內外生合比和者吉，相刑沖剋害者凶，空亡尤凶。如卦象衰空者，方看爻神。以二爻為宅，五爻為人。人剋宅，則造創整齊。宅剋人，則住宅不興，人眷災迍。二爻旺，屋多。五爻旺，人多。休囚死凶，相生合吉，相刑沖剋害凶。如爻神再空，是空而又空也，必有滅門之禍。

次看六親。世為己，應為妻。陽父為父，陰父為母。陽兄為兄弟，陰兄為姊妹。陽財為妻，陰財為妾婢僕。陽子為男，陰子為女。陽鬼為祖，陰鬼為祖妣。用爻上卦吉。用爻旺相，帶吉神，得太歲月日生合者吉。用爻休囚死，空亡伏藏者凶。帶兇殺動，被三傳刑害剋破者凶。用爻持鬼、伏鬼、化鬼殺，陽鬼主生官訟，陰鬼必有災病也。又凡用爻伏於官下者，必有病訟，每事多阻，出入有礙也。

三將一歲分四季。如木帶吉神，春季見喜。火鬼帶殺，夏季生災。金值妻財，秋宜得利。水逢兄弟，冬必破財。土爻若帶吉凶，各隨司令決斷。辰三月，未六月，戌九月，丑十二月也。若遇空亡，吉空則凶，凶空反吉。除此大節之外，後將井、灶、床、廁、門戶、道路、香火、棟樑、墳墓、六畜，分察吉凶也。又有臨事來卜者，便搜目下有何吉凶。遇父動，則子傷畜損。兄動，則妻傷財損。鬼動，傷兄、大小不安，官非事發。子動，剋夫、削職。龍鬼持剋，喜處生災。雀鬼雀兄持剋，口舌破耗。蛇鬼持剋，虛驚常有。玄鬼持剋，非陰私盜賊，必奴婢走失。勾鬼持剋，必田土交加，契券不明。虎鬼持剋，主喪孝、

鬼谷分爻						
上爻	祖妣	奴婢	宗廟	棟柱	牆籬	馬
五爻	父	宅長	香火	道路	人口	牛
四爻	妻	坑廁			外戶	羊
三爻	伯叔	兄弟	正門	閨房	床碓	豬
二爻	母	宅母		華堂	廚灶	貓犬
初爻	子孫	基址		溝	井	雞鴨

刀兵、鬥傷、蹼跌。二爻凶，灶神不安。三爻凶，床席不安。五爻凶，香火不安。此察六爻，廁、碓①、門、路、墳墓、六畜，逐位推詳也」。

注釋

①碓（duì）：木石做成的搗米器具。用腳踏驅動傾斜的錘子，落下時砸在石臼中，去掉稻穀的皮。

一、宅基

以卦身為用也。

身旺相，基寬大。休囚，基狹小。屬陽基方，屬陰基圓也。

入卦身臨《乾》，基高埠①。臨《坎》基卑下，近湖沼②、溪塘也。臨《艮》傍山陵，近墳墓也。臨《震》近鬧市，林木。臨《巽》近竹木、花果、菜園也。臨《離》乾亢向陽，近窯冶也。臨《坤》近平郊、曠野、墳墓也。臨《兌》近池塘、藪澤③也。

十二支神：身臨子，基兩尖中闊。臨亥，基灣水曲也。臨寅，繞樹椿基。臨卯，兩家基址相連也。臨巳，被人包後。臨午，前大後尖也。臨申，石砌中寬。臨酉，四方不開也。臨辰，基高。戌，基橫。丑，基前小後大。未，基長，後如鑰匙勾轉也。

身逢重，基曲圓。逢交，基方直也。逢刑沖，基高低破缺也。逢生合，基方圓齊整也。逢三合，而遇日辰動爻刑沖剋害者，基即有一方缺處也。如子日或子爻動傷身爻，即北方有缺之例。身遇三刑，基在尖角上也。身遇六害，崩敗處朔屋基也。卦逢六合，中央地基。卦值六沖，街頭巷口地基也。

身臨父，基有舊屋。身臨兄，半為己產。身空伏鬼，全是人基也。身下伏官，非官基必絕地也。身下伏子，道觀、僧房之基也。動為觀，靜為庵。身不現，又不伏，或身臨空絕者，非絕戶之地，必他人之基也。父化鬼者，絕戶官基也。

身衰值木者，舊為茅徑也。

身金化金者，拆屋開基也。身土化金者，移高塞低也。身土化土者，填高塞低也。

龍父旺動剋身者，東屋逼基也。虎父動剋身者，右邊已賣也。

水鬼剋身者，地基水濕也。雀財化父者，火後地基也。

二爻剋身者，基狹也。身剋二爻者，基不方正也。三四剋身者，門戶沖基也。

五爻剋身，有路沖。六爻剋身，有牆棟沖也。初爻與應爻，帶土來生合卦身者，並人基地也。兄臨子水動剋身者，北方有人爭基也。兄臨午火動剋身者，南方有人爭基也。東西倣此。

注釋

①高埠（bù）：高土丘。
②湖沼（zhǎo）：陸地上或大或小、或深或淺的水面。
③藪（sǒu）澤：指水草茂密的沼澤湖泊地帶。

二、井

以初爻為用也。又以白虎、子孫、申金為用也。

初爻庚子水，屋下井。甲子水，門前井也。日父生合初爻，披下井。初加勾，逢三合，井在牆角也。內卦《坎》化《離》，初爻水化火，二爻火化水者，俱井灶相連也。初合三爻，房井相連也。龍旺逢沖，新井也。虎逢衰死，舊井也。初空動穿，井未完也。空逢沖穿，井未久也。初鬼空，廢井也。初水逢死氣，井室常閉也。土殺動來刑沖剋初爻，井閉塞也。初臨龍水遇墓絕，枯井宜開也。初父化兄，相承留下井。初兄化兄，與人合井也。初持父母，有井亭，或肋下①井也。初臨月日二虎，虎眼井。水化水，雙眼井。初爻、伏爻、化爻同，三眼井。初與三傳併合，四眼井也。初臨財福青龍，水清盈溢，福及百家也。初加鬼虎，災生十室也。初加勾土，官符疊疊也。初加雀火，一向乾枯也。初加雀水，福祿悠長也。初金蛇動，井埋屍骨也。初巳蛇動，井有蛇怪。加大殺，有毒蛇也。初武水旺動，泉不竭也。武大殺動，水黑也。壬戌、癸亥動合初，水味咸也。丙午動合初，水味淡也。大殺丙丁動，無水。初壬癸動，泉多也。水值長生，水常泛溢也。金動生合初，水清溢也。水動不積也，土動水濁也，土空是池也。土加咸池殺，水穢氣，不可食也。

初屬木，井邊有樹也。庚寅、辛卯，松柏也。庚申、辛酉，石榴也。己未，桂也。戊辰，竹也。壬午、癸未，楊柳也。若木鬼帶殺動，井上有枯樹為精。旺相樹大，休囚樹小。若逢刑沖，樹必損壞。日辰刑沖，其木方砢。月建刑沖，其樹斫②欠也。初爻土動化木者，井中有樹宜去也。兄動合初，一旱無泉也。官動合初，久旱得水也。

二爻父母空，無井欄也。父母被刑沖，井欄損也。二爻虎金合，石井欄。辰卯旺合，竹籬為井欄。庚寅旺合，木井欄。戊寅旺合，竹井欄。二爻武旺空，或武動逢沖者，井欄盜去也。

初爻勾逢刑破，井下柵頹③也。初受土剋，水漏也。初臨丑土加勾，井邊有半片磨也。金虎動合初勾，井旁有頑石也。初臨辛丑逢勾，金動來合，旁有舊缸底也。初加旺虎在《艮》宮，旁有灰堆也。初加天河、天井、小殺動者，有小兒墮井也。初下伏鬼，井有枯骨也。初下伏卯，井中有竹物也。金動沖合初爻，瓦罐墮井也。初加勾殺動，窯器墮井也。庚戌、辛亥沖初爻，首飾墮井也。初持金蛇動，鐵鉤墮井也。壬申、癸酉沖初爻，刀劍墮井也。虎加土殺動，石塊墮井也。酉金沖合初，雞飛落井也。初加寅虎動，貓落井也。丙辰加龍德動，井有魚龍也。金虎加大殺動，井有鐵器為精也。初加光影殺動，井有怪異也。初加天燭殺動，及雀臨丁巳動，而受刑者，井有火光為妖也。

虎易按：《新鍥斷易天機・占怪異・邵康節占怪歌》曰：「鬼谷論光影殺例云：『戌未辰丑四位，行輪一周，其法正月起戌順行』。遇動，主有怪事」。供讀者參考。

又宅為母，二爻。井為子，初爻。相生合吉，相刑剋凶也。

又凡卜開井者，但逢玄武水旺動，與申金旺動者，其泉易至也。

又日辰與水動合之爻，其下有泉也。以支神定其何方。

又耶律氏以卦中申金爻旺動者為有井，水生申故。申金死墓空絕者，枯井也。申下伏鬼者，無欄也。申下伏殺者，水惡也。申下伏財者，水清也。申下伏父，簷前井。伏子，路邊井。伏兄，與人合井也。卦有兩申，雙井也。如日辰合住，只一眼汲水也。卦無申爻者，無井。有申無水，亦無井。雖玄武旺動，亦枯井也。玄武旺，遇勾併合者，枯井可開也。

又井爻不動不發，試之極驗。

注釋

①肋（lèi）下：腋下。此處是喻為兩側。

②砟（zhǎ）：堅硬成塊的東西。如岩石、煤等的碎片。

③柵頹（zhàtuí）：柵欄傾斜，崩壞。

三、住宅

以二爻為用．又以父母為用也。

又以父母為堂，官鬼為廳。妻財為倉、灶、廚房。子孫為廊廈、廂房、披屋、道路。兄弟為門戶、牆壁，值玄武水爻，為坑廁也。旺相得四直生合，帶貴馬龍喜，德祿財福動者，新創整齊也。休囚空死墓絕胎，逢四直刑沖剋害，加蛇、虎、亡劫、刃殺動者，舊居破敗也。

宅動必傷財也，宅空必見災也。宅空動，其方主絕也。宅旺動，重建造也。宅旺相，必榮昌也。宅休，宜遷也。宅囚，人亡也。宅死，屋賣也。

宅水，逢火者，發也。干支合論。木遇土者，相資也。火值金者，鼎新也。土值木者，斜損也。木見木者，樓閣重重也。加木命人占，則五門一統也。

貴人福德臨宅，世代名家也。華蓋文昌臨宅，當今名宦也。火火無水，貧乏之居也。水水無金，窮寒之舍也。一水二金，憲台霜肅也。一木二土，台閣流芳也。水見火，臨兄弟，和合之門也。土逢金，值父母，雍穆之家也。鬼臨宅空動，主有大難也。太歲臨宅空動，人口必傷也。白虎臨宅空動，人死馬倒也。

以上出《管公口訣》。

父空，無正堂也。父囚死，堂屋崩頹①也。父化父，非有二堂，必樓房也，或拆舊屋起大屋也。父化子，拆舊屋起小屋也。父化財，拆舊屋為廚灶、閨房、倉庫也。父化官，改堂為廳也。囚衰，則沒入為官房也。父化兄，安門立廁也。父伏子下，偏屋作正屋也。父伏財下，與灶同間也。父下伏兄，兩姓合門出入也。父下伏子，從屋高正屋低也。父下伏官，非宦家，必住官房也。伏鬼帶合，停殯在堂也。父下伏木鬼，帶火逢空者，草屋也。伏火鬼，逢衰死者，草屋也。火水鬼者，屋下濕漏也。伏土鬼旺相，當簷有墩埂。伏鬼逢死墓，下有伏屍也。伏金鬼生旺，有城搭出現，衰是草舍也。

雀在前，武在後，龍左、虎右，勾居辰戌之方，蛇乃丑未之地也。

鬼空，無廳也。鬼化鬼，有二廳也。帶殺，則宅地不祥，夜多怪夢。如刑沖剋害身世，主重重災訟也。

鬼化兄，損財招盜也。鬼化父、伏父，非宦家，必官房。或沒人官房，或家有病人鬼祟。多招是非口舌，貴宦則不妨也。

兄化兄，重門相對也，主人口啾唧②之災也。兄化鬼，有官符口舌，損妻妾財帛也。

財化財，連廒③重灶也。帶兇殺，則妻妾不寧，奴婢走失。財化鬼者，亦然也。財化父，居地窄，小口災也。財化兄，不利財帛也。財化鬼，貴人升遷也。財世動，主賣屋，或毀拆房屋，剋雙親，生鬼祟，財物不能頓留也。

子化子，側屋多，幼口災也。子化兄，住居不安也。子化官，幼口損也。

又祿馬官貴臨宅，出貴也。財祿福喜臨宅，發富也。咸池玄武臨宅，出淫人賤人也。福空華蓋臨宅，出僧道也。虎福加天賊臨宅，出不良乞丐也。虎殺加刑害臨宅，出兇惡也。龍德福喜臨宅，出良善也。雀福動，出看經念佛人也。披頭殺加白虎臨宅，出瘋癲人。木狼殺加蛇鬼臨宅，出雉頸④人。風波殺帶玄武鬼臨宅，出溺水人。雷火霹靂殺，帶雀鬼臨宅，出雷擊火焚人。金火鬼加天刑、羊刃臨宅，出刎頸刀傷人也。爻動者驗。宅爻臨鬼動，加伏屍、天刑、飛廉、病符者，與鬼加眾殺動剋宅爻者，主出帶疾之人也。金動陰爻者，出痳面婦人，足上生毒也。火動陰爻者，出跛足婦女，手中瘋氣也。陽爻木沖者，手足瘋，而陰生怪疾也。陽爻火合者，遍身疤，而鼻內涕流也。金多，則露齒無鬚。土多，則囊大口疙也。水多，則男女咳嗽。木多，則男女瘋魔也。出《管公口訣》。

木鬼剋宅，主出瘋癲、癱瘓、燥癢、痳瘋也。水鬼剋宅，主出冷瘟、濕氣、崩淋也。火鬼剋宅，主出白目、癲癇疾也。土鬼剋宅，主出蠱脹、黃腫、喘急也。金鬼剋宅，主出癆瘵、癱瘓、啞聾、喘嗽也。然必宅爻逢絕氣者，方可斷之。但遇日辰動爻生合者，不可概論。宅爻帶鬼殺動，剋世身命爻者，亦然也。

欲知何人有疾，但看鬼刑害剋沖何位。鬼㊀爻人，與刑害剋沖爻人，得病也。若鬼屬子，屬鼠人。子刑卯，屬兔人。子害未，屬羊人。子剋巳，屬蛇人。子沖午，屬馬人。是也。

虎易按：「鬼爻人，與刑害剋沖爻人，得病也」，依其「刑害剋沖」順序，調整補充為「若鬼屬子，屬鼠人。子刑卯，屬兔人。子害未，屬羊人。子剋巳，屬蛇人。子沖午，屬馬人。是也」。

《畢法賦》曰：「病符剋宅全家患。值月之生氣者，尤闔家病也。值月之死氣者，必死也。人口爻帶虎鬼動者，尤的⑤」。

定宅向者：以世爻為坐宅，以相沖者為向道也。世前二爻為宅前，世後二爻為宅後。惟歸魂卦，為往外復內之象，獨以二爻初爻為前，四爻五爻為後。如世值子，向朝午之例。然惟世爻旺靜，日辰生扶，則依此斷。如世動或日辰沖剋，則將世前一爻相生者定向。如世前一爻為寅，向在申也。若前之爻，又與世剋，則以前為後，以後為前，取持世對沖爻定向道。如世本屬子，反言坐午向子也。向以龍德貴喜，財福生旺，與四直生合之方為吉也。以虎殺亡劫，刑刃兄鬼，空死墓絕，四直刑害剋破之方，為凶也。

欲知宅前宅後妨犯：凡前後之爻，遇日辰帶父沖剋世爻者，屋宇相妨也。日辰帶福沖剋世者，旺則道路妨，衰則私街、冷路妨也。日辰帶財沖剋世者，陽則樓屋、戶女牆、喬木妨。陰則廚灶、閨房、倉庫妨也。日辰帶兄沖剋世者，旺則門戸沖，衰則坑廁、簷角沖也。日辰帶鬼沖剋世者，旺則街坊、廳廨⑥沖，衰則廟社沖也。世下伏鬼，墳墓妨也。日帶金火鬼沖剋世者，石敢當⑦相妨也。金鬼遇長生沖剋世者，巷牌影射也。金鬼衰墓並剋，來沖剋世者，敗社枯基妨也。金鬼受刑沖，來沖剋世者，壇館妨也。金鬼旺動遇日沖並，來沖剋世者，石岡妨也。火雀鬼遇長生，動來沖剋世者，窯灶相妨也。玄水鬼遇生旺，來沖剋世者，用流妨也。玄水鬼遇死墓絕胎，來沖剋世者，枯池、竭井妨也。木龍鬼遇長生，來沖剋世者，松柏妨也。死絕為篁竹⑧，帶墓則墳木也。木鬼沖剋世者，橋道妨也。生旺，則墩埂、城角妨也。土鬼旺動沖剋世者，神廟妨也。衰動沖剋世，伏屍古墓妨也。出耶律氏《錦囊集》。

欲知起造：但《震》《巽》宮宅爻旺動，與初六爻兩木旺動，要構新居也。旺而靜，則造成矣。

欲知起造修改因由：應沖世者，為陰陽妨礙也。世旺動者，因富貴營建也。動遇合者，有人阻隔也。靜逢沖者，有人吹噓也。日帶父剋世，因風雨而修也。世臨父逢空，為妻身而起也。金木齊興，修整必速也。一動一靜稍遲。木旺金衰者，功已告成也。土金旺動者，鑿井、穿池、疊砌、堆山也。衰動，則改門換壁也。金旺木空者，欲興工而未能。遇日辰生合，其功必成也。遇日辰刑沖，枉勞心力也。若強成，決損人財。遇太歲沖剋者，立見悲惶也。修造興工，以間爻為匠也。

又兄為人工，莫傷財位元。財為工本，怕遇絕爻。子旺，則酒食豐餘。應空，則工程退緩。辰戌興隆，磚瓦已備。寅卯空伏，木料尚無。土鬼動者灰惡，金爻空者釘缺。世合間生，事未興而局已備。間空父動，料已具而匠休工。福臨應，則匠巧。單占以應為匠。兄入應，則匠拙。雀必多言，勾終遲鈍。遇龍而才高精巧，逢虎而性濁倡狂。玄官防其竊取，蛇鬼慮乎傾頹也。

宅式：《乾》圓、《坤》方、《艮》重、《兌》缺、《離》虛、《坎》實、《震》長、《巽》直也。勾加父，半邊破相之屋。蛇加父，牽連之屋。玄加父，披搭之屋。雀加父，間口之屋。虎加父，破損之屋。龍加父，長短之屋。蛇加水父休囚，乃茅簷草合也。虎加父動，有搭角屋也。宅爻土化土，拖前帶後也。木化木，橫屋重樓也。火化火，屋有龜頭也。雀剋玄者，前高後低也。龍剋虎者，左高右低也。金遇勾生者，中突四低也。龍死虎生者，西高東低也。動衰化旺者，前窄後寬也。土旺木衰者，必平屋也。

宅之大小：但宅爻旺相，逢生氣者，財動生合宅爻，或財旺動化父，與父爻旺相，重重出現者，必大宅也。父衰逢蛇虎者，茅屋。旺相者，帶瓦。父旺雀休者，前面黃瓦，或草蓋也。逢子北方，丑東北方，餘倣此。

宅之新舊：父爻宅爻旺相新，休囚死舊也。父衰宅旺者，半新舊也。爻旺六神衰者，新舊相接也。旺化衰，前新後舊。衰化旺，前舊後新也。財動化父，拆舊換新也。

宅之傾倒：但父衰而財旺動者，主傾倒也。以年月日時剋沖之支神，定其傾倒之日也。

又世爻、宅爻、父爻，逢空破墓絕，宅必傾倒破敗。如臨財虎動者，亦毀拆房屋也。

又父爻、宅爻、世爻、三空者，主三遷，或逃亡絕戶之屋也。

宅近何處：臨《乾》《兑》宫，逢子動者，近庵堂寺觀。臨金虎鬼者，近屠獵、軍匠人家。逢虎兄動，近賭坊。父動化官，近公館也。

《管公口訣》云：初二爻鬼墓動，屋後有墳。三四爻虎殺墓動，兩肋有墳。五六爻土鬼動，開門見墳也。

又寅申巳亥，墳在四角。子午卯酉，墳在四旁。辰戌丑未，墳在兩肋也。

宅典⑨與人住者：但內卦、父爻、宅爻合應爻，或應爻剋內卦、宅爻、父爻，或應居二爻，或應爻支神，與宅爻支神同者，俱主屋與人住。應帶日辰，則為寄居也。

又應臨玄刃虎殺來剋宅，住屋人奸惡也。應加龍德福喜生合者，住屋人循良也。

住人宅者：但宅爻帶父逢空，或父不現，或身世與外卦父母爻相合者，供租賃⑩之宅也。得《需》、《頤》二卦，主店居也。《管公口訣》曰：「土空者，賃屋住也」。

離祖過房者：凡世空，與世逢沖，或身世臨五六爻動，主離祖過房，或出遠方也。

又世臨外卦之爻，與宅爻同支神者，謂世臨外宅。動則離祖分居，靜亦主住偏宅也。

又《指掌訣》曰：「初沖六位，變祖遷移。兩鬼兩財，兩承宗祀。二父當權，重拜雙親也」。

分別住宅吉凶者：《管公口訣》曰：「金爻動，正西、西北、西南皆逃流，東可住，留子孫。水爻空，東北寡，西南孤，西北出爛足，正南可住。火爻動，東方災困多年，一床快燒，西北兩代孤寡，西南逃，東南可住。土爻不空不動，正西難住，主蔭三代老寡，兩房幼寡，留孫不絕，東北、正東可居。木爻動，正東、西北、東北有子，東南、正西主孤，正西不可安床，西南有禍」。又曰：「木泄無聚，正東難居。木旺有生，正東發福」。取天干以合地支五行，同以此法推之也。

問宅分合者：但宅爻逢合則合，逢沖則分也。兄弟動者分，官鬼動者合。世身靜而居庫，合住必久。如逢日辰合出，則出祖之命也。世身臨兄動，亦主分爨⑪。如逢日辰合進，主前分後合也。若世身遇白虎凶神沖剋，得日辰合出者，必然改故鼎新也。或世身帶金木暗動，意欲重新更改，然後分析也。如二爻空亡帶殺，分必不利也。衰化生扶，先貧後富也。旺之沖剋，先富後貧也。前卦無財後卦有，分後興隆也。前卦有財後卦無，分後蕭條也。

問宅蔭者：但木居外卦旺動，合宅爻、父爻者，必有大樹庇蔭也。如日刑木爻，其木方斫。若月建刑剋，木已斫久。若木鬼帶螣蛇、光影殺動者，宅邊有枯樹為精也。

問宅飾者：宅爻天干，逢甲為板閣架，乙為板柵，丙丁為彩畫，戊己為塵土，庚辛為畫飾，壬癸為油漆或屋下水池也。金子動來生合父，或金子動化父者，有玉砌雕欄也。火子動來生合父，屋內必懸圖畫。父下伏鬼，是神佛像也。

宅有魔魅⑫者：凡官鬼加虎玄金爻暗動，來刑沖剋害父爻、世爻、宅爻者，俱屋有暗算也。

鬼初爻暗動，在後金柱也。二爻動，在中欄柱也。三爻動，在大金柱也。四爻動，在前金柱也。五爻動，在前小金柱也。六爻動，在前步柱也。陽在左，陰在右。

金鬼，銅鐵器物。木鬼，竹木雕刻物。土鬼，磚瓦琢成物，或泥土物。水鬼，紙畫形像。火鬼，乃骨物也。

鬼加虎，乃走獸，須防疾病也。鬼加雀，乃飛禽，當慮官非也。蛇多魘夢⑬虛驚也，玄主姦淫竊盜也，勾則田蠶損耗也，龍則胎產成虛也。

鬼臨月日，木刻人形，災生小口也。鬼若逢沖，家人常見。鬼動遇合，災害不成也。秦人鄒道岸，客遊燕衛間，專為人取魘魅，獲利萬金，用此十法也。

宅有伏屍藏物者：但財墓於二爻，有財寶埋藏也。鬼墓於二爻，有伏屍也。子入墓，下埋小兒、和尚也。陰財入墓，下埋陰人、奴婢也。父入墓，下埋老人、衣冠、文書也。兄入墓，下有孔竅、坑井、填築也。加龍在左，加虎在右，雀前、武后，勾中、蛇側角也。

宅有怪異者：以鬼爻動為用也。靜則無怪。

孟月三四為怪爻，仲月二五為怪爻，季月初六為怪爻也。

虎易按：《卜筮全書・天玄賦・家宅章》曰：「怪爻季是兩頭居，仲月逢之二五隨，三四怪爻當孟月，動成駭怪靜無之。殺神在世災應實，鬼殺傷身禍不虛，更被官爻持世上，怕逢衰病患難除」。供讀者參考。

凡怪爻加鬼殺持身世動，或帶鬼殺動，來刑害沖剋身世，或逢財動助鬼來傷身世者，或身世隨鬼入墓者，皆主災患難脫也。

怪爻在《乾》，西北方現也。入《艮》，東北方現也。入《巽》，東南方現。入《坤》，西南方現。《離》南、《坎》北、《震》東、《兌》西也。

鬼爻伏父動，怪在堂也。伏鬼動，怪在廳也。伏財動，怪在廚灶、臥房、倉庫也。伏福動，怪在廊廡⑭廂房⑮也。伏兄動，怪在門戶、坑廁也。

鬼屬金，怪從土中出也。屬木，怪從水中出也。屬水，怪從五金中出也。屬火，怪從木中出也。屬土，怪從火中出也。

如加龍，怪青黑色，長嘴，微聲，有足有尾，善變化也。加雀，怪赤黃色，尖小有嘴口，能快飛，或鳥怪也。加勾，怪黃黑色，形矮扁㈡，或山魈野魅⑯也。加蛇，怪紅黃色，善走動，或蛇與狐狸也。加虎，怪白色，有鬚無項，或伏屍為祟也。加武，怪黑色，活動不定，或獺⑰怪也。

宅進田產者：但土財生合世身，或勾喜生合世身，與勾剋世財者，俱主進

神殺	犬怪殺	蛇怪殺	鳥怪殺
寅月	戌	戌	未
卯月	未	未	午
辰月	辰	辰	巳
巳月	丑	丑	辰
午月	戌	戌	卯
未月	未	未	寅
申月	辰	辰	丑
酉月	丑	丑	子
戌月	戌	戌	亥
亥月	未	未	戌
子月	辰	辰	酉
丑月	丑	丑	申

產。旺多，衰少。惟空，則有名無實也。在外卦他宮來生合，得外家分授之產。內卦本宮來生合，乃自己續置田產也。得於何人，六親定之。得於何方，八卦定之。得於何時，生旺月日定之。凡勾值太歲動，與世剋動勾，或財動剋勾，或勾臨木鬼動，俱主退賣田產也。要知因何退賣，以六親六神推之。雀鬼剋世，因訟退也。虎鬼剋世，喪葬退也。龍鬼剋世，婚嫁退也。蛇鬼剋世，求仙信佛退也。玄鬼剋世，好淫盜賊退也。

又宅爻臨土空動者，無田地。動而不空，有些產存也。

宅得財者：但本宮內卦財動，生合身世者，主得至親財。本宮外卦，遠親財。他宮內卦，鄰里財。他宮外卦，遠方人財。旺多衰少。以五行定其何物，以八卦定其何方，以六親定其何人。如卦中無財，應上變出財來生合生世者，主不意中得直來之物。詳見身命貧富占中。

宅嫁娶者：但卦中財鬼二爻同動，來生合世爻、宅爻者。或卦有財，而日辰是鬼相生合。或卦有鬼，而日辰是財相生合。或財鬼二爻動，變來生合世爻、宅爻。皆主婚姻之喜。宅爻、世爻逢空，則不成也。

宅懷孕者：以胎爻為主也。如《乾》卦以水為子孫，水胎於午。卦中午爻動，或化出午爻者，皆有懷胎之喜也。要知何人受胎，以六親斷之。胎臨父母，是叔伯母。臨財，則妻妾婢。臨兄，則嫂與弟婦姊妹。臨子，則女與媳。臨鬼，或鬼化出胎者，是鬼胎，主虛喜也。胎爻動，生期目下。不動，尚遲也。

宅添丁口者：但應臨財福，生合宅爻、世爻者，必進人丁。如世爻動，剋應上財福，則有通賣人口之事。應臨財福空亡者，謀事難成也。

宅遭回祿⑱者：但人宅相沖，二爻、五爻。加獨火、天燭、天火、天禍殺。或殺帶鬼動，持剋世爻、宅爻。或世爻、宅爻持雀火，動化鬼爻。或雀動，化日辰火鬼。或日辰帶雀火鬼，沖剋世爻、宅爻。或日雀與月雀並動，或月雀帶鬼，遇日辰沖並動者。俱主失火也。要知何處起火，以八卦推其方所。又世則家下，應乃對門。內為本宅，外則鄉鄰也。

又蛇加巳火，在二爻或六爻空動者，遭回祿過。不空，十日內有火災。巳在東南，巳沖亥，在西北也。若火鬼暗動，來剋宅爻、世爻、身爻。或六爻無鬼，而動化火鬼，刑剋宅爻、世爻、身爻。或應帶雀火鬼殺動，來刑剋宅身世爻者，俱主仇人放火也。如鬼殺不動，或空死墓絶胎，及水爻旺動持世者，皆無火災。即鬼殺動，而不剋宅身世爻者，祈禳⑲可免也。

郭雍曰：「月破之爻臨火殺，歲君沖鬼朱雀發，刑身剋宅宅逢空，百計祈禱難解禍㉑」。

宅失賊者：但《坎》宮水鬼動，或兄化鬼，鬼化兄。或玄鬼帶天賊殺動，或玄下伏鬼暗動，或日辰帶玄鬼暗動，來傷宅世身者，皆主失賊也。暗動者尤驗，應在對沖之月。若不傷身世，而剋宅爻者，是私房小夥有失。鬼爻休囚，是嬉偷白撞賊也。玄鬼帶天盜、劫殺旺動，來剋身世，是大夥盜也。財化財，加玄武者，防剪綹⑳賊也。

又玄臨財動者，但查天賊何月值此爻神，遂以爻神六合之日，斷其失賊。極驗。

宅有官訟者：但雀鬼持剋宅爻、世爻者，旺則官司，衰亦口舌。父化官、官化父，或雀鬼沖剋三爻四爻，三為門，四為戶。不拘陰陽，皆有戶役、官訟也。雀父動，文書、尊長之訟。雀福動，少年、僧道之訟。雀財動，陰人、錢帛之訟。雀兄動，手足朋友之訟。雀伏鬼、化鬼，牽連飛來之訟。雀鬼動、化鬼，病訟交加。或一事未了，又惹一事也。本宮在家事，外官他處事。若加太歲，訟必經年。

又鬼伏兄下，暗動剋世身者，必干連之訟。鬼伏財下，臨陰爻，與用爻相合者，必婦人干連之訟。臨陽爻相合，則財帛干連之訟也。

宅有瑣碎者：但宅爻安靜，被日辰並起、沖起者，在官爻，即憂官。在兄爻，即有兄弟相識事。在財爻，即有陰人錢帛事。在父爻，即有尊長文書事。在福爻，即有子孫僧道事。剋世身者尤驗。

又日辰並沖官爻者：子官休渡海，亥鬼莫臨河，酉官香醪㉑少飲，丑官牛肉莫餐，午官忌乘騾馬，卯官莫上車輿，申休舞劍，未弗牽羊，巳被蛇傷，戌防犬齧㉒，寅當虎噬，辰被龍驚也。

注釋

①崩頹：倒塌毀壞。敗壞衰落。

②啾唧（jiū jī）象聲詞。眾聲；煩雜聲。

③廒（áo）：收藏糧食的倉房。

④雉（zhì）頸：上吊；吊死；自縊。

⑤尤的：尤其確實，尤其對應。

⑥廨（xiè）：官署，舊時官吏辦公處所的通稱。

⑦石敢當：舊時家門口或街衢巷口，常立一小石碑或石雕武士像，上刻「石敢當」三字，民間以為可禁壓不祥。

⑧篁（huáng）竹：竹名。也泛指竹子。

⑨典：抵押。舊時一方把土地或房屋等押給另一方使用，換取一筆錢，不付利息，議定年限，到期還款，收回原物。

⑩賃（lìn）：租用；租借。

⑪分爨（cuàn）：分開燒火做飯。指分家過日子。

⑫魘魅（mèi）：用法術使人受禍或使之神智迷糊。

⑬魘夢：惡夢。

⑭廊廡（láng wǔ）：堂前的廊屋。

⑮廂房：正房前面兩旁的房屋。

⑯山魈（xiāo）野魅：傳說中山裡的怪物，以及野外的鬼怪。

⑰獺（tǎ）：如小狗，水居食魚。

⑱回祿：傳說中的火神。引伸指火災。

⑲祈禳（ráng）：祈禱以求福除災。
⑳剪綹（liǔ）：偷竊錢物。原文作「剪縷」，依其文義，改作「剪綹」。
㉑香醪（láo）：美酒。
㉒齧（niè）：用嘴咬。

校勘記：

㊀「鬼」，原本作「木」，疑誤，據其文意改作。
㊁「扁」，原本作「匾」，疑誤，據其文意改作。
㊂「禍」，原本作「豁」，疑誤，據其文意改作。

四、廚灶

以二爻、妻財為用也。

二爻旺相，新灶。休囚，舊灶。逢沖，破灶也。旺動，廚灶鬧熱。休靜墓絕，灶頭冷淡也。

臨父，樓房重建。臨福，增進產業。臨兄，必分爨。臨妻，必寡居。鬼動，必見災殃。鬼空，人口瘟疫也。值龍木年見喜，值雀累月官符，值勾不動生財，值蛇虎動有禍。值玄武，靜者吉，而動失賊也。值太歲動，陰人小口災也。太歲空，宅長宅母災也。旺宜守舊，空須更遷也。

虎易按：此節內容與《廚灶》章節似無關聯，疑為《住宅》一節內容，錯入此節。供讀者參考。

水動明淨，空則失業也。木動煙迷，空則無窗也。土動傷豬畜，空則乖張也。火動箯樑蹊，空則貧寒也。金動鍋損，二金動，中鍋損。土金動，大鍋損。休則小湯鍋損，囚則小尺六損也。金空鍋缺也。三金並見，五鍋之家。干支皆金，本命又金。干支二火動，重重口舌也。火鬼動，主湯火之災。看刑剋何人命爻，知其何人被災也。《坤》宮乙巳火動，四月、十月，防火災也。四月巳，巳沖亥。《艮》宮丙午火動，五月、十一月防火災也。五月午，午衝子。

二木動，樓閣重重。二金動，必見孤寡。二水動，勢業難留。

虎易按：此節內容與《廚灶》章節似無關聯，疑為《住宅》一節內容，錯入此節。供讀者參考。

二爻戊辰（虎易按：內卦《坎》）、己丑動（虎易按：內卦《離》），灶前有怪石。

休囚，必土堆也。二爻甲寅（虎易按：內卦《乾》），三爻乙卯動（虎易按：內卦《坤》），有橫樑灶上。不動者居中，空動者不跨灶也。又灶左為門，灶右為路。左見二木，《坤》宮乙卯。兩門相沖。右見二土，《艮》宮丙辰。一路相犯也。出《管公口訣》。二爻加咸池殺動，灶前有泥土磚石堆，主人口膿血之災。加天火、天燭、獨火殺動，防灶下火起也。二火空，灶無煙樓，或無大灶，或有廢灶也。火鬼動，灶必漏煙。火鬼空，灶神不安也。火化水，灶前濕漏也。土空，欠土修葺 也。值勾鬼，泥打灶。勾臨金，半泥半磚也。土鬼動，槨磚為灶也。灶墓同宮，下有伏屍也。

木旺動，灶上有橫樑。木逢死氣，受刑沖者，旁有橫木也。木死絕，乏柴米也。木生旺，多薪穀也。寅空，無提桶。卯辰空，無筅帚 。水木空，無鉤桶也。日辰剋水庫，辰土。水缸損。日辰剋火庫，戌土。火缸破也。

財動化財，又伏財者，有三灶也。財下伏鬼者，灶必壞也。逢金，磚灶。金虎空，無灶樑。金化火，鍋損。金虎帶殺空動，灶鍋崩破也。雀加金鬼動，火燒鍋裂也。金動沖二爻，鍋破也。水動沖二爻，瓶罐破也。酉金沖雀，木杓碎也。雀加土殺動，灶多蟲蟻也。

鬼加咸池殺動，臨亥，近豬圈也。兄加咸池殺動，近坑廁也。玄武水動，近水池。玄武水鬼逢沖，灶下屋漏也。玄武加兄帶咸池動，穢汙交加也。玄武空，他人之灶也。勾陳動，近牆壁也。蛇鬼空，無煙囪。蛇鬼加水動，煙櫃漏煙也。雀加兄鬼動，灶下有咒咀也。虎加鬼動，人有膿血災也。雀兄並立，與人合灶也。鬼逢蛇合，不供灶君也。

初爻與申爻動，來合二爻者，井灶相連也。三爻合二爻，房灶相連也。臨父旺，大屋下灶。臨福旺，兩廂下灶。四爻兄加咸池動，剋二爻，廁欺灶，或灶下有坑磚。二爻臨兄鬼，加土殺、勾陳殺動者，灶間先年是坑基也。三動沖二，房門對灶也。三四動沖剋二，兩門朝灶也，主有門戶官非，且不聚財也。三加虎沖剋二，碓妨灶也。加金蛇馬動來沖剋，磨妨灶。加木財福蛇馬動來沖剋，櫳③妨灶也。五沖剋二，路沖灶，陽前陰後也。二沖剋五，香火下不宜安灶也。六沖剋二，棟沖灶。二沖剋六，棟下不宜安灶也。

二爻得生扶，一眼灶。逢生合，二眼灶。臨四直，四眼灶。休囚無生，獨腳灶。木旺動合二爻，初爻又空者，乃行灶也。虎金動合，二爻逢沖者，缸灶也。二臨勾逢空沖剋者，冷灶。雀逢空沖剋者，灶無煙出也。

世爻生合二，主人執爨也。財爻生合二，奴婢司炊也。二合五財，灶下有丫環臥榻。二合五福，灶下有小廝眠床，宜徙也。

二爻與金爻沖合，在《乾》宮者。或《乾》宮金蛇動，沖二爻者，煙櫃歪也。二爻合六爻子孫者，灶前掛醃臘味也。子居《巽》，為薰雞。《艮》為野獸，及狗肉。《坎》為風魚火腿，《兌》為薰羊肉。《坤》為醃牛肉，《震》為蹄肉野味，《離》為薰雉。《乾》為馬肉，連頭帶骨，乾燥珍味也。

注釋

①修葺（qì）：修理建築物。
②筅帚（xiǎn zhǒu）：用竹子等做成的刷鍋碗的用具。
③櫳（lóng）：窗櫺木；窗；亦借指房舍。

五、床

以三爻逢交折者為床也。旺新，休舊，沖則破也。逢財福吉，遇兄鬼凶也。值龍喜而遷穩處，臨虎殺則安惡方也。勾鬼動而嬰孩夭折，虎福動而老父孤眠也。蛇鬼動，陽人年損。雀財動，陰人壽促也。財空，三妻一定也。福空，五子皆虛也。兄空，孤身獨立也。父空，借床臥寢也。官空，速用遷移也。官旺陰人失，官衰小口失也。
金動則多魔，金空主孤獨。酉金動，主利妻也。木動，後嗣榮昌。木空，自己無根也。木財生旺，床席端然。二木衝床，孤辰少子。正南者凶，若居正東，可留一二承嗣也。木財逢沖，床席破損。木財逢空，上無屏風。火金見鬼，刀刃交加。水木見鬼，筆書堆積也。水動滲滴席穿，陰人有痔①。火動生災，火空動主二三妻。火空，下無蹈凳②。土動床不安，宜移乾淨處。土空，則無父孤兒也。土旺，難為子息。動則應繼子，空則抱養子也。
又三爻持木、伏木、更化木者，或四直帶木來生合者，房內有三四張床也。三爻第一張，四爻第二張，五爻第三張，六爻第四張，初爻第五張，二爻第六張。但直申金空動，即斷此床無子也。干支皆土，一張野榻。干支皆木，八面深床。水火同爻，床席端正。干金支水，房屋滲漏也。
金金無水，東有刀斧，南有大缸古甕③，舊書堆積也。木木無金，東有古桶作怪，壁上有大鹿角，空則無物掛也。火火無水，床廳床足燒損。春夏災苦，東西宜移，更有高閣床，宜鋪舊處也。水水無火，主陰人胎產、淋帶、咳嗽、腹症，小兒臍大，男子瘋熱，目染飛絲也。土土無木，乃親舍之床。主剋妻害子，腹脹足爛，不聚財也。

又三爻木旺，東南方多子。木衰，東北方孤獨也。火旺，巳午方多子。火衰，正南、正北災困孤獨也。金旺，西南多子。金衰，西北絶也。水旺，正西、正南吉，值子孫動，尤多男也。水衰，正北、東北、東南孤寡也。土旺，則難嗣。臨兄動，應繼子孫繩繩也。正東、東南、東北，不宜安床也。

日辰沖穿三爻，有日月光照床也。日辰刑剋三爻，屏風妖魔聲響也。床爻屬木，東鳴，金西鳴，水北，火南，土四隅鳴也。太歲刑沖剋害床爻，陽則男災，陰則女痗也。如太歲庚午，庚沖甲，午衝子，午刑午，午害丑，則屬甲鼠牛馬命人受傷也。餘倣此。天干甲庚沖，乙辛沖，丙壬沖，丁癸沖。

又都太歲合床，謂戊己土。其年家破人亡也。以上雜見《管公口訣》。

三爻逢生，新床。逢旺，好床。沐浴，是破床，或其人裸形淫縱也。衰，是接腳床。病，有病人。死，曾死人。陽男，陰女。墓，則下有伏屍，或有墳磚插床腳。在陽爻，則破柱礎④插床腳。在金財爻，則有金銀珍寶埋床下也。絶，是絶戶人家床。胎，有懷胎婦。養，當產育時也。長生訣於日辰取之。

龍喜持三爻動，主孕育坐喜也。福值長生，多生子也。三旺初空，無踏腳也。三旺四空，無帳架也。四爻父空，無帳幔也。六木沖三，房有橫木也。六火合三，房有天窗也。五沖三，房門對路也。三沖二，房灶相對也。三合二，灶在房內也。三持父，房在正堂。三持鬼，房在廳。三持財，房近灶。三持福，房在廊廡。三持兄，房近廁也。三動合陰爻，床背鋪也。三持旺木火父，加龍德來生合者，花床也。三持財、伏財、化財，或干支二財，四直財來生合者，俱多妾媵⑤也。

木動床腳蹺。木被刑沖，床框損。金加大殺動，床框釘銲也。光影殺臨三爻動，床有怪異。加蛇，有蛇怪。加戌，犬上床也。蛇臨三爻動，床有繩縛。加鬼殺，床多怪夢。天干金，夜有呻吟之聲。地支金，夜有爆裂之聲，由匠人魘鬼也。金蛇動，床頭有鈴鐸聲也。酉金動化水，床頭有酒缸。加雀鬼，必酸酒也。金福旺，房有明鏡。動化火者，鏡昏暗也。金鬼旺，有錫夜壺。旺新，休舊，沖則破也。卯木動刑子水，房有木貓。父臨水受沖，床有破被。木受動刑，有折木梳。三動沖福，房有破窗。《艮》宮子水動沖三爻，床下有鼠穴，凶也。龍鬼帶殺動剋三爻，床有產怯婦也。雀火鬼持三爻動，有外來床，多生癆瘵也。

又凡卦中寅卯帶鬼動，或逢衝動者，主木器廂桶，絕戶家來者送災，用速去之，斷之無差也。

注釋

①痗（mèi）：病；憂思成病。

②蹈（dǎo）凳：踏腳的凳子。

③甕（wèng）：陶制盛器，小口大腹。用於盛酒、水或者其他物資。

④柱礎：承柱的礎石；柱下的基礎。

⑤妾媵（yìng）：古代諸侯貴族女子出嫁，以侄娣從嫁，稱媵。後因以「妾媵」泛指侍妾。古代嫁女時隨嫁或陪嫁的人。

六、碓

以三爻為用也。

碓與床同宮，動則床沖碓，空則碓衝床。床碓相沖，災符不免也。木動沖金，官非不息也。水動剋火，災患長存也。二木逢龍，寅方吉也。二金遇虎，申方吉也。二水遇龍，北方吉也。二火遇雀，南方災也。金入《乾》，殺中加殺也。水入《坎》，空而又空也。土入《坤》《艮》，虛驚不免也。未加《震》《巽》，造化安然也。火入《離》，逢水剋而多魔。金入《兌》，遇火攻而為殺也。木空碓無木，金空碓無鉗，火空家寒窘①，水空碓生塵，土空不發財也。又碓沖棟宇，六爻。留子亡妻也。出《管公口訣》。

注釋

①寒窘（jiǒng）：猶寒酸，不體面。

七、門戶

以三爻單重者為正門，四爻財兄者為外戶也。旺新，休舊，沖則破也。龍宜正出也，虎利斜行也。

四直生合門戶爻，向利而丁畜盛，八節①安也。四直刑沖剋害門戶爻，向凶而人財破耗也。三四爻帶龍喜德貴、祿馬財福，生合世爻、宅爻者，在內，有婚姻孕育之喜。在外，仕宦加官祿，庶民進錢穀也。日青龍會月青龍，臨門戶動者，必重重喜慶也。若遇日辰衝破，時下見喜，終為不美。仕進、婚姻、進人、求財，俱有初鮮終。若生男，臨盆即死也。

鬼臨門戶動，為門戶鬼，占家宅大忌。更遇財動生扶，及三傳來剋世、剋身、剋宅爻者，必有橫禍也。雀鬼，官符口舌也。加天火、獨火、天燭殺動，必遭回祿。空則已往，不空將來也。蛇鬼，牽連不了事也。虎鬼，疾病喪亡也。空動者尤驗。勾鬼，戶婚田產爭鬥之訟也。玄武鬼，內防走失，外謹穿窬②也。玄武鬼會咸池，主淫亂之事。動來合世，家主不正。動來合應，主母不正。動來合父母兄弟妻子，即斷其人不正也。六爻動合，主奴婢有陰私之擾。六爻為奴婢。生旺則事露，休囚猶可隱匿。如逢沖，必被人撞破也。兄弟臨門戶動，必破耗財帛也。詳見身命斷貧富內。

又旺金逢火而大富，旺水逢土而貧寒。金見木，《巽》門吉也。木見金，《兌》門利也。火見木，《離》門發也。火見金，《兌》門利也。金見金，正西宜閉，恐傷手足也。水見水，西南宜閉，恐傷母壽也。水逢火，北處財門也。木見土，《艮》宮鬼窟也。

太歲值門，災符不免也。喝散值戶，口舌潛消也。貴人福德臨爻，潭潭相府③也。華蓋文昌值位，凜凜候門④也。逢太歲而災魔，遇旬空而殃禍也。以上見《管公口訣》。

三四爻兄弟相沖，肋下有門對沖，不聚財，陰人災也。五剋三四爻，必分門割戶也，或路直沖門也。五為人口，又為道路。六剋三四爻，棟沖門也。三四爻木兄動，門一路出入也。兩父動，門兩家出入也。三四剋五爻，開門動香火，五爻又為香火。人眷生災也。三四剋六爻，棟下開門，不吉也。初沖三爻，當門一井也。勾鬼帶咸池動，剋三四爻，當門有廁也。勾臨三四持世，正門閉，偏門出入也。三四相刑害，二門相穿，不湊合也。五六逢鬼墓，開門見墳也。

木旺動來合三四，門外樹茂也。土旺靜來合，門外有田園也。虎兄動來合，門外有灰堆也。土殺加空雀來合，門外有火燒空地也。蛇加土殺來沖，門外有漕堰⑤也。金虎旺動來沖，或土殺帶日虎來合，門外有石敢當也。絕木動來沖，門外有柱也。《坤》宮金財，加勾馬、破碎殺，動來沖合，門前有牛磨也。玄水動來合木，門前有橋也。勾加木動來生扶，門外有屏風也。玄水沖，門朝水也。四爻雀土旺動，鳥巢當戶也。雀臨初爻木兄動，後門作前門。玄臨六爻水兄動，前門作後門也。

三四臨金鬼，門無環或環腳，動而重釘，否必刀傷門也。臨水鬼，戶樞腐爛，或當門濕漏，或凶水朝門也。臨木鬼，門破損。木鬼化木鬼，兩處湊合門。木空動，戶樞活落。蛇抱木動，門戶空自開閉。金蛇空動，門有妖聲不祥也。木動來合，修補之門。木兄動逢死廢，側斜之門也。臨火鬼，門被火燒。臨土鬼，門上有土書泥塗也。逢歲月日破，與破軍、午爻。破碎殺動者，門必破壞。

吉神動來生合，門新修也。逢墓絕，門閉塞也。動逢合，門阻不通也。動逢沖，關鎖不固也。合逢沖，窗楞不全也。玄動來沖剋，門盜去也。四爻空，外戶不閉也。卦無兄而三四爻受傷，無門也。父化父，兩樣門。兄化兄，雙扇門也。臨子午卯酉，正門也。臨辰戌丑未，橫門也。臨寅申巳亥，石角門也。臨蛇鬼在《巽》宮者，繩縛門扇也。卯動來合，蘆門也。辰動來合，竹門也，空亡遇合，亮槅門也。

鬼空，無門神。值午鬼，騎馬門神。金鬼，波獅門神。虎鬼旺加將星，將軍門神。鬼加貴祿，加冠進祿門神。值福德臨胎養，童子門神。值華蓋福德，善人門神。值虎鬼、大殺、刑刃，鍾馗門神也。值福祿旺相，有福祿字貼門上也。

注釋

①八節：古代以立春、立夏、立秋、立冬、春分、夏至、秋分、冬至為八節。

②穿窬（yú）：亦作「穿踰」。挖牆洞和爬牆頭行竊。

③相府：漢代丞相治事的官邸。潭潭相府：深廣的丞相官邸。

④候門：諸侯之門。也指顯貴人家。凛凛候門：威嚴而使人敬畏的顯貴人家。

⑤漕堰（cáoyàn）：可供運輸的河道的堤壩。

八、坑廁

以四爻、玄武、水、兄為用也。旺新，休舊，沖則破，空則無也。金動，缸破，長男有瘖也。火動，生瘟疫，宅母災。木動，壁無泥。水動，濕衣。刑土旺動，壁光輝也。金木空，是高缸。火空，無壁。土空，主絕嗣而坑廢也。木受生，坑房潔淨。木見木，板鋪齊整。木宮木爻亦然。水見水，泥濕無時。水旺加咸池動，穢濕不堪也。

兄帶金神動，口舌官非也。兄遭太歲沖，瘟災痢疾也。龍動而多喜慶，虎動而起災迍。蛇加父母，事業元亨。玄值文書，小人妬害。雀兄獨發，財散妻災。龍值財空，無妻喪子。勾臨福動，有訟無拘也。

虎易按：「兄帶金神動」之後的內容，與「坑廁」章節似無關聯，疑為其他章節內容，錯入此節。供讀者參考。

兄入寅申巳亥，外坑也。兄入子午卯酉，簷下坑。兄入辰戌丑未，屋下坑也。龍左，虎右，雀前，武后，勾中央，蛇側角也。兄動化兄，與兄下伏兄，及卦有兩陰水剋兄，俱有兩廁也。兄下伏火鬼，無廁屋。伏水鬼，亦天缸。伏蛇鬼，草苫蓋。伏勾金鬼，缸半缺。伏虎金鬼，坑無壁也。勾見勾，月勾、日勾。

肋下外姓枯坑也。兄下伏財，坑灶相連。水兄化金鬼虎蛇馬者，碓磨相連也。兄伏丑鬼下，近牛欄。伏未鬼下，近羊欄。伏亥鬼下，坑連豬圈。伏酉鬼下，坑連雞塒[①]。伏午鬼下，坑連馬廄也。出《管公口訣》。

注釋

①雞塒：（jī shí）：即雞窩。古代稱牆壁上挖洞做成的雞窩為雞塒。

九、香火　六爻宗廟，以官鬼為用，與香火同斷。

以五爻、福德為用也。

臨龍福德貴生旺，與四直生合，不犯刑害剋破者，則神佑助，而丁畜安利也。五爻值父，多子孫。值兄，出農工商賈。值子，主有前無後。值鬼，旺則富厚。值財，旺則富，衰則貧也。

土動，塵埃積案。木動，棟樑傷損。金動，香爐破損。火動，瘟瘴多魔，燒屋無存。水旺，光明淨室。水動，則神堂濕漏也。

又二金無火，典屋立火也。二木無金，自手更新也。二金無木，債屋安身也。二土無木，草舍茅簷也。二水無火，孤燈獨坐也。以上出《管公口訣》。

五爻、福下伏兄，與福動來合五爻者，俱有兩家香火也。父下伏父，另營家廟。兄下伏兄，共合祠堂也。勾鬼動，家堂、土地為禍。若剋世者，家破人災也。雀兄加大殺動，香火下有咒咀，主人眷不安，田土口舌也。

福下伏父，謂之食虎傷人，香火不利，主上世出孤寡，下代出遊蕩之人。遇祿馬貴人，不作此斷也。子下伏財，旺富衰貧。得日辰助之，則吉也。子下伏子，為相並，香火不安也。子下伏官，動用憂攢也。

日辰帶木鬼動，沖福者，前有台閣相犯，主丁畜消損也。日辰帶金鬼動，沖福，前有破頭朱雀，或近石岡，而神宅不寧也。日帶水鬼沖，前有凶水朝，遇刑沖並墓，則沼沚①相沖，衰則當門屋漏也。日帶火鬼沖，正屋必崩頹。衰則正堂安灶相妨，或牌位火燒也。日帶土鬼沖，主興工動土相妨。衰則修作石攢，改門攢壁相妨。並墓，則鑿井穿池相妨，主宅長損而丁畜消也。出《錦囊集》。

五爻火福動化火，家堂火災，空則已往，不空將來也。金鬼化火，香爐破損。木鬼化金，神堂釘鉡也。鬼旺動，夜有鬼神出現也。虎財逢空絕，旛蓋②供器不完也。雀鬼旺動，供器焚燒也。勾鬼旺動，塵垢交加也。武鬼旺動，神堂濕漏也。虎鬼加殺動，神像不安。蛇鬼加殺動，神像破損也。蛇鬼動逢合，有卷起神像也。

子下伏鬼，或子動化鬼者，佛像神圖混雜也。子屬木，非木牌，則木雕像也。子屬金，非觀音，則金妝像也。子屬火，乃緋衣③牙骨像也。子屬水，是真武④紙繪像也。子屬土，是土地泥塑像也。

六爻無子，與子空死墓絕胎者，非無香火，必不敬香火也。世沖剋五爻，家主不敬。應沖剋五爻，主母不敬。官鬼沖剋，公姑不敬。父母兄弟妻子沖剋五爻，各以用爻，斷其不敬香火也。

又五爻子孫動，香火主分也。水鬼空合，水盂破也。木鬼空合，陰則花瓶損，陽則燭臺牌位損也。木官受剋，神龕破也。木官逢沖，燭臺花瓶不成對也。金官逢沖，香爐破損也。五爻水鬼，會玄武咸池動，厭穢⑤逼神也。

虎加子動，或雀父動化鬼，或鬼下伏子臨重動，或子伏歲殺下動者，皆主舊願不還也。子伏水火鬼下，佛願。子帶兇殺，伏火鬼下，神願。子伏雀父下，經願。子伏財下，福禮願。子伏龍父下，素願。鬼化亥未，豬羊願。子化申辰，燈油願也。

注釋

①沼沚（zhǐ）：池塘。亦借指積水坑。

②旛（fān）蓋：旛幢（chuáng）與華蓋。

③緋（fēi）衣：紅色衣服。

④真武：即玄武。本為北方七宿（斗、牛、女、虛、危、室、壁）的總稱，因以為北方神名。宋趙彥衛《雲麓漫鈔》卷九：「朱雀、玄武、青龍、白虎為四方之神。祥符間，避聖祖諱，始改玄武為真武……後興醴泉觀，得龜蛇，道士以為真武現，繪其像以為北方之神，被髮，黑衣，仗劍，蹈龜蛇，從者執黑旗」。

⑤厭穢：厭惡；骯髒；污濁。